아산재단 연구총서 제313집

영국정치와 국가복지:

신(New)자유주의에서 신(Neo)자유주의로

고 세 훈

집문당

“사람의 도리와 정치의 윤리가 함께하는 지점을
사유하게 해주신 최명 선생님께 이 책을 바칩니다.”

머리말

이 책은 영국정치에 나타난 국가복지의 사상과 정책을 역사적으로 고찰한 것이다. 서술은 정치적 맥락, 특히 정당정치의 맥락을 따라 진행되었다. 따라서 서술 과정에서 국가복지를 둘러싸고 다양하게 전개되어 온 좌, 우, 혹은 절충의 이론적·규범적 접근들이 그 자체로 논의되거나 부각되지는 않았다. 개별이론가 혹은 이론진영의 사상적·정책적 입장들은 그것이 현장의 정치인들이나 정당을 통해 표출되거나 여과되어 이모저모로 현실 정치에 영향을 미쳤다고 간주되는 경우에 한해 고려되었다. 이 책의 구성이 사상과 정책의 요람으로서의 정당들에 초점을 맞춰 짜여진 것은 그 때문이다. 서술의 배후에는 영국의 정당들이 이념과 정책을 통해 국민들의 정치적 관심과 선택을 고무하고 또 그 일을 위해 서로 갈등하고 경쟁한다는, 요컨대 영국의 정당정치가 민주주의의 핵심적 메커니즘으로서 최소한의 기능과 역할을 꽤 잘 수행하고 있다는 진단, 곧 영국 정당정치에 대한 기본적 신뢰가 깔려 있다.

영국은 일찍부터 정당을 매개로 한 의회정치가 정착되어 왔다. 영국에서 정당은 정책의 행위자일 뿐 아니라, 정책을 추동하는 사상이 배태되고 숙성되는 현장이기도 하다. 19세기 초까지 토리와 휘그라는 느슨한 연합체들로 존재했던 영국 정당들은 19세기 중엽에서 제1차 세계대전 종전 시까지는 보수당과 자유당 중심의, 그리고 전간시절부터 오늘날까지는 보수당과 노동당 중심의 양당체제를 발전시켜 왔다. 당명 그리고 정당체제의 연속성이 일정하게 담보될 수 있었던 데에는 선거제도(소선거구제)의 영향력이—민주적 결손(democratic deficit)이라는 치명적인 약점에도 불구하고—적지 않게 작용했을 것이다.[1] 그러나 장구한 세월이 정착시킨 영국정치 특유의 정당 문화, 예컨대 당의 진로를 놓고 당 내부에서 치열하게 전개되는 논쟁의 관행, 치밀한 숙성 과정을 거쳐 산출된 사상과 정책대안을 무기로 상대 정당과 길항하며 피차의 차별화를 추구하려는 욕구 등이 무엇보다 결정적이었다.

영국에서 역사의 특정 시기를 주도했던 정치인들은 정책입안자들이면서 동시에 이론가, 사상가로서의 면모를 지닌 경우가 많았다. 물론 표방된 이념은 때때로 모호했고 정책은 종종 이념을 배반했다. 그러나 그들은 자신들의 이론과 정책을 정당정치의 맥락에서, 혹은 자신들이 속한 정당의 이념적·규범적·정책적 정체성에 비추어 성찰하고 논쟁했으며, 그런 과정을 통해 당이 정체성을 회복하거나 재정립하는 데 막대한 영향을 미쳤다. 마거릿 대처 이후 가장 대처주의적이었다고 평가받다가 2001년 6월의 총선 패배에 책임을 지고 사임한 윌리엄 헤이그 전 보수당 당수(현 외무장관)는 "누구도 당(黨)보다 중

---

1) 영국정치사에서 양대 수권정당이 차지한 중심적 위상은 새로운 정당(체제)의 실험이 예외 없이 실패로 끝났다는 데서 우선 나타난다. 곡물법 폐기를 계기로 어려움을 겪던 필주의자들(Peelites)은 글래드스턴 등 자유당으로 이적한 소수를 제외하면 새로운 정치세력을 형성하는 데 실패했으며, 노동당 창당 이듬해에 노동당을 떠났던 사회민주연맹과, 1932년의 당 위기를 계기로 노동당과 결별했던 독립노동당 또한 얼마 안 가서 정치무대에서 사라졌다. 1981년 노동당에서 분당한 사민당은 독자적 정치행로에 어려움을 겪다가 결국 제3당인 자유당과 합쳐져 오늘날의 자민당이 되었지만, 지금까지도 실질적인 정치적 영향력은 여전히 미미하다. 2011년 4월 현재, 자민당은 보수당의 캐머런(David cameron)이 이끄는 연립정부에 하위파트너로서 참여하고 있다.

요하지 않다"는 말로 퇴진의 변을 요약했었다.

영국 정당에는 강/온(hard, soft)좌파, 강/온(dry, wet)우파는 있고, 수정주의, 근본주의, 현대화론자, 전통주의자는 있되, 특정 권력자를 추종하는 인맥이나 분파는 틈입의 여지가 없다. 필추종자들, 대처주의자들, 블레어주의자들, 벤추종자들, 클래펌 섹트 등이 있었지만 이러한 이름도 특정 개인으로 상징되는 이상, 이념, 정책노선에 동의하는 사람들의 자발적·한시적·편의적 모임이었고 인격적 개인을 위요한 이합집산과는 무관했다. 영국역사는 정당정치의 공적 장치들이 개인의 권력적 욕구를 위해 굴절되는 일을 거의 보여주지 않았다.[2] 신념을 정책으로 구현하려는 열정에 불타는 정치인들의 배후에는 내부에서, 그리고 서로 간에 갈등과 대립을 불사하며 차별화된 대안과 전망을 유권자들에게 제시하려 동분서주하는 정당들, 곧 정당정치의 견고한 토대가 자리 잡고 있었다.

특히 이 책은 영국 정당정치에 나타난 복지사상과 정책을 국가개입주의라는 일종의 포괄(umbrella) 개념의 맥락에서 살펴보았다. 복

---

2) 흥미로운 것은 영국에서 정치인들의 탈당과 당적 옮기기가 결코 낯선 일이 아니었다는 점이다. 가령 빅토리아 시절의 자유당 정치를 대표했던 윌리엄 글래드스턴은 1846년 곡물법 폐지의 여진 속에서 토리에서 휘그 정치인으로 변신했으며, 19세기 말 자유당의 대표적 개혁정치인이었던 조지프 체임벌린은 글래드스턴의 아일랜드 자치(Home Rule)에 불만을 품고 보수당으로 '사실상' 적을 옮겼던 신념의 제국주의자였다. 더욱 극적인 것은 20세기의 대표적 보수정객인 윈스턴 처칠은 원래 아버지 랜돌프의 정당인 보수당에 속했었지만 체임벌린 등이 주도한 보호무역정책에 반대하여 자유당으로 이적했다가 제1차 대전 이후에 다시 보수당으로 복귀한 개혁적 인물이었다. 물론 오늘날 영국민 누구도 이들을 개인의 정치적 이해관계(career)에 따라 움직였던 '철새' 정치인으로 간주하지 않는다. 오히려 이들이 범국민적 사랑을 받으며 오늘날까지 영국의 정당정치사에서 우뚝한 정치인으로 이름이 회자될 수 있는 것은, 그들이 택했던 정치적 거취가 소속 정당의 이념적·정책적 정체성에 비춰 자신의 정치적 소신을 정직하게 대면하고 성찰했던 결과로서 나왔기 때문일 것이다.

지국가를 종종 탈상품화 체계로 부르는 데서 알 수 있듯이, 원래부터 국가복지란 시장이 발생시킨 문제들에 대한 정치적 대응의 결과물이었다. 따라서 그것은 사회보장 같은 보다 직접적인 복지관련 정책을 넘어서 노동, 조세, 고용정책뿐 아니라 나아가 외환, 금융정책 등을 아우르는 국가의 경제정책 전반과 직간접적으로 관련되어 있다. '생산적 복지'나 '일을 위한 복지' 혹은 최근에 회자되는 '사회투자국가' 등 복지를 생산이나 고용으로 연결시키려는 시도들에서도 이 점은 드러난다. 더욱이 복지국가가 20세기적인 현상임에 비추어, 복지라는 단어를 사용하지는 않았지만 인민 혹은 약자 계층의 삶의 개선에 전면적인 영향을 미친 빅토리아 조의 입법적 조치들을 국가개입이라는 보다 포괄적 개념을 동원하지 않고 이해하기란 쉬운 일이 아니다. 20세기에 들어와서도 복지정책은 상위의 국가개입사상의 일환으로 추진되기 십상이었다. 요컨대 국가개입의 논리를 언급하지 않은 채 '복지'정책만을 별도로 추려 서술, 평가하는 일은 적절치 못한 일이다.

그러나 이런 인식이 '국민적 최소'(national minimum)의 제공이라는 1차적 국가복지 혹은 보다 전통적인 소비적 복지가 여타 경제정책들의 하위개념으로 취급돼도 무방하다는 의미는 결코 아니다. 최소한의 안전망을 통한 '생존'이란, 그것이 외적의 침입 때문이든 물질적 결핍에 의해서든, 무조건적으로 보장받아야 하는 기본적 권리이기 때문이다. 더욱이 시장실패가 엄연하고, 소극적 자유가 적극적 자유의 실현을 일정하게 전제해야 한다면, 개인들의 생존문제는 국가의 존재 이유와 직결될 수밖에 없다. 물론 소비적 복지도 원래 총수요 제고나 인적 자원의 질 향상 혹은 사회적 안정화 기능을 통해 경제상황 전반에 영향을 미쳐왔다. 핵심은 국가복지가 그 자체로 긍정적인 독립적 가치와 정책으로서 인정되느냐, 아니면 경제정책에 따라 종속적으로 부침할 수밖에 없는 운명의 정책영역이냐의 문제일 것이다.

국가복지가 국가개입주의라는 보다 포괄적인 사상적 · 정책적 맥락 속에서 취급돼야 한다면 특정 시기, 특정 정당을 지배했던 국가개입주의 사상을 들여다보는 일은 불가피할 뿐 아니라 자연스럽다. 예컨대 대처의 신자유주의 정책은 국가복지 자체를 직접적으로 공격했을 뿐 아니라 통화주의, 민영화, 반노조주의 등이 그 주된 내용을 형성한다는 점에 비춰볼 때, 그 자체만으로도 국가복지의 유지 혹은 확대를 구조적으로 어렵게 만들었다.

하인리히 하이네는 "번갯불이 천둥에 앞서듯이, 사상은 행동에 앞선다"고 말한 바 있다. 나는 이 책을 통해 자유당정치와 관련해서는 벤담주의와 신(New)자유주의, 보수당정치와 관련해서는 구토리주의(Old Toryism)와 대처의 신(Neo)자유주의, 그리고 노동당정치와 관련해서는 페이비언주의, 수정주의, 종종 '제3의 길'로 대변되는 신수정주의 등이 국가개입의 문제를 국가복지와—긍정적 혹은 부정적으로—어떤 방식으로 엮어왔는지를 역사적이고 또 가능하면 체계적으로 서술, 논의하려고 했다.

이 졸저를 대학원 시절부터 영국정치에 대한 공부의 필요성을 늘 환기시키며 격려해 주신 스승 최명 선생님께 바친다. 부디 사모님과 더불어 변함없이 건승하시길 빈다.

2011년 4월

고세훈

차 례

제 I 부 국가복지의 사상적 토대와 정치적 기원: 빅토리아 왕조에서 전간시절까지

제 1 장 자유주의와 국가개입주의 정치: 벤담주의에서 신(New) 자유주의로

제 2 장 보수당정치와 구토리주의(Old Toryism)

제 3 장 노동당정치와 페이비언주의(Fabianism)

제 II 부 합의정치의 부침: 제2차 세계대전 이후의 국가복지

제 4 장 노동당정치와 수정주의

제 5 장 보수당정치와 시장자유주의의 부상: 대처주의

제 6 장 신(Neo)자유주의와 '제3의 길'

제 I 부

국가복지의 사상적 토대와 정치적 기원:

빅토리아 왕조에서 전간시절까지

제 1 장

자유주의와 국가개입주의 정치

제 1 장 자유주의와 국가개입주의 정치: 벤담주의에서 신(New)자유주의로

1. 벤담주의와 휘그/자유당 개혁

(1) 시대적 상황

1830년대 이후부터 1870년대 중반까지의 기간은, 늘 그랬던 것은 아니었지만 영국역사상 가장 왕성한 개혁의 시대였다. 휘그정부로 막을 열었던 그 기간은, 토리가 줄곧 집권했던 18세기 말에서 1820년대 말까지와는 대조적으로, 휘그가 토리에 비해 3배나 집권기간이 길었다. 벤담주의적 자유주의(Benthammite Liberalism, 이하 벤담주의)는 이 '개혁의 황금기'에 통과된 주요 개혁입법들을 견인했던 지배적 사상이었다.[1)] 벤담주의는 "최대다수"의 행복을 위하여 국가의 방대한 법적 계획과 개입을 주창했다. 그것은 "최대행복"을 규정하고 계산하며, 그 과정에서 배제돼야 할 이해관계들을 법적으로 제거할 수

1) 『타임스』(*The Times*)는 1948년 2월 14일 벤담 탄생 200주년을 기념하면서 "벤담은 사후에도 여전히 영국정치에 대해 전제적 권력을 행사하고 있지만, 그것은 대체로 유익한 전제이다"라고 말한 바 있다. 특히 19세기 영국의 개혁입법사에서는 "어떤 중요한 개혁도 벤담으로 돌아가지 않고는 설명할 수 없다"(Ebenstein 1960, 503).

있다고 간주한다. 이른바 "행복의 계산"(felicific calculus) 원리였다.

사실 영국은 1820년대 이미 토리정부에 의한 자유주의 개혁의 수순을 밟고 있었다(Beales 1969, 24). 대륙에선 나폴레옹전쟁 이후 형성된 보수질서, 곧 비엔나체제에 대한 반발과 저항이 확산되고 있었고 국내에선 산업혁명의 여파로 대중적 소요가 끊이지 않았다. '원조 보수'로 알려진 웰링턴(Duke of Wellington) 등 보수정객들은 새로운 변화에 대한 열정보다는 소요가 주는 "혼란과 무질서"를 혐오했거나 혹시 그것이 혁명적 상황으로 발전할지 모른다는 우려에서 일련의 개혁들을 주도했다. 이러한 자유주의 토리이즘(Liberal Toryism)은 시대적 징후에 대한 자각과 체념을 함께 담고 있었고, 그러한 대세 속에서 그 한계 또한 분명한 것이었다.

당시는 벤담(Jeremy Bentham)과 그의 추종자들뿐 아니라 코빗(William Cobbett) 같은 급진주의자들이 의회개혁을 광범위하게 선동하던 때였다. 이들의 주장은 때론 휘그로서도 감당하기 어려울 만큼 과격한 것이었지만, 토리를 정치적으로 대체할 유일한 그룹 또한 휘그였었다. 벤담은 1818년에 이미 이렇게 말한 바 있었다. "토리는 인민의 공인된 적이다. 학정과 실정이 날로 그 무게를 더해 가는 상황에서, 오로지 의회의 휘그당만이 그러한 부담을 조금이라도 덜어줄 수 있다."(Briggs 1959, 238, 재인용) 1830년대에 들어서면서 토리는 분열되어 있었고, 프랑스의 7월 혁명은 여론을 거스르는 것이 얼마나 위험한지를 새삼스럽게 확인해 주었다.

1830년 그레이(Charles Grey) 휘그정부가 출범하자 정치는 당대의 화두였던 의회개혁을 둘러싸고 위기에 버금가는 일촉즉발의 대립적 상황에 돌입했다. 1832년, 온갖 우여곡절 끝에 마침내 제1차 의회개혁법이 통과되었을 때, 그것은 1688년의 명예혁명 이후 휘그가 성취한 가장 찬란한 정치적 업적으로 기록됐다. 무엇보다 그것은 굵직굵직한 개혁들의 봇물을 위한 신호탄이었다. 그 이듬해인 1833년에는 노예제가 폐지되었고, 최초의 실효성 있는 공장법이 통과되었으며, (초등)교육에 대한 국가의 개입이 시작되었고, 「섬유공장과 탄광의 노동실태 조사를 위한 왕립위원회」가 처음으로 구성되었다. 1834년에는 유명한 수정구빈법이 제정되었으며, 그 다음해에 지방자치법이 통과되는 등 크고 작은 개혁법들이 줄을 이었다.

그러나 개혁의 내용(혹은 미진함)에 대한 불만과 반발도 만만치 않았다. 차티스트운동을 중심으로 인민적 저항이 급격히 확산되었다. 거대자본에 대한 토리-차티스트 혹은 토리-급진주의 연대가 모습을 드러낸 것도 이즈음이었다(Wilson 2002, 45-46). 산업혁명 이후 가장 긴 불황의 시기였던 소위 '배고픈 40년대'(the Hungry Forties)는 도시노동자들을 가격과 고용의 부침에 속수무책으로 노출시켰다(Cole and Postgate 1961, ch. xxiv). 이즈음 국교회 안팎의 복음주의자들(evangelicals), 원내외 지식인들, 시민운동가들의 왕성한 활동에 힘입어 산업사회의 어두운 면이 속속들이 파헤쳐지고 있었다. 1842년에는 채드윅(Edwin Chadwick)의 유명한 「빈민의 위생조건에 대한 보고서」가 공개되었고, 같은 해에 탄광법 그리고 2년 뒤엔 공장법이 필(Robert Peel) 토리(보수당)정부에 의해 통과되었다.

아일랜드의 흉작과 기근으로 곡물법의 집행을 정지시켰던 필은 나폴레옹 종전 이후 30년간 존속되었던 동법을 1846년 마침내 폐기하였다. 디즈레일리(Benjamin Disraeli)를 비롯한 보수주의자들의 반발이 거세지면서 필과 그 추종자들(Peelites)이 보수당을 등지고, 훗날 디즈레일리와 함께 19세기 영국정치를 양분할 글래드스턴(William Gladstone)이 휘그 진영으로 넘어간 것도 그 무렵이었다. 곡물법폐기가 몰고 온 정치적 혼돈 속에서도 개혁은 러셀(John Russell)이 이끄는 휘그 내각에 의해 지속되었다. 1847년에는 10시간노동법과 공중위생법이 제정되었고 수백 년 동안 존속해 오던 항해법이 완전히 소멸되었다. 유럽대륙이 혁명의 기운으로 충만하던 무렵에, 이런 개혁입법들은 오히려 영국의 급진운동을 선제하며 무력화시켰다. 예컨대, 10년을 훨씬 넘게 끌어오던 최초의 대규모 정치적 노동운동인 차티즘(Chartism)이, 개혁의 그림자에 가려진 채 소리 없이 종언을 고하고 있었다.

차티스트운동의 실패 이후 영국 노동계급은 한 세대가 넘는 장기침묵에 들어섰다. 그 배경은 물론 1870년대 중반까지 이어질 빅토리아 중기의 전무후무한 번영이었다. 번영의 사반세기 동안 인구는 15%나 증가했고, 철도의 총길이는 6천 마일에서 1만 5천 마일로 늘어났다. 명실상부한 자유무역이 정착되면서 영국의 제조품이 전 세계를 뒤덮었다(Lowe 1989, 268-270). 특히 철도가 주는 막대한 전후방 효과로 인해 영국은 제2의 산업혁명을 겪고 있었다. 일련의 공장법들을 통해 최악의 노동조건은 사라지고 있었다. 1855년과 1862년의 법으로 유한회사의 설립이 합법화되고 주주의 책임이 투자분에 한하면서, 자금조달 등 투자환경이 훨씬 개선되었다.

노동자들 편에서도 임금 수준이 올라간 만큼 저축과 투자의 여력이 늘어갔다. 자조와 검약은 시대의 언어요 이상이었고, 노동자들은 '절제가 주는 보상'을 기대하며 사용자가 되기를 꿈꿨다. 노동자들은 반역이 아닌 검약의 조직을 실험 중이었고, 반곡물법 투쟁에서 시작되었던 공장주들과의 연대, 곧 신(新)산업주의로의 전향을 서두르고 있었다. 숙련공들은 각종 협동사회, 친목단체, 주택건설협회 등을 조직하여 상부상조의 배타적 관행을 심화시켜 갔다. 그들이 주축이 된

'신모델'(New Model) 노조들은 실업, 질병, 퇴직 급부를 회원에게 제공했으며, 파업은 가능하면 기피했다. 노조지도부는 예외 없이 온건한 인물들로 채워졌다. 그들은 사용자 이상으로 자본주의의 불가피성을 확신했다. 중산계급의 이상(理想)을 열망하던 이들 노동귀족이야말로 1867년의 2차 의회개혁으로 선거권을 부여받게 될 바로 그 사람들이었다.

1850년대 이후부터 1870년대 중반까지 보수당은 세 차례 짧은 집권을 경험했지만, 그마저 모두 소수정부였다. 이 기간 보수당이 성공시킨 법안들은 모두 외부의 도움을 얻은 것이었다. 1840년대 당 분열의 원인이었던 자유무역과 보호무역의 대립도 1861년 프랑스와의 콥덴협약(Cobden Treaty)이 체결되면서 자유무역의 승리로 종결되었다. 소강상태의 개혁운동이 다시 고개를 든 것은 빅토리아 번영이 거의 끝나던 1860년대 말이었다. 그때부터 1870년대 전반까지 글래드스턴의 자유당정부는 교육법과 노조관련법 등 일련의 개혁입법을 추진했다. 그러나 이미 영국정치의 관심은 국내 문제에서 대외정책으로 서서히 옮겨가고 있었다.

19세기 마지막 사반세기 동안 글래드스턴이 주도했던 자유당정치는, 특히 국내적 개혁입법의 영역에선 현저히 탄력을 잃었다. 글래드스턴이 자조와 시장의 원리를 신봉했고 국가개입사상에 부정적이었던 것이 주된 이유였을 것이다. 그러나 시대적 요인도 작용했다. 빅토리아 후반기의 영국정치는 아일랜드 자치와 보어전쟁 등 대외문제로 영일이 없었다. 자연히 국내개혁은 뒷전으로 밀려났다. 그러면서 자유주의 맥락을 완전히 벗어나지 않으면서도, 벤담주의와는 전혀 다른 종류의 국가개입주의사상이 서서히 움트기 시작했던 때가 또 그 시기였다. 자본주의는 번영하는데 시장실패가 낳는 문제들은 갈수록 체계적이고 대규모적으로 발생했다.

아래에서 논의되겠지만, 본래부터도 벤담주의는 현실적 적용에서 많은 난점을 지닌 것이었다. 그리고 이제 그것의 실천적 유효기간이 끝나가고 있었다. 벤담주의의 냉혹한 자유주의가 보다 인간적인 얼굴의 새로운 자유주의, 훗날 신(New)자유주의로 명명될 것에 점차 대체되기 시작했다. 신자유주의의 정치적 실천은 대략 20년에 걸친 보수당 지배가 끝나고 자유당이 다시 정권을 되찾은 1906년까지 기다려야 했다. 그때부터 제1차 세계대전 직후 자유당이 노동당에 의해 항구적으로 수권정당의 지위를 박탈당할 때까지, 신자유주의는 자유당 급진진영의 국가개입 구상의 토대를 형성해 줄 것이었다.

(2) 벤담주의의 개혁사상[2)]

프랑스혁명과 나폴레옹전쟁의 기간(1789－1815년)은 영국 내에 강력한 반(反)자코뱅 정서를 불러일으켰고, 영국정치에서 동 기간은 개혁입법의 거의 완전한 부재 시기에 해당한다. 그러나 혁명의 과잉에도 불구하고 워털루 이후 자코뱅주의와 나폴레옹 제국주의의 위험이 사라지면서 신비와 기적을 회의하고 계몽, 진보, 인간의 완전 가능성을 신뢰하며, 사회는 복합적 유기체가 아닌 합리적 구상을 통해 개선이 가능한, 정교한 기계적 구조라는 개념이 다시 확산되기 시작했다. 그러한 흐름의 중심에는 벤담과 그의 추종자들이 있었다.

벤담주의는 구(舊)토리주의(Old Toryism)에 대한 가장 강력한 비

---

2) 다음에서 벤담, 오스틴(John Austin), 그로트(George Grote) 등 벤담주의자들의 1차 자료 인용은 Eccleshall(1986)과 Ebenstein(1960)에서 편집된 작품들을 주로 참고했다.

판체계였지만, 자코뱅주의자들의 접근과도 확연히 구분되었다. 예컨대 1790년대 초 대표적 자코뱅 급진주의자였던 페인(Thomas Paine)은 프랑스혁명을 통렬히 비판했던 에드먼드 버크(Edmund Burke)의 『프랑스혁명에 대한 상고』에 대한 신랄한 역비판(『인간의 권리』)을 통해 오늘날의 국가들에서나 시행될 법한 광범위한 복지입법과 재분배를 강도 높게 주창했었다. 벤담은 버크와 대척점에 섰다는 점에서 페인과 같았지만, 그가 추구한 것은 페인의 그것과는 달리, 어떤 자연법 혹은 정의의 원리에 입각한 정치적 처방이 아니었다. 벤담은 "전염병이 휩쓴 마을의 엔지니어 같은 인물이었다. 한 선동가가 정부의 전복을 외치고 다른 사람들이 종교의 개혁을 주창할 때, 그는 조용히 배수시설의 개선을 제안하는 사람이었다."(Somervell 1929, 43) 벤담은 사회적 사실들에 대한 경험적 조사와 연구를 법과 행정체계의 개혁에 적용한 최초의 사상가였다. 벤담으로부터 페이비언주의의 맹아를 찾으려는 훗날의 시도가 이런 점과 무관치 않음은 물론이다.[3)]

벤담은 종교적 원리나 추상적 권리, 혹은 선례의 누적이 아닌 논리와 이성이야말로 사회적 변화, 즉 모든 구체적 해악에 대한 실제적 법적 교정을 가능케 하는 유일하고 충분한 힘이라고 생각했다. 그는 "정부와 사회과학의 성공 여부는 형이상학, 혹은 '원칙'의 문제를 단순하고 측정 가능한 '사실'로 환원시키는 능력에 따라 결정되며, 모든 사상, 제도, 법체계는 그것이 사회공학의 발전에 기여한다는 '실용적 고려'에 따라 점검되어야 한다."고 주장했다(Ebenstein 1960, 500-501). 그에게 사회계약이나 자연권 같은 선험적 개념들은 그 배후에 기득 이익을 은폐시킨 '수사적 기만(a rhetorical nonsense)'에

3) 이 책 제3장의 1. 참조.

불과하며, 따라서 실적에 대한 엄정한 평가와 실천적 정책을 도출하는 데 오히려 방해가 될 뿐이었다(Sabine and Thorson 1973, 616).

벤담은 프랑스의 인권선언을 비판하면서, "정부, 그리하여 법체계 이전의 권리, 안전, 재산권은 존재하지 않으며, 자연 상태의 인간은 서로 격리되어 언어를 소유할 수 없고, 이성도 없고, 심사숙고도 할 수 없기 때문에 사회계약이 원천적으로 불가능하다. 따라서 사회계약이 보호해야 하는 자연권 개념은 '쓸모없는 허구(a useless fiction)'일 뿐이다… '허구의 계절'은 이제 끝났다"고 단언한다(Norman 1987, 139; Ebenstein 1960, 498; Brinton 1962, 15). 또한 벤담은 버크 등이 견지했던 구(舊)토리의 법 개념—기존의 법체계가 아무리 불완전할지라도, 그것은 시간의 테스트를 거친 상식과 지혜의 집적이라는 사상—을 정면에서 거부했다. 역사적 과거에 대한 집착이야말로 오늘날의 낡고 비효율적인 정부를 결과한 주범이었다. 정부의 법 개념은 개인들의 집합체로서의 사회라는 기계주의적 사회관 위에 구축되어야 했다. 특히 벤담은 "일반이해를 희생해서 소수 재산가들의 '사악한 이익'을 옹호한다"는 이유로 전통법(Common Law)을 혹독하게 공격했다(Eccleshall 1986, 148). 물론 법이 합리적으로 제정되고 평가되어야 한다는 그의 주장은 당시 부상하던 중간계급에 대한 변론이라는 성격 또한 지니는 것이었다.

요컨대 벤담은 주된 관심을 "법의 기원에서 운영으로, 선례에서 결과로" 이전시켰다. 자연권이나 역사적 전통에 대한 벤담의 대안은 그가 사적 행위와 공공정책 모두에 대한 합리적 지침으로 제시한 효용(utility)의 원리 혹은 효용의 테스트였다(Bronowski and Mazlish 1960, 438-439).

훗날 밀(John Stuart Mill)에 의해 공리주의(utilitarianism)로 명명

될 벤담의 효용의 원리는 인간은 '신'의 앞이 아니라 '쾌락과 고통' 앞에 동등하다는 가정에서 시작한다. 가장 널리 읽힌 벤담의 저술 『도덕과 입법의 원칙』(1823)은 이러한 말로 서두를 연다(Ebenstein, 1960, 506-507). "자연은 고통과 쾌락을 인간을 지배하는 두 주인으로 만들었다… 옳고 그름의 기준과 인과의 사실 모두 그 왕좌에 매여 있다… 이들은 우리가 행하고, 말하고, 생각하는 모든 것에서 우리를 지배하며, 우리가 거기에서 벗어나려 발버둥칠수록 오히려 이 점이 보다 확실하게 확인된다." 그의 이러한 언명은 정부의 (법적) 행위에 대한 평가기준에 직결되었다. 그에 따르면, 고통과 쾌락은 병립적 가치를 지니며(commensurable) 모든 사람은 이에 대해 '동일한' 관심을 가지고 있기 때문에 정부는 다양한 쾌락과 고통의 총량을 계산(felicific calculus)함으로써 그것들을 객관화시키고, 그것에 바탕을 둔 최대다수의 최대행복을 추구해야 할 의무가 있다. 벤담은 행복과 쾌락이 질적 차원을 지니며 그것들의 개인 간 비교가 어느 정도 주관적 성격을 띤다는 점을 익히 알고 있었다. 그러나 그러한 어려움에도 불구하고 사회개혁을 위해서는 계산이 불가피하다고 주장했다.[4)]

---

4) 벤담이 쾌락 혹은 행복을 '자신'과 관련해서만 이해했다고 보는 것은 잘못이다. 그가 『도덕과 입법의 원칙』에서 12개의 고통과 더불어 14가지의 쾌락을 나열할 때, 그는 쾌락을 자기지향적(self-regarding) 쾌락과 타자지향적(extra-regarding) 쾌락으로 구분했다. 후자에 포함된 자비, 우정, 명성의 사랑, 종교 등은 모두 타자의 행복과 관계된, '사회적' 성격을 지니며 다양한 정도로 그의 효용의 원리에 부합한다. 그는 마지막 저술인 『의무론 혹은 도덕과학』(1834)에서 부도덕한 행동이란 '자기이해의 오산(miscalculation)'에서 비롯된 것이라고 지적했다. 그리고는 '지적 도덕가'의 목적은 쾌락과 고통과 관련하여 사악한 사람들이 범하는 이러한 오산을 드러내는 것이라고 말하면서 "타인의 행복 속에서 너의 행복을 구하라"고 단언하기에 이른다(Ebenstein 1960, 499). 더욱이 그는 쾌락이 '강도, 지속성, 확실성 여부, 원근성, 순수성, 창조성, 그리고 영향 받는 사람들의 수' 등에 따라 차별화되어 있음을 명확히 하고 있다(Ebenstein, 1960, 519-521). 이러한 점들은 벤담이 모든 쾌락과 동기들에 동일한 지위를 부여하였다는

이런 점에서 벤담의 효용의 원리는 이익의 조화나 최대행복은 '보이지 않는 손'에 의한 자연적 조절이 아니라, 오직 법적 강제를 통해서만 가능하다는 점을 강조한다. 그가 흄(David Hume)으로부터 차용했다는 효용개념은 자연법이나 자연권 그리고 역사적 선례나 전통이라는 '우상'을 파괴하는 데 있어서 가장 중요한 무기였다(Sabine and Thorson 1973, 614). 정부의 정책은 오로지 공동체의 행복(즉 행복의 총량)을 증진시키는 정도가 그것을 감소시키는 정도보다 클 때 비로소 정당화되기 때문이다(Ebenstein 1960, 508). 따라서 정부의 주된 기능은 개인들의 합리적 계산을 돕고, 그들이 가능하면 불확실성이나 고통 없이 자신의 행위를 형성시켜 나갈 권리와 의무의 구조를 마련해 주는 데 있다. 처벌이라는 정부의 강제행위도 효용의 원리에 입각한 법체계 운영의 일부로서 정당화된다. 자유당의 벤담주의 정치인 브로엄(Henry Brougham)이 당대의 모든 정치적 악과 불안의 근원이 "다름 아닌 정치적 '무지'"에서 비롯된 것이라고 단언한 것도 이러한 맥락이었다(Brinton 1962, 35). 보다 구체적으로 벤담은 안전(혹은 사유재산권), 평등, 풍요, 생존의 확보를 정치활동의 4범주로 제시했다. 이들을 앞의 두 범주를 중심으로 살펴보기로 한다.

벤담에 의하면 사람들이 재산을 추구하는 것은 안전이 주는 즐거움(pleasure of security) 때문이다. 즉 인간이 노동을 하는 것은 노동의 즐거움 자체가 아니라, 노동이 재산을 가져다줄 것이라는 확신이 법에 의해 보장되기 때문이다. 노동이라는 비효용(disutility)은 노동

비판(예컨대 자주 인용되는 그의 'Quantum of Pleasure being equal, pushpin is as good as poetry' 선언에 의거하여 벤담이 쾌락의 질적 편차를 인정하지 않았다는 존 밀 등의 비판)은 쉽사리 용인될 수 없다는 점을 보여준다(Catlin 1962, 147). 질적 차원의 고려, 측정과 계산 과정에 관한 자세한 요약을 위해서는 Ekelund and Herbert(1990, 129-130) 참조.

에 대한 보상이라는 유인을 통해 극복되며, 노동자가 그러한 유인을 갖도록 체제를 만드는 것이야말로 정부의 가장 중요한 역할이다. 즉, "불안전(insecurity)에서 기인한 '좌절된 기대'"가 주는 사회적 혼란을 미연에 방지하기 위해 보상으로서의 재산권을 배타적으로 보장해 주는 일이다.[5)]

따라서 재산은 자연권이 아니라 "창출된 권리"이며 "법을 없애면, 재산권도 소멸한다."(Eccleshall 1986, 141) 이러한 관점에 따르면, 예컨대 구빈(救貧)도 권리가 아니라 노동과 검약을 격려하는 편의적 도구일 뿐이다. "만일 소유의 평등을 창출하기 위해 재산권이 침해된다면 악은 돌이킬 수 없게 되고… 사회는 처음의 야만적 상태로 돌아갈 것"이다. 평등은 "농업, 산업, 상업이 번성하는 나라에서 점차적으로 달성될 것"인데, 이때 법은 "독점을 해소하고 산업과 무역에 개입하지 않음"으로써 평등으로의 자연스런 흐름을 허용해야 한다(Eccleshall 1986, 142). 그는 산업사회가 발전하면서 봉건사회에서 나타났던 극단적 부의 배분이 사라진 것이 이에 대한 확실한 증거라고 보았다.

벤담은 "재산권의 보호(security)는 간접적으로 평등에 기여하는바, 만일 인위적으로 평등을 추구할 때, 평등도 안전도 동시에 파괴될 것"이라는 낙관적 전망을 확신했다(Ecclesshall 1986, 142-143). 재산권의 신성성에 대한 이런 인식이야말로 철학적 급진주의로 명명된 벤담주의를 고전적 자유주의의 맥락에서 파악할 수밖에 없게 만드는 결정적인 근거일 것이다(고세훈 2010, 99-101 참조). 따라서 정

---

5) "사유재산은 노동에 대한 보상이며 그것의 유인이고, 그것은 배타성, 따라서 안전을 요구하기 때문에 정부활동은 재산권의 향유에 대한 기대를 좌절시켜서는 안 된다."(Reeve 1986, 120 재인용)

의(justice)란 다름 아닌 입법가가 "실제로 존재하는 분배의 유지"를 자신의 제1의 의무로서 이행할 때 실현되며, 자유시장경제가 갖는 잠재력도 이처럼 안정된 법체계 위에 구축된 정치 질서에서만 가능하다(Eccleshall 1986, 27). 이는 곧 정부가 강자에 대해 약자를 보호한다는 명분으로, 혹은 공동체의 이름을 빌어 개인의 자유를 침해해서는 안 된다는 개념과 연결된다. "공동체란 개인들로 구성된 허구체(fictitious body)이며… 공동체의 이해란, 그것을 구성하는 성원들의 이해의 총합"일 뿐이기 때문이다(Ebenstein 1960, 507).

벤담주의가 '극대화'라는 총량 개념이 지배하는 "낯선 사람들의 사회"를 가정하는 한 분배의 원리, 혹은 특정의 분배 체계를 선험적으로 선호하는 것은 그야말로 '낯선' 일일 수밖에 없다(Plant 1983, 58-59). 개혁입법처럼 국가가 인간의 권리나 자유의 불가피한 상충을 강제로 해결하려고 시도하는 것도, 어떤 정의나 평등의 원리가 아닌 효용의 총합이라는 원리에 의해서만 정당화된다(Norman 1987, 147-148).

벤담 식 공리주의는 노예의 이익을 고려하면서도 노예소유주가 얻는 행복의 양이 노예들의 고통의 총합을 초과한다면, 노예사회도 효용의 이름으로 옹호할 수 있다. 모든 사람의 행복이나 고통이 동일한 무게를 지니는 한, 행복이나 만족의 배분에 관한 원리는 불필요하며 단지 그것의 총합을 극대화시키는 것만이 중시되기 때문이다. 이러한 총량 이론(aggregative theory)은 평등이 불평등보다 사회적으로 더 큰 효용을 산출할 때만 평등을 우선적으로 옹호한다.

즉 공리주의는 평등주의마저도 "효용에 근거해서만" 변호한다. 그것은 한계효용체감의 법칙 혹은 불평등으로 인한 시기심(fact of envy)이 재산 소유자들에 대한 적대감과 분노를 낳고 사회적 불안을 유발함으로써 효용의 총량을 떨어뜨릴 때 비로소 거론돼야 한다. 따라서 벤담 식 변론에 입각한 평등정책은, 사람은 누구나 평등한 대우를 받을 권리가 있으며 불평등은 그 자체가 부정의라는 '선행하는' 윤리적 신념을 동반하지 않는다. 그것은 행복의 총량 지수에 따라 언제고 다시 철회될 수 있는 것이다(Norman 1987, 62-64).

이처럼 평등이 그 자체의 윤리적 기준이 아니라 오직 결과적으로만 평가될 때, 정의개념도 일차적이고 본질적이 아니라 파생적일 수밖에 없다. 보편적 정의의 원리를 제시하려고 했던 롤스(John Rawls)나 생산과 소유의 통합적 성격을 강조하며 재분배를 부정했던 노직(Robert Nozick), 혹은 소유의 사적 성격과 생산의 사회적 성격 사이의 불일치를 지적하는 카를 마르크스 등이 모두, 공리주의가 정의를 단순히 절차 수준으로 환원했다고 비판하며 거부한 것은 이 때문이었다(Norman 1987, 148ff).

벤담주의에 따르면, 종종 개인들은 불충분한 정보와 잘못된 판단으로 인하여 자신들의 행동 결과를 잘못 계산한다. 그 결과 오히려 고통을 증가시킨다. 따라서 정부는 자선이나 개인적 저축으로는 해결될 수 없는 질병과 노년, 경제 불황 등에서 기인한 불행을 보전하기 위해 곤궁을 덜어줄 구호를 제공해야 한다. 근대적 국가복지에 대한 초보적 인식이 엿보이는 대목이다.

그러나 이러한 정부의 활동도 철저하게 "하층계급의 검약과 예지를 조장해 주는" 방식으로 행해져야 한다(Eccleshall 1986, 5. 1). 벤담에 따르면 재분배정책은 부자보다 빈자를 더욱 고통스럽게 만들며, "근면한 자의 운명을 게으른 자의 운명과 다를 바 없이 만들므로 근로의 동기를 소멸시킬 뿐이다."(Eccleshall, 1986, 139) 이 또한 오늘날 근대복지체제를 겨눠 통상적으로 제기되는 전형적인 신우익적 비판을 연상시킨다(고세훈 2009). 이런 점들은 벤담주의가 주창하는 재분배 혹은 빈자를 위한 국가개입이 잔여적이고 최소국가적이라는 것, 그리고 그것이 '비인격적' 효용의 기준을 어떻게 충족시킬 것인가에 따라 언제든지 철회되거나 징벌적으로 바뀔 수 있다는 점을 강하게 시사해 준다. 그것들은 또한 20세기 후반의 대처주의와 같은 시장자유주의가 '법과 질서의 정치'와 쉽사리 친화적으로 결합될 수 있는 이유에 직접적으로 닿는다.[6]

이러한 관점에서 보면 구(舊)구빈법의 구빈소는 수혜자로 하여금 부자의 관용과 자선에 의지하도록 함으로써 검약, 절제, 자조의 정신을 말살한다. 다음에 보듯이 벤담주의자들이 주도해서 도입했던 1834년의 수정구빈법은 구빈소를 중앙행정의 통제하에 두고 '열등처우'를 제도화했다. 그로 인해 구호 대상자의 생활수준은 최하층 독립노동자의 생활수준보다 언제나 낮아야 한다는 원칙이 확립됐다. 이러한 조치들은 노동자들로 하여금 자신들의 장기적 이해를 냉정하게 계산하게 만들고, 그럼으로써 빈곤상태가 주는 고통을 가능하면 줄일 수 있다는 것이다. 빈곤계급이 주로 행하는 범죄는 타인의 사유재산권 행사를 침해하여 정부에 도전하는 것인바, 정부는 그러한 일탈행위는 불이익과 불행을 낳을 뿐이라는 점을 강력한 처벌과 엄중한 교화를 통해 명확히 인식시켜야 한다.

교도 행정에 대한 벤담의 각별한 관심도 이러한 논리에서 비롯되었다. 그의 유명한 파놉티콘(Panopticon, 모델감옥)은 중앙의 감시탑을 중심으로 원형으로 디자인된 것으로서, 다수에 대한 감독과 통제가 요구되는 모든 제도들, 예컨대 구빈소, 공장, 학교, 정신병원 등을

6) 이 책 제5장 참조.

위해 제시된 건축모델이었다.

벤담주의자들이 빈자를 "인격적으로 고결하게 만들기 위해" 교육에 각별한 관심을 기울인 것도 이러한 맥락이었다. 예컨대 실천적 지식인이자 정치인이며 제임스 밀과 더불어 스코틀랜드가 낳은 대표적 벤담주의자였던 헨리 브로엄은 정치경제학에 대한 이해를 확산시키기 위해 성인교육운동을 주도했고, 교육적 자격을 선거권의 조건으로서 제안했던 거의 최초의 하원의원이었다. 기술 발전이 이룩한 산업혁명의 이점을 확신했던 그는 노동자가 지적으로 각성하기만 한다면, 새로운 자본주의의 대리인이 될 것이라고 자신했다. 따라서 교육이야말로 산업사회에 대한 노동계급의 "순종"을 담보하고 무지에서 비롯된 오해를 불식시키는 첩경이었다.

기계도입에 대한 저항이나 곡물법 철폐에 대한 반대도 정치경제학에 대한 무지에서 비롯된 것이다. 브로엄은 노동자들이 수요공급의 철칙을 이해했다면 기계도입은 생산 확대를 통해 장기적으로 노동계급에 이롭게 작용하리라는 것을 알게 되고, 리카도의 임금기금설을 이해했다면 스스로 산아제한을 위한 도덕적 자제력을 발휘하여 임금하락의 주요인을 사전에 저지하리라고 생각했다(Cole and Postgate 1961, 194). 노동계급은 검약과 근면 그리고 기술 습득을 통하여 노동이라는 상품의 가격을 상승시킬 수 있었다. 1820년대 브로엄이 입법제안했던 강제적 국민교육법안은, 비록 통과되지는 못했지만 하층계급의 교육에 대한 그의 열정을 보여주는 것이었다.

역시 벤담주의자로 실정법이론의 개척자로 추앙받던 오스틴(John Austin)도 유사한 논리를 전개했다. 오스틴은 "정치경제학의 주요 이론들은 약간의 관심만 기울여도 쉽사리 습득되고, 노동대중, 혹은 무지한 빈민이 그 핵심 원리들을 이해하기만 한다면, …사유재산에 대한 잘못된 여론이나 고통의 근원에 대한 편견은 근절될 수 있다"고 주장했다.

그에게 "결핍이나 노동은 자연의 인색함에서 기인하는 것이지, 결코 사유재산으로 인한 불평등 탓이 아니"었다. 오히려 사유재산제도라는 유용한 제도는 결핍과 같은 "편만해 있는 인간의 운명적 조건들을 경감하는 데 기여할 것"이고, 그것의 창조물인 자본이 없었다면 "노동은 훨씬 빈약한 보상을 받게 될 것"이라는 것이 그의 주장이었다(Eccleshall 1986, 144-145). 대부분의 범죄는 재산권 행사의 무분별한 행사에서 비롯된 가난이 원인이 아니라 오히려 사유재산에 대해 빈민들이 저지르는 것으로, 전자와 같은 "편견이 고통의 원인과 처방에 눈을 가림으로써 빈곤을 지속시키기 때문에" 발생한다.

범죄의 동기 혹은 유인을 억제하고 도덕적 품성을 고양하는 가장 효과적인 방법은 형벌이다. 만일 여론, 즉 대다수 사람들의 의견이 다수의 도덕적 성품에 영향을 미치는 편견으로부터 자유로울 수 있다면, 범죄 유혹이 사라지고 더 이상 교수대나 교도소는 필요치 않게 될 것이다(Eccleshall 1986, 146). 요컨대, 빈자는 3R(쓰기, 읽기, 산술)과 정치경제학의 초등원리를 습득해서 자본과 노동의 이익상충이 아닌 조화를 발견하게 되고, 자본주의가 주는 이점을 이해하게 되며, 따라서 범죄와 산업 소요가 아니라 자조와 검약의 습관을 통해서 물질적 개선을 추구할 것이다(Eccleshall 1986, 147).

역사학자이며 철학적 급진주의자, 곧 벤담주의자였던 조지 그로트도 이 점을 중시했다. 만일 노동에 대한 보상이 자본으로부터 기인한다면, 사유재산의 유지 또한 노동계급의 이해가 걸려 있는 문제이다. 따라서 노동자들이 도덕적으로 고양되면 지배계급에 대한 존경과 의존이 사라질 것이라는 정치적 유한계급(즉, 토지귀족)의 우려는 어리석은 기우에 불과하다고 일축했다(Eccleshall 1986, 5, 4). 즉 범죄자나 노동계급이 "합리적 계산의 습관"을 획득함으로써 부르주아의 정신을 습득하고, 그럼으로써 결국엔 사회적으로 조화로운 행동양식이 행복을 가져오리라는 점을 배우게 된다는 것이다(Eccleshall 1986, 29).

요컨대 벤담주의 이론가들은 "대중으로의 지식의 확산"이야말로 범죄의 일상적 유인인 빈곤을 경감하고 편견을 박멸하며 도덕적 감성을 교정하는 데 가장 필요하다고 생각했다. 일반적 효용의 원칙을 준수해야 하는 정부는 법적 정의를 실현하는 것 못지않게 지식의 확산, 곧 교육을 진작시킬 의무가 지워진다. 다음에 언급하겠지만, 당시 영국국교회가 지배하던 민간교육을 국가에 의한 세속적 보편교육으로 대체하기 위해 벤담주의자들이 기울인 관심과 노력은 참으로 놀랄 만한 것이었다.

그러나 벤담주의는 실천적 개혁이론으로서 뚜렷한 한계를 지녔다. 그런 한계는 이들이 활동했던 19세기 전반기 아직 자본주의의 병폐가 노골적으로 드러나거나 체계적으로 인식되기 이전이라는 점에 부분적으로 기인한다. 그러나 벤담 이전에 이들보다 훨씬 급진적인 개혁사상—예컨대 고드윈(William Godwin, 1756-1836)이나 윌리엄 코빗(1763-1835) 등의 사상—이 존재했다는 사실은 그러한 한계가 단순히 훗날의 기준에 비추어서 그런 것만은 아니라는 점, 요컨대 개혁의 논리로서 벤담주의에 내재된 보다 근원적인 한계를 말해준다.7)

7) 이러한 점은 '은자(隱者)'(The Hermit of Queens Square Place)로 불리던 벤담이 그의 가장 친밀한 숭배자였던 제임스 밀이나 로밀리(Samuel Romilly)와 더불어, 현실로부터 격리된 채 자신의 구상을 발전시켰다는 사실과 무관치 않을 것이다. 벤담의 낙관은 인간이 실제로 현실세계에 존재하는 생활인들보다 훨씬 이성적이고 합리적이었다는 가정에서 출발한 것이었다. 그러한 오류는 크건 작건 모든 벤담주의자들이 공통적으로 빠지는 오류였다(Ebenstein 1960, 497; Brinton 1962, 16).

무엇보다 벤담주의자들은 효용개념을 뛰어넘는—혹은 윤리적 내용과 논리가 담긴—분배체계를 고안하는 데는 전혀 무관심했다. 국가가 필요하면 강자를 희생해서 적극적으로 사회문제에 개입해야 한다고 믿는 빅토리아 후기의 개혁가—예컨대 다음에 논의할 신(新)자유주의자—입장에서 보면, 그들은—효용의 총합 개념에 기대 계급 간의 '조화'를 낙관하며 근본적 개혁을 반대하는 보다 '그럴듯한' 논거를 동원했기 때문에—어쩌면 토리보다 더욱 가증스러웠다. 이따금씩 벤담주의자들이 옛 자산계급의 연대세력에 불과했다고 폄하되는 것도 이러한 맥락이다.

벤담주의자들에게 노동계급은 교육과 훈련을 통해 기존의 자본주의체제로 편입돼야 할 대상일 뿐이었다. 노동계급은 개조되어 부르주아의 성정을 획득해야 했고, 그때까지 그들은 시민사회의 정당한 일부가 될 수 없었다. 이러한 입장은 유토피아를 그리는 모든 미래구상이 그렇듯이, 인간성의 개조 가능성 그리고 그 도구인 이성에 대한 과도한 낙관에서 비롯된 것이다.

선거권 확대에 대한 이들의 태도를 살펴보자. 벤담주의자들은 선거권의 확대가 정치적 의사 표현의 완전한 자유와 함께 거의 자동적으로 입법적 지혜를 만들어낼 것으로 상상했다. 존 밀의 회상에 따르면, 그의 아버지 제임스 밀은 "모든 인구가 문맹에서 벗어나고 모든 의견이 자유롭게 표출된다면, 그리고 투표권을 통해 자신들의 의견에 동조하는 입법부를 구성할 수 있는 한, 모든 것이 성취될 것으로 간주할 만큼 인류의 정신에 대해 이성이 갖는 영향력의 정도를 확신했다.… 당연히 민주적 선거권이야말로 그의 정치적 신조의 핵심이었다. 그러나 제임스 밀의 이러한 신조는 민주주의를 변호하기 위해 흔히 원용되는 자유나 인간의 권리 등 추상적 원리가 아니라, 그것이 좋은 정부를 확보하기 위한 가장 본질적인 안전장치라는 점에서 기인한 것이었다."(Mill 1969〔1873〕, 64-66)

다수의 지혜에 대한 이런 신뢰는 훗날 많은 비판에 직면하게 되는데, 밀 자신이 가장 혹독한 비판자였다는 것은 잘 알려진 사실이다(서병훈 1995; 이근식 2006). 당연히 이러한 낙관은 노동계급이 도덕적·경제적으로 자립하여 자본과 노동의 이해가 동일하다는 것을 이해할 때까지, 그들에게 선거권 부여가 제한되어야 한다는 주장과 직접적으로 연결된다.

요컨대 벤담주의자들은 새롭게 부상하는 중산계급의 이성적 능력을 신뢰한 만큼, 재산과 지식이 없는 노동계급의 판단 능력을 불신했던 것이다. 파놉티콘으로 상징되는 중앙감시체제가 이 점을 잘 보여준다. 그것은 "전례 없을 정도로 (한) 정신에 대한 (다른) 정신의 지배력을 획득하는 방법"이었다. 그것은 단순히 질서에 대한 숭앙이나 혼돈에 대한 혐오를 반영하는 것 이상이었다. 거기에는 자신들의 세계가 "합리적이고 도덕적인 사람이 비합리적이고 의존적인 사람들에 대해 정당하고 개입적인 지도를 행사할 수 있는 양분된 세계"라는 벤담주의자들의 현실 인식이 드러나 있다.

즉 파놉티콘 구상은 인간의 완전성에 대한 계몽주의적 확신뿐 아니라, "'백인의 책무'는 식민지 국민들을 문명화시키는 것이라는 후기 빅토리아사상"을 확인시켜 준다(Bowles and Gintis 1986, 121-122). 이러한 낙관과 배제의 사회관은 선거권의 확대와 교육, 저가의 신문과 책 등을 통해 자유토론이 발전하고, 수많은 입법적 노력의 결과로 노동계급의 물질적·정신적 여건이 개선되면서 어느 정도 현실적 정당성을 획득할 수 있었다.

벤담의 사상은 벤담 자신뿐 아니라 철학적 급진주의자(philosophical radicals)로 알려진 그의 추종자들에 의해서도 광범위하게 설파되었다. 그리고 수많은 벤담주의자들이 입법과 법 집행 과정 그리고 행정에 참여함으로써 구체화되었다.

무엇보다 법과 행정체계의 정비를 위해 이들이 기울인 노력은 각별했다. 효용의 원리가 추구하는 값싸고 효율적인 정부, 전문성과 능력에 터 잡은 기능적 사회라는 벤담주의적 이상은 "사실들의 압박"(pressure of facts)에 대응하여 각 부문의 전문가들로 충원된 수많은 정부기관들이 창출되면서 구현되었다. 따라서 현실에서 벤담주의적 이상이 작고 효율적인 야간정부가 아닌 팽창하는 중앙관료제의 개입국가 모습을 결과적으로 산출했다 할지라도, 그것은 벤담주의의 기본철학에서 벗어난 것이 아니었다(Perkin 1969, 258-260; Briggs 1984, 215-318).

이런 점에서 벤담은 19세기 영국 자유주의를 아담 스미스의 고전적 자유주의로부터 일정하게 격리시킨 최초의 사상가일 수도 있다. 한편에서 벤담은 자율적 개인에 대한 신념과 그들의 집합체로서 사회라는 고전적 자유주의의 전제를 수용함으로써 경제정책에서의 자유방임 등 개인(시장)적 자유를 옹호했다. 그러나 다른 한편에서, 공리주의로 불리는 그의 도덕철학 원리는 사회의 모든 제도가 합리적 구상에 따라 교정 혹은 개폐될 수 있다는 사회공학적 신념에 입각했다는 점에서 훗날 신(New)자유주의와 사회주의의 영국식 버전으로 불리게 될 페이비언주의의 개입주의와 연결될 수 있는 근거를 제공했다.

이는 벤담을 포함한 초기 벤담주의자들이 결코 무작정한 자유방임론자들은 아니었으며, 벤담주의 초기에 이미 그 안에 국가개입과 관련하여 근본적 긴장을 안고 있었다는 사실을 말해준다. 그것은, 알레비(E. Halevy)에 따르면, 개인들 간 이해의 자연적 조화사상과 정부의 강제와 조정에 의한 개인 이해들의 인위적 조화사상 간의 긴장이었다. 최대다수의 최대행복이란 사람들이 정부 간섭의 최소화와 함께 각자가 자신들의 이해를 좇도록 방치될 때 달성되는가 아니면 정부의 간섭은 필요한가?

아담 스미스가 전자의 입장, 자연적 조화에 이르는 장애물들의 제거를 중시하는 관점을 취한 반면, 벤담은—비록 정부의 자연적 부패 경향에 비추어 정부개입의 정도에 대해 민감했지만—명백히 새로운 유형의 정치 행태를 의미하는 후자의 입장을 취했다(Freeden 1978, 14-15). 이 점에서 당시 정부의 개혁가들은 의식적이든 무의식적이든 모두 벤담주의자들이었다고 볼 수 있을지 모른다. 그들은 효율적이고 전문적인 정부를 통한 최대다수의 최대행복을 추구하는 한편, 공리주의가 안고 있는 이러한 상이한 측면들, 곧 효율적 정부와 값싼(낮은 조세) 정부 사이에서, 그리고 큰 정부와 작은 정부 사이에서 선택을 해야 했다. 그런데 이것은 또한 당시 발흥하던 기업가와 중산계급의 성향을 그대로 반영한 것이었다.

벤담주의자들은 시장적 자유를 통한 갈등하는 이들의 '자연적' 조화를 선호했다. 그러나 지식과 교양을 갖춘 시민의 정치 참여나 교육 혹은 보건 등 보다 상위의 가치들을 위해서는 시장적 세력들의 제한, 즉 갈등하는 이해들의 '인위적' 조율을 필요한 것으로 수용했다(Perkin 1969, 321-323).

어찌 되었든 에드먼드 버크가 남긴 공백을 뚫고 등장한 새 세대의 지적 지도자는—페인도 고드윈도 코빗도 아닌—벤담이었다. 벤담은 19세기 중엽 즈음에는 영국 개혁정치사에서 하나의 신화적인 존재가 되어 있었다. 그의 영향력은 영국 지성사에서 매우 드물게 한 사상가의 이름이 사상 자체를 지칭하는 이례적인 예를 보인 점에서도 드러난다. 무엇보다 벤담주의의 저력은, 그것이 지닌 이론적 약점들에도 불구하고, 현실정치적인 영향력에서 표출되었다. 특히 그것은, 빅토리아 후기에 신(New)자유주의가 자유당에 침투하고 영국식 사회주의의 부활과 더불어 노동당이 태동할 때까지, 영국의 개혁정신을 규정하는 가장 핵심적인 힘으로 작용하였다.

(3) 빅토리아 전반기 개혁 조망: 성격과 한계

이미 언급한 대로, 1830년대 이후부터 1870년대 중엽까지의 기간은 영국 근세사에서 가장 왕성한 개혁(정치개혁과 사회개혁)이 이루어진 시기이다. 특히 1830년대부터 차티즘이 소멸되던 1848년까지는 개혁이 절정에 달했던 시기로서 대륙이 일련의 혁명들로 인해 정치사회적으로 소용돌이에 휩싸였던 때와 정확히 일치한다. 당시의 개혁은 사회구조의 변화에 부응하려는 시민운동 혹은 여론의 압박이 가중되던 상황에서 진행되었지만 개혁의 성격은, 앞 절에서 논의한 바, 벤담주의가 설정해 주는 범위와 한계를 벗어나지 못한 것이었다.

벤담주의란, 간단히 말하면 정부가 1) 효용원리에 따라 잘못된 법체제를 교정 혹은 정비함으로써, 2) 개인의 자유를 최대한 실현하고, 3) 최대다수의 최대행복이 성취될 수 있는 정치적 환경을 조성한다는 논리에 서 있는 사상이다. 그것은 경제적 재분배를 동반하는 시도를 재산권 행사 등 개인의 법적 자유를 침해하는 것으로 간주하여 입법대상으로 삼지 않는다. 이런 점에서 본격적인 개혁입법(예를 들면, 20세기 초 애스퀴스 자유당정부의 복지법안들)에 대한 가장 그럴듯한 반대 논거는 구(舊)토리가 아닌 벤담 식 자유주의에 의해 제공되었다고 볼 수 있다.

다음은 빅토리아 시절을 대표하는 개혁입법의 성과와 한계를 이러한 맥락에서 살펴본 것이다. 여기서는 뚜렷한 역사적·시대적 의의를 지닌 핵심적 개혁사안들을 선택적으로 취급하였다. 특히 19세기 전반기의 개혁입법들에 담긴 벤담주의적 성격을 밝힘으로써, 당시의 국가개입주의에 내재된 근본적 한계—그것의 개혁적 성격과 관련하여—를 드러내 보고자 했다.

① 의회(선거법)개혁

1832년 제1차 의회개혁 이전의 구의회(Unreformed Parliament)는 14−17세기 기간에 정착되었다. 그것은 선거제도와 하원의 구성에서 전(前)산업시대의 영국을 그대로 대표하는 낡은 체제였다. 구체제의 비정상(anomalies)은 3가지로 요약될 수 있다(Watts 1995, 26-28).

첫째, 산업혁명이 진전되면서 '새로운 형태의 재산'을 가진 중산계급이 부상하고 대도시 지역의 인구가 급팽창했음에도 불구하고, 의석배분은 명예혁명 당시의 부와 인구 배분을 반영하고 있었다. 그 결과, 잉글랜드 북부에 대한 남부, 웨일즈와 스코틀랜드에 대한 잉글랜드의 과잉대표가 지속되었다. 둘째, 만연된 부패는 선거 과정과 결과를 심대하게 왜곡했다. 투표가 공개적으로 행해진 상황에서 지역유권자에 대한 대지주의 각종 합법적·불법적 영향력들(예: 퇴거 위협, 거래중단, 향응, 뇌물, 노골적 협박 등)이 일상적으로 행사되었다. 1820년대에도 하원의 25% 이상이 귀족이거나 귀족의 아들이었고, 일곱 개의 거대 가문이 50여 의석을 결정했으며, 650여 명의 하원의원 가운데 260명이 대지주의 직접적 후원으로 선출되는 등 사실상 전체 선거구의 70% 정도가 이들에 의해 좌우되었다. 셋째, 인구가 급격히 팽창하여 1830년에 이르러 2,400만에 달했지만, 유권자 수는 그것의 2%인 50만도 채 안 되었다.

요컨대 당시는 벤담이 중시했던 합리화, 효율 등의 개념들이 아예 낯설거나 불필요했던 시절이었다. 오히려 프랑스혁명의 파장이 영국에 미칠까 전전긍긍하던 토리의 지배가 장기화되면서 모든 비정상들이 옹호되던 시절이었다. 19세기에 들어서 하원 의석수를 재분배하려는 '위'로부터의 시도가 간간이 있었다. 1820년대에는 급진주의 지도자들과 연계된 중간계층 사람들에 의한 '아래'로부터의 압박이 고조되고 있었다. 따라서 의회개혁에 관한 한 모르쇠로 일관하던 웰링턴 토리정부가 무너지고 그레이 휘그정부가 들어서던 1830년 무렵엔 휘그와 시민단체들뿐 아니라 일부 토리 의원들도 가세하여 의회개혁의 필요성을 주창하고 있었다. 개혁법안이 온갖 우여곡절을 거친 후 마침내 통과되었을 때, 그것은 그레이가 동 법안을 완강히 반대하던 상원을 50명의 새로운 귀족을 서품하겠다고 '협박'해서 굴복시켰기 때문이었다.

의회법 개혁의 결과로 총 유권자수는 50만 명에서 80만 명 이상으로 증가했고, 인구의 30분의 1, 혹은 성인남자의 7분의 1에게 투표권이 주어졌다. 또한 연 10파운드의 집세를 내는 입주자나 주택소유자에게 투표권이 주어지면서 145개 의석이 대도시 지역으로 이전되었다. 그러나 아직 여성은 말할 것도 없고, 노동계급 대부분도 투표권을 얻지 못했다. 여전히 성인남자의 85% 이상과 인구의 96% 이상이 투표권에서 제외되었다. 비밀투표가 도입되지 않는 등 선거 관행에서의 비합리성 또한 지속됐다. 오히려 새로운 재산규정으로 인해 대지주들이 임대인 수를 임의로 늘리는 등, 부패 관행은 악화되었다. 기업가들의 의회 진출이 늘어났지만, 의회가 여전히 토지귀족들에 의해 지배되고 있었다는 점도 이전과 크게 다르지 않았다.

1832년의 의회개혁은 그 근본에서 벤담주의적이었다. 목적은 재산과 교양을 지닌 중산계급을 정치적으로 편입시키는 데 있었다. 이때 효용은 자신의 정치력을 이용하여 최대다수의 최대행복을 증진시킬 수 있는 사람들, 즉 재산과 지성을 보유한 사람들에게 선거권을 부여함으로써 달성될 것이었다. 그것은 결코 '최대다수'에게 선거권을 부여하는 데 있지 않았다.

벤담주의자들은 토지귀족과 노동계급에 비해 중산층이 지닌 우월성을 강조했다. 예컨대, 벤담보다 더 벤담주의적이었다는 평가를 받을 정도의 완고한 벤담주의자였던 제임스 밀은 "세습귀족은 정부를 경영할 지적 능력이 결여되었고 공동체를 착취하는 데에만 관심이 있기 때문"에 국민의 최대다수는 "중간계급의 지혜"에 의해 인도돼야 할 것이라고 주장했다(Perkin 1969, 215-216). 반면, 개혁법안을 상원에 상정했던 벤담주의자 브로엄(Lord Chancellor) 같은 사람은 노동계급과 대비하여 중산층의 의의를 부각시켰다. 중간계급의 덕목에 대해 그처럼 단호하게 칭송을 아끼지 않던 사람도 찾기 힘들었다.

브로엄이 법안제안을 하며 했던 연설의 한 대목은 이랬다. "폭도가 있다면 인민들도 있다. 나는 지금 수십만의 점잖은 사람들, 즉 중간계급에 관해서 말하고 있거니와 이들은 가장 숫자가 많고 지금까지 공동체 내에서 가장 부유한 계급이다. …방대하고 견고한 재산을 소유한 중산계급은 냉정하고 합리적이며 지적이고 정직한 영국인 정서의 가장 진정한 수탁자이다. 그들은 결코 잘못된 추론에 의해 오류를 범하거나 뻔뻔스러운 아첨에 의해 기만당하지 않는다." 그에 따르면 의회개혁법은 '폭도'〔곧 노동계급〕를 약화시켜 중산계급을 기득권층과 연대시키기 위한 것이었다(Somervell 1929, 80; Brinton 1969,

34-35). 물론, 새 유권자들이 아직 소수에 불과했다는 점에서 그의 연설은 사실과는 많은 차이가 있었다.

의회주권과 보편선거권을 신뢰했던 벤담도 "교육을 통해 계몽될 때까지" 노동계급에게 선거권 부여가 유보돼야 할 것이라고 인정했다(Sabine 외 1973, 629-630). 또 다른 벤담주의자이자 역사가이며 하원의원이었던 매콜리(Lord Macaulay)는 개혁안이 노동계급을 배제하기 위해 귀족과 중산계급이 타협한 결과물임을 강조하였다. 즉 그것은 귀족계급이 노동계급에 의한 선거혁명을 선제하기 위해, 새로운 계급인 중산층의 "재산과 지성"에 대해 양보한 결과였다.

1832년 총선은 개혁법에 따라 처음 실시된 선거였는데, 그를 통해 658명의 의원이 하원에 진출했고, 그 가운데 개혁법을 지지했던 의원의 숫자가 500명에 달했다. 휘그 내각의 진보적 각료였던 존 러셀(Lord Russell)은 개혁법이 '최종타결' 곧 더 이상의 의회개혁은 없을 것임을 못 박았다. 당시 개혁 성향의 의원을 포함한 대부분의 의원들이 1832년의 개혁법을 그 내용의 온건성에도 불구하고 마지노선으로 이해했던 것이다(Watts 1995, 27-31). 정치인들에게 노동계급에 대한 양보는 아직 상상할 수 없는 일이었다.

1차 개혁 통과 후 한 세대가 더 지나서 제2차 개혁법이, 이번에는 보수당정부에 의해 통과되었고 유권자의 범위는 재차 확대되었다. 당시 휘그와 토리는 모두 법안을 자신들의 업적으로 만들려고 안달했었지만, 결국 보수당의 업적이 되었던 것이다. 휘그나 토리 정치인들이 갑자기 민주주의자가 되었기 때문인가? 물론 그렇지 않다. 두 번째 법안을 정당화하는 가정 또한 재산, 냉정함(sobriety), 합리성(rationality), 지성(intelligence), 정직(honesty) 등, 과거 브로엄이 강조했던 중산계급의 덕목이었으며, 이는 기본적으로 1차 개혁이 보여준 벤담주의의 정신을 그대로 이어받은 것이었다. 단지 시간의 흐름과 더불어 노동계급도 이러한 성정을 상당한 정도로 획득한 것으로 간주했던 것이다.

벤담주의자들은 1820년대부터 '남성선거권'이 점진적이고 순차적으로 확보돼야 할 것을 주장했다. 그러나 그때 노동계급으로의 선거권 확대 여부는 어떤 민주적 사상이나 계급적 이해관계에 의해서 결정되는 것이 아니었다. 그것은 전형적인 빅토리아 중산층이 갖췄다고 생각되는 덕목들을 노동자들도 마침내 습득했는가의 여부에 달려 있었다(Cole and Postgate 1961, 251-252; Perkin 1969, 289).

② 수정구빈법

1601년, 엘리자베스 1세 말기에 제정된 구(舊)구빈법은 원래 인클로저가 확산되면서 생겨난 실업자들과 징집에서 해제된 군인들이 거리의 떠돌이로 전락하는 것을 막기 위한 것이었다. 그러면서도 그것은 개인이 최소한의 생활을 영위할 수 있도록 제도를 마련했다는 점에서 토리 식 온정주의를 구현하는 대표적인 입법이었다. 그에 따르면 노인, 병자, 정신이상자는 토지소유자와 점유자에게 거둬들인 세금(구빈세)으로 해당 교구의 책임하에 생활보조를 받았다. 반면에 어린이나 일할 능력이 있는 실업자는 구빈소(workhouse)에서 노동에 종사해야 했다.

1662년에 정주법(Act of Settlement)이 도입된 이후 부랑아의 숫자는 다소 줄었다. 그러나 18세기 말에 이르면 산업혁명으로 인한 인구증가뿐 아니라 빈번한 흉작, 프랑스와의 전쟁 등으로 인해 실업자가 늘어나고 노동자의 생활수준은 급속히 떨어졌다. 1795년 영국정부가 지방의 구빈세를 식품가 상승에 맞춘 임금보조로 전용할 것을 법제화한 것이 유명한 스피넘랜드법(Speenhamland Act)이다. 이 법은 저임노동을 확산시키면서 기왕에 만연해 있던 옥외구호(outdoor reliefs)를 더욱 부채질했다.

1830년에 이르면 구빈소는 게으른 노동자와 병자, 고아, 정신이상자들을 위한 보호소(refuges)로 전락하게 된다. 구빈의 부담이 공장주들로부터 지방의 구빈세 납부자들에게로 이전되자 빈민구제에 사용되는 예산은, 예컨대 1795년 200만 파운드에서 1831년 700만 파운드로 크게 증가했다(Beales 1969, 42-43; Watts 1995, 35). 그즈음 구빈세의 경감을 요구하는 지주계급의 압박이 증가하고 있었다. 그들의 주된 불만은 스피넘랜드법이 지주들이 낸 세금으로 고용주를 보조할 뿐 아니라, 노동자들을 자선에 의존케 함으로써 근로의 유인을 해친다는 것이었다. 정주법을 폐지하여 노동공급을 원활히 해야 한다는 이들의 주장도 내심으로는 구빈에 대한 특정 교구의 부담을 덜자는 데, 즉 구빈세를 삭감하자는 데 그 목적이 있었다.

구빈법 폐지에 대한 이론적 논거는 이미 맬서스나 리카도가 제시했었다. 맬서스는 1798년부터 1824년까지 여섯 판을 거듭한 그의 『인구론』에서 스피넘랜드법이 옥외구호를 통해 인구증가를 더욱 가속시켰다고 주장했다. 리카도는 『정치경제학 원리』에서 제시한 임금기금설 논의를 통해 구빈을 위한 지출이 늘수록 임금이 줄 것이므로 사람들은 빈곤의 악순환에 빠지게 될 것이라고 경고했다(Fraser 1973, 35-36). 그러나 1815년 전쟁 이후 그리고 1820년대 일련의 불황으로 인해 구빈을 위한 지출이 지속적으로 늘고 있었다. 이 상황에서 구빈법을 무작정 폐지한다면, 그로 인한 사회적 혼란만 가중되리라는 것은 불 보듯 뻔했다.

1832년 그레이 휘그정부는 최초의 왕립위원회인 「구빈법개정위원회」를 출범시켰다. 에드윈 채드윅 등 벤담주의자들이 위원으로 참여했다. 1834년 동 위원회는 골수 벤담주의자인 채드윅과 고전정치경제학자인 시니어(Nassau Senior)가 작성한 방대한 보고서를 공개했다. 이 보고서를 토대로 만들어진 수정구빈법(Poor Law Amendment Act)이 같은 해에 통과됐다(Molesworth 1880, vol. 1, 309-319).

수정구빈법은 기존의 구빈체계가 교구 수준에서 매우 비효율적으로 집행되고 있다는 중산층과 상층계급의 견해를 새삼 확인시켰다. 동법의 궁극적 목적은 구빈세를 통한 임금보조, 곧 스피넘랜드 체제를 없애는 것이었다. 구빈소 수용을 노동불능자로 한정하되, 노동가능자에 대한 일체의 옥외구호를 철폐함으로써 구빈소의 원래 기능을 회복하고자 했다. 무엇보다 옥외의 노동 조건보다 구빈소 상황을 훨씬 "비매력적인"(unattractive) 것으로 만든다는 이른바 '열등처우의 원칙'(less eligibility principle)이 도입되었다. 구빈소 입주를 위해서는 혹독한 검사체계(workhouse test)를 통과해야 했으며, 그 결과 노동가능자의 구빈소 거주는 최대한 억제되었다. 또한 몇 개의 교구를 교구연합체로 묶어서 구빈법 행정의 중앙화를 꾀했다. 교구로 분산되어 있던 구빈업무가 단일한 중앙행정에 의해 통일되게 되었다. 중앙정부에 3명의 위원으로 구성된 구빈위원회는 의회로부터 독립하여 설치되어 구빈행정에서 막강한 권력을 행사했다.

지방세 납부자로 하여금 구제위원회(Boards of Guardians)를 선출토록 해서, 중앙의 구빈위원회 통제하에 전문적 구제위원들이 구빈소를 제공하는 등 '빈민의 대변자'로서 구빈활동을 전담토록 하였다(Bland 외 1914, 663-664 참고). 최초로 전국적인 지방선거제가 도입됐고, 종래 지방유지들에 의해 임명되던 지방판사(justice of peace)

의 권위가 자동적으로 소멸됐다.

언뜻 보면, 1834년의 수정구빈법은 벤담주의로부터 일정하게 일탈한 것처럼 보인다. 특히 그것이 옥외구호체제(doles)를 폐지하고 대신 (종종 '바스티유'로 비유되는) 구빈소제도를 적극 활용한 것은 '행복(효용)'의 증진과는 상충되며, 여전히 구빈 문제에 대한 국가의 방대한 행정력이 동원되어야 한다는 점에서 반자유주의적 경향을 보이기도 한다. 그러나 수정구빈법은 그 핵심적 정신과 내용에서 정확히 벤담주의를 반영한 것이었다. 우선 '열등처우의 원칙'은 구빈소의 혹독한 조건에 대한 두려움으로 인해 사람들이 근면과 자조의 길을 스스로 택하리라고 가정한 것이며, 그러한 가정은 벤담의 고통/쾌락 개념과 파놉티콘 구상과 매우 긴밀하게 조응한다.

벤담은 이미 1790년대에 이 점을 명확히 한 바 있었다. 그에 의하면 "타인의 노동에 의존하는 사람의 조건이 자신의 노동에 의존하는 사람의 그것보다 더 낫다면, 사람들은 끊임없이 후자의 진영으로부터 전자의 진영으로 이탈할 것이다."(Fraser 1973, 42 재인용) 비록 동법이 구빈소에 거주하는 빈민과 시장에서 강제로 밀려난 사람들에게 가혹한 고통을 가할지라도, 그 결과로 '다수의 행복'이 증진된다면 그들은 이러한 '부당한' 대우를 수용해야 한다.

수정구빈법이 (관료)전문성과 선출(selection)이라는 원칙을 결합했다는 점도 그것이 정확히 벤담주의적 실험이었음을 보여준다. 벤담주의는 혼돈과 낭비를 증오한 만큼 행정에서의 경영기법을 적극 지지했다. 수정구빈법에 따라, 전국적 감독기관으로서 중앙의 구빈위원회가 설치되었고, 15,000개의 교구가 600개의 교구연합으로 통합됐으며, 지방의 전문위원회들이—과거 무급의 지방판사로서 행세하던 지방유지들이 아닌—모두 선출된 전문가들로 채워졌다.

행정 효율의 극대화를 위한 이런 조치들은 국가행정에 대한 벤담주의자들의 관심을 유감없이 보여준 것이었다(Webb 1976, 243). 채드윅이 "이 법이야말로 과학적 원리에 의하여 만들어진 최초의 위대한 입법"이라고 공언할 수 있었던 것도 이유가 있었던 것이다(Fraser 1973, 40). 구호를 옥내(구빈소)로 한정하고, 옥외의 빈자를 자조(自助)에 노출시켜 스스로 근로와 검약의 유인을 갖도록 했다는 점 또한 전형적인 벤담주의 정신을 엿보게 함은 물론이다.

벤담은 일찍부터 자신의 파놉티콘 구상이 감옥 이외에 공장 혹은 구빈소의 일상적 운영을 위해서도 적용될 수 있다고 믿었다. 벤담의 이러한 확신은 파놉티콘 체제가 "부랑자를 정직하게 만들고 게으른 사람을 근면하게 만든다"는 신념에서 비롯되었다. 실제로 이는 동법이 구상한 구빈소의 기능과 정확히 일치했다(Bronowski 외 1960, 447-448).

이 법은 맬서스의 인구법칙과도 전적으로 상통했다.[8] 벤담주의자들은 과잉인구를 빈곤의 최대원인으로 지목한 맬서스의 인구법칙을 처음부터 수용했다. 수정구빈법은 옥외구호의 폐지를 통해 인구를 억제하고, 구빈소가 열등처우의 원칙에 따라 운영되도록 만들었다. 그것은—맬서스가 소망했던 바, 구빈법 자체의 폐지에는 이르지 못했지만—인구법칙을 제도화한 것이었다. 구빈소에서 남녀가 분리 수용됐다는 점도 맬서스 식 처방과 관련하여 시사하는 바가 크다.[9]

휘그와 토리의 지방유지들은 자신들이 지역에서 행사하던 전통적

---

8) 구구빈법의 사회경제적 폐해에 대한 맬서스의 통렬한 비판은 Rimlinger(1971, 3장 2절)에 자세히 기록되었다.

9) 물론 19세기의 유례없는 인구증가는 옥외구호 때문이 아니라, 사망률의 감소 때문이었다. 이는 출산율의 증가가 없었다는 점에서도 나타난다(Somervell, 1929, 82 각주1).

권한이 이처럼 침해되었음에도 불구하고 수정구빈법을 수용했다. 그것이 실시되면 자신들의 납세 부담이 그만큼 경감될 수 있다는 경제적 동기가 주로 작용했기 때문이었다(Trevelyan 1974, 538-539).

채드윅 등 수정구빈법의 제정과 집행을 주도했던 벤담주의자들은 그것이 지방세 납부자들의 과도한 부담을 덜어줌으로써 재산권 행사를 보호할 뿐 아니라, 구빈의 수혜자에게 가해지는 고통도 결국 그들을 검약과 자조의 보다 독립적인 인격체로 끌어올리는 데 기여할 것이라고 확신했다. 벤담이 스피넘랜드체제를 맹렬히 공격했던 것도, 도저한 벤담주의자였던 브로엄이 “만일 노동자들이 합리적이라면 그들은 수정구빈법을 환영했을 것”이라고 공언했던 것도, 빈자를 위한 모든 제도는 언제나 가장 먼저 당사자들의 도덕적 각성을 염두에 두어야 한다는 벤담주의의 기본정신에 따른 것이었다(Brinton 1962, 33).

수정구빈법으로 40년 동안 지속된 스피넘랜드체제가 소멸하면서 구빈세가 감소하고 구빈을 위한 지출도, 예컨대 1834년 연간 1인당 9실링에서 20년 후 6실링으로, 크게 줄어들었다. 예상대로 임금은 상승했다. 특히 현장에서 구빈활동 단위인 교구연합은 이제 출생, 결혼, 사망, 접종 등으로 업무를 확대해 나갔고, 구제위원회는 지방판사나 성직자 등 선임자들에 비해 훨씬 전문적인 지식을 가진 사람들로 채워졌다.

그러나 벤담식 자유주의에 의거해 있던 수정구빈법은 빈곤문제의 해결을 위한 근본적 처방은 결코 될 수 없었다(Watts 1995, 37-38). 그것은 빈곤이나 기아의 ‘원인’에 대한 대책과는 거리가 멀었으며, 구호 비용과 같은 증상에 치중한 대증요법적 성격이 강했다.

당연히 구조적 · 단기적 실업 등 당시 만연되던 자본주의의 경기순환적 폐해에 대한 아무런 급진적 처방도 제시할 수 없었다. 예컨대 자조의 정신을 키우기 위해 구빈소를 공포의 대상으로 만들고, 그 결과 빈곤계층을 강제로 시장에 편입시키려는 전략은, 그야말로 인간이 자신의 운명의 완전한 주인이라는 전제하에 비로소 가능한 것이었다. 이것은 산업사회에서는 결코 자동적으로 가정될 수 없는 전제였다.

실제로 잉글랜드 북부 산업지역의 실업자들에게 옥외구호의 폐지는 엄청난 고통을 안겨 주었다. 어린이, 병자, 노인에 대한 특별 공여마저 부재했던 상황에서 옥외구호는 빈자의 생존과 사회적 소요를 막기 위한 최소한의 장치였음이 점차 분명해졌다. 또한 구빈소의 운영을 비롯한 법 적용 과정에서 드러난 비인간적 실상들은 엄정한 효율 지상의 벤담 식 행정주의가 낳은 또 하나의 병폐였다. 예컨대 부부를 격리시킨다든가 부모를 구빈소의 어린이로부터 강제로 떼어내는 등의 비인간적인 법 집행은 구빈소가 영국의 바스티유로 불리게 된 계기가 되었다.

수정구빈법의 실행 과정에서 지방의 소요를 막기 위해 종종 군대까지 동원되었던 것을 상기하면 이것이 얼마나 무리한 법이었던가를 쉽게 상상할 수 있다. 구빈행정이 구빈위원회의 전적인 소관으로 되면서 지방별 차이를 무시한 중앙화가 낳은 문제들도 적지 않았다.

1830년대 말 불황이 다시 시작되었다. 그리고 수정구빈법은 1832년 의회개혁법이 안겨 준 실망과 결합되어 차티스트운동을 촉발하는데 결정적인 역할을 했다(Cole and Postgate 1961, 278-279). 당시 급속히 확산되던 반(反)구빈법 소요가 만일 차티즘으로 해소되지 않았다면, 혹은 1840년대 말 이후의 이른바 '빅토리아 번영'이 없었다면 어떤 결과를 가져왔을지 아무도 장담할 수 없다. 19세기 개혁입법 가운데 가장 벤담주의적으로 알려진 수정구빈법이 여실히 보여준바, 도덕과 입법의 영역에 자연과학의 논리를 적용하려는 시도는 결국 그리 성공적이지 못했다(Bronowski and Mazlish 1960, 446). 수정구빈법은 전간시절 스탠리 볼드윈 보수당정부에 의해 전격 폐기될 때까지 파란만장한 일생을 더 견뎌 가게 된다.

③ 공장개혁

1811—1812년, 기계파괴(frame-breaking)로 시작된 노동자의 저항은 1819년 '피털루 대학살'에서 절정에 달했다. 노동자들의 소요는 탈곡기 도입에 대한 농업노동자의 폭동이 있었던 1830년까지 지속되었다. 특히 당시에는 섬유공장과 탄광에서 어린이와 여성노동의 문제가 심각했다. 공장주들은 (저임금, 무조직, 해고와 규율 적용의 용이성 등의 이유들로 인하여) 이들을 고용하는 것이 성인남성들에 비해 명백한 이익이 된다는 것을 알아챘다.

어린이노동은 빈한한 노동계급 가계에 수입을 보태고, 정규교육이 거의 부재했던 상황에서, 어린이들이 공장노동을 통해 검약, 근면, 복종 등의 가치를 습득하면 거리의 부랑자 숫자가 감소할 것이라는 이유에서 정당화되었다(Fraser 1973, 13, 19-20). 노예상태를 방불케 만드는 노동조건에서 어린이노동에 대한 착취가 증가할수록 산업재해의 빈도 또한 늘어났다.

의회 안팎에서 '공장왕(factory king)'으로 불리던 오우슬러(Richard Oastler)와 새들러(Michael Sadler) 등 복음주의자들에 의해 어린이 노동의 극악한 실태가 폭로되기 시작했다. 이것이 기폭제가 되어 확산되던 사회적 분노는 1832년 요크의 대규모 군중집회와 13만 명의 서명이 담긴 의회청원에서 절정에 달했다. 1802년, 1819년, 1831년에 도입된 일련의 공장법들(Factory Acts)에서 인도주의적 관심에서 촉발된 어린이노동에 대한 법적 규제가 시도된 바 있었다. 그러나 이것들은 그 적용 범위가—섬유산업으로 한정되는 등—지극히 협소했을 뿐 아니라, 실효성 있는 강제적 집행규정을 담고 있지 않았기 때문에 거의 효력이 없었다. 감독책임을 맡은 지방관들(magistrates)이 왕왕 공장주였다는 점 또한 법 집행의 한계를 드러냈다(Lowe 1989, 197-200).

그레이의 휘그정부가 도입한 1833년 공장법은 기존의 폐단을 막기 위한 것이었다. 이 법은 왕립위원회 위원이었던 두 벤담주의자, 즉 채드윅과 스미스(Southwood Smith)의 발의에서 비롯되었다. 적용 대상은 여전히 섬유산업에 한정됐지만, 모직공장이 포함됐고, 지역적으로도 과거의 적용 범위를 훨씬 넘어섰다. 이로써 9세 미만의 어린이노동이 금지되었고, 13−18세는 하루 12시간, 일주일 69시간, 9−13세의 경우는 하루 8시간, 일주일 48시간으로 노동시간이 제한되었다. 또한 공장주들의 책임하에 매일 일정한 식사시간과 두 시간의 교육시간을 배정할 것을 의무조항으로 부과했다(Webb 1970, 241-242).

1833년 공장법의 가장 혁신적인 내용은 내무부 관리하에 4명의 감독관을 둔 것이었다. 각각 1천 파운드의 파격적 연봉을 받게 될 감독관들은 18세 미만의 어린이와 젊은이가 고용된 공장에 대한 자유로운 출입과 검사뿐 아니라 불법행위를 한 공장주에 대한 기소와 처벌에 이르는 막강한 권한을 행사할 수 있었다(Bland 외 1914, 595). 이 점이야말로 1833년 법이 최초의 효율적인 공장법으로 불리는 주된 이유였다.

1840년대에 들어서 필 보수당정부는 산업노동자 보호를 위한 두 개의 주요 법안을 통과시켰다. 1842년 탄광법(the Mines Act)과 1844년의 공장법이 그것이다. 전자는 갱부에서 여성과 10세 미만 어린이노동을 전면 금지하고, 이를 감시하기 위한 1명의 감독관을 둘 것을 주 내용으로 한 것이다. 이후 탄광에서의 근로조건은 빅토리아 마지막 탄광법(1887년)에 이르기까지 수차례 법 제정을 통해 개선되어 갔다. 후자는 공장교육과 여성노동에 대한 규제를 엄격히 한 것 외에, 모든 공장에서 8세 미만 어린이의 노동을 금지시키고, 8세에서 13세 사이 어린이의 노동시간을 8시간에서 6시간으로 줄이며, 위험한 기계 주변에 방어망 설치를 의무화하고 식사는 작업장이 아닌 별도의 장소에서 할 것을 규정하였다(Bland 외 1914, 599-614).

그리고 존 러셀의 휘그정부가 제정한 1847년의 공장법(10시간 노동법)에 와서 마침내 모든 여성과 18세 이하의 젊은이들의 노동시간이 10시간으로 낮춰졌다(Trevelyan 1974, 543). 빅토리아 중기의 번영에 접어들면서 공장법 운동은 서서히 소멸되었다. 경제 활황으로 공장주와 노동자 모두 기존의 법들에 대해서 거의 문제 제기를 하지 않았던 것이다. 그러나 활황이 끝나가는 1860년대 말 이후 영국 정부는 일련의 공장법들(특히 1867, 1874, 1878, 1891년의 공장법)을 더 제정하여 여성과 어린이에 대한 고용과 노동조건의 규제를 섬유와 석탄산업을 넘어 다른 산업들(철도, 해운, 물류 등)로 줄곧 확대시켜 나갔다(Lowe 1989, 204-205).

공장법은 재산권 행사의 자유를 제한한다는 점에서 당시 자유주의적 시대사조를 정면에서 거스르는 것으로 인식되었다. 그런 만큼 시장자유주의가 지배적 사조였던 빅토리아 영국의 사회정책사에서 획기적인 것이었다. 나소 시니어 같은 옥스퍼드의 자유주의 정치경제학자는 물론이고 필, 글래드스턴, 콥덴(Richard Cobden), 브라이트(John Bright) 같은 정치인들—이들은 많은 다른 개혁법안들에는 주도적으로 참여했다—이 공장법 제정을 반대한 것은 이러한 맥락이었다. 일련의 공장법이 성공적으로 제정될 수 있었던 배경에는 탈규제된 공장과 탄광의 참혹한 실상을 개명 천지에 밝히 드러낼 것을 완강히 주장하던 원외의 오우슬러, 그리고 원내의 새들러와 애슐리 경(Earl of Shaftesbury) 등 인도주의적 복음주의자들의 집요한 노력이 있었다. 이들은 그 이전에 윌버포스(William Wilberforce)와 벅스톤(Thomas Buxton)이 노예 해방에 쏟았던 열정을 꼭 같이 공장노예들의 해방을 위해 쏟아 부었다. 실제로 어린이노동 문제는 당시 자유주의 주류 정치경제학을 주도했던 맥클로흐와 시니어 등도 그 문제에 대한 국가의 개입을 용인할 정도로 이미 심각한 지경에 와 있었다(Webb 1970, 241).

이런 점에서 휘그정부가 제정한 1833년의 공장법은 과학적 조사, 입법, 중앙의 감독 등 전형적인 벤담주의식 접근방식의 산물이었다. 공장노동의 실태가 공식적으로 조사되고 그 개선을 위한 입법화 과정이 시작되면서 채드윅과 스미스 등 벤담주의자들이 핵심적인 역할을 떠맡았다. 이들은 또 다른 벤담주의자인 맥콜리가 요약했던 "계약은 자유로워야 하고, 국가는 공장주와 노동자의 문제에 개입해서는 안 된다는 일반법칙에도 예외가 하나 있다. 그것은 어린이들은 스스로 보호할 수 없이 때문에, 공중(公衆)의 보호를 받을 권리가 있다"는 언명을 충실히 이행했던 것이다. 어린이는 '자유행위자(a free agent)'가 아니기 때문에 그들을 보호하기 위한 입법은 정당하다는 것이다(Fraser 1973, 21). 벤담주의자들이 반(反)벤담적, 복음적 열정을 가진 박애주의자들과 공장법 개혁에서 연대할 수 있었던 것도 이러한 이유 때문이었다.

더욱이 자유를 사랑하는 것 못지않게 혼돈을 혐오했던 벤담주의자들은 공장노동의 참혹한 실태가 사회적 불안으로 이어져 사회의 전체 효용을 떨어뜨릴 것을 우려했다. 사용자 편에서 보더라도 저임착취노동(sweated labour)은 노예노동과 마찬가지로 효율을 낮추고 수익을 저해할 수 있다. 전 국가적 이익이라는 관점을 고려하더라도 착취노동은 개인적 자유가 확대될수록 더욱 더 중시될 수밖에 없는 합리성과 지성의 증진을 방해할 것이었다. 무엇보다 지방적 영향에서 벗어나 있는 중앙의 관리에게 법 적용의 감독과 처벌의 책임을 맡겼다는 점이야말로 사기업의 경영에 중앙의회가 관여할 수 있다는 원칙, 즉 자유방임 원리로부터의 일정한 이탈을 시사해 주는 것이었다(Trevelyan 1974, 544).

요컨대 공장법이 자유방임이라는 시대적 정신을 역행하여 점차 확대 적용될 수 있었던 것은 사회 부문들 간의 이해를 정부기관을 통해 통제하고 조정하려는 벤담주의의 원리가 행사한 영향력 때문이었다.[10] 물론 성인 노동자의 노동은 여전히 법적 보호를 받지 못했을 뿐 아니라 성인에 대한 공장노동의 규율은 오히려 강화되었다. 이러한 사실은 개혁사상으로서 벤담주의적 자유주의가 지닌 근본적 한계를 보여주는 것이다. 노동자들이 구빈법의 폐지나 차티즘 혹은, 훗날의 노조주의 등과 같은 독자적 운동에 눈을 돌린 것도 이런 점 때문이었다.

④ 교육개혁

글래드스턴의 제1차 자유당정부(1968－1974)가 1870년의 교육

10) 1842, 1848, 1866, 1875년에 통과된 일련의 공중위생법들(Public Health Acts)도 제정 동기와 과정, 내용과 법 집행체제 등에서 공장법에 반영된 벤담주의 정신을 그대로 보여주고 있었다(Fraser 1973, 51-71; Lowe 1989, 205-209; Beales 1969, 137-138).

법(일명 Foster Act)을 도입하기 전까지 초등교육의 대부분은 종교단체들의 재정지원으로 운영되던 민간(자발적) 교육기관들(voluntary schools)이 담당했다. 초등교육에 대한 국가보조가 처음 시작된 1833년 이후 국가보조금의 규모는 점차 확대되었다. 그러나 국가가 '직접적으로' 전국적 교육체제를 설립, 운영한다는 개념은 국교회나 비국교도 모두에게 민감한 문제였다. 휘그나 토리정부 모두 이 문제가 본격적으로 정치쟁점화되는 것을 피해 왔던 것은 이 때문이었다(Stiles 1955 참조).

그러나 1860년대 말에 이르면 기존의 민간단체가 제공하는 재정만 가지고는 초등교육에 대한 점증하는 필요와 요구를 수용하기가 실로 역부족이었다. 인구가 급속히 증가하면서 심한 경우 어떤 대도시에서는 초등교육조차 받지 못한 인구가 90%를 넘었다. 1860년대 말에는 대중 교육을 위한 유례없는 캠페인들이 전국적으로 전개되고 있었다. 1869년 자유당 개혁정치인 체임벌린(Joseph Chamberlain)이 버밍엄에서 출범시킨 전국교육연맹(National Education League) 같은 시민단체가 주도한 것이 대표적이었다. 그러나 아직 세속적 민간교육은 영국에서는 낯선 개념이었다. 교육은 국교회의 지원하에 운영되어야 한다는 관념이 여전히 팽배했다. 1860년대에 들어서도 국교회는 영국 초등학교의 90%, 어린이 교육의 3/4을 담당했다. 반면 빅토리아 중기의 장기번영으로 인해 공교육을 위한 정부의 재정능력은 이미 충분히 확보된 상태였다.

자유당정부의 1870년 교육법은 국가 주도의 초등교육체제를 출범시키려는 것이었다. 그것의 주 내용은 기존의 민간학교에 대한 국가보조금을 2배로 늘리는 한편, 민간학교가 없거나 부족한 지역에는 지역별로 선출된 학교이사회가 새로운 종류의 공립학교를 설립, 운영하되, 특별지방세와 중앙정부의 보조금으로 재정을 충당한다는 것이었다(Lowe 1989, 214-215). 아직 학교 수가 절대적으로 부족했기 때문에 초등교육이 의무화된 것은 아니었으며, 극빈 가정의 자녀들을 제외하면 학비를 내야 했다. 당시 대부분의 지방은 재정적으로 넉넉한 국교회학교에 의해 사실상 장악되어 새로운 공립학교를 필요로 하지 않았던 반면, 비국교회가 운영하는 민간학교들은 상대적으로 숫자도 적었을 뿐 아니라, 재정이 빈약한 중소도시에 주로 퍼져 있었다. 이제 비국교회의 학교들은 지방세의 막강한 지원을 받는 공립학교와의 버거운 경쟁을 치를 준비를 해야 했다. 어쨌든, 이러한 갈등에도 불구하고 새 법은 시행 20년 만에 초등교육의 진학률을 거의 3배나 끌어올릴 정도로 큰 성과를 보였다(Trevelyan 1973, 580-581).

이 법은 빈한한 사람들의 자녀를 위해 국가재정을 동원한다는 점에서 반자유주의적 성격을 띤다. 19세기 전반기만 해도 어린이는 배움보다는 노동에 종사하는 것이 사회적으로 훨씬 유익하다는 사고가 많았다. 그러나 이미 보았듯이, 노동계급을 교육하고 훈련시켜서 그들로 하여금 중산계급의 덕목을 갖춘 시민 혹은 공중으로 편입시킨다는 전략은 처음부터 가장 정통적인 벤담 식 사유에 속하는 것이었다. 지식, 지성, 정보 등의 위력에 대한 벤담주의자들의 전문가적 관심은 곧 교육이 갖는 효용에 대한 부동의 신념으로 이어졌다.

예컨대 벤담주의적 자유주의와 다음 절에서 논의할 신(New)자유주의의 가교역할을 했던 존 밀(John Stuart Mill)에 이르면, 국가가 민간교육을 위해 재정을 지원하거나 가난한 어린이를 위해 공교육을 직접 공여하는 것은 그 자체가 계약의 자유와 기회의 균등이라는 자유주의적 가치를 구현하는 적극적 도구였다(Perkin 1969, 294). 따라서 1870년의 교육개혁은 민간교육이 남긴 공백을 공교육이 채우고, 종교교육을 강제하지 않았으며, 국교회와 비국교회 간의 타협이 만들어냈다는 점 등 교육에 대한 벤담주의의 지향을 그대로 반영해 준 것이었다.

실제로 벤담주의자들은 국교회와 귀족이 독점하는 영국 교육체제를 대체할, 즉 "종파 간의 위험한 경쟁으로부터 해방된" 대안적 국립 교육체제를 만들기 위해 많은 노력을 기울였다. 이들이 1811년 국교회가 출범시켰던 '내셔널 소사이어티(National Society)'에 대항하여 곧 '브리티시 앤 포린 소사이어티(British and Foreign Society)'를 창설하여 일찍부터 세속교육을 정례화하려 했던 것도 이러한 맥락이었다(Lowe 1989, 211-212).

19세기 전반기에 초등교육에 대해 국고보조를 하고 뒤이어 초등학교 재학생이 급증한 것(1818년 67만 5천 명에서 1851년 215만 명)도 뢰벅(John Roebuck)과 브로엄 등 벤담주의자들이 원내외에서 끊임없이 소동을 일으켰던 덕분이었다. 브로엄은 이미 1820년에 빈자의 교육을 위한 국가교육체계를 도입하려는 법안을—비록 통과되지는 않았지만—시도했었고, 뢰벅도—역시 실패했지만—1833년 교육법안을 발의했던 장본인이었다(Cowherd 1956, 17-18). 1831년에 『계간 교육』(*Quarterly Journal of Education*)을 창간했던 일이나, 1837년에 교육개혁을 촉구하기 위해 교육중앙회(Central Society of Education)를 설립했던 일, 그리고 비슷한 시기에 옥스퍼드와 케임브리지에 대항하여 런던에 유니버시티 칼리지를 만든 것 등은 모두 교육개혁에 대한 이들의 열정을 보여주는 예이다(Perkin 1969, 295-298).

1830년대 말과 1840년대 초 멜번(Lord Melbourne) 휘그정부의 저명한 벤담주의자 케이-셔틀워스(James Kay-Shuttleworth)도, 교육위원회 위원장으로서 그리고 훗날 구빈위원회 위원으로서, 수많은 구빈소학교와 교사훈련학교를 창설했다. 특히 '학생교사제(pupil-teacher scheme)'를 도입하는 등 가난하나 유능한 학생들에게 교육의 기회를 제공하기 위해 많은 노력을 기울였다(Lowe 1989, 213). 1856년 파머스턴(Lord Palmerston)의 휘그정부가 마침내 교육행정을 전담하는 교육부를 창설한 것도 벤담주의자들의 이러한 노력과 소동에 빚진 바 큰 것이다.

사실 국가의 교육지원은 자유주의가 기회의 균등이라는 스스로의 기본원리를 저버리는 자가당착에 빠지지 않기 위해서도 매우 필요한 것이다.[11) 휘그정부의 포스터법은 교육에 대한 국가의 직접적 관여를 정당화한 최초의 입법이었다. 동법을 발판으로 하여 마침내 초등교육이 의무화된 것은 글래드스턴의 제2차 자유당내각 시기인 1881년의 일이었다. 그로부터 정확히 10년 후에 마침내 완전한 무료초등교육이 도입될 것이었다. 중등교육에 대한 정부의 관심은 1902년의 교육법이 시행되면서 본격화되게 된다(Lowe 1989, 216-217).

(4) 사상과 정치: 벤담주의의 정치화 맥락

영국은 18세기 말부터 본격적인 산업혁명에 돌입하여, 19세기 말 미국과 독일에 의해 점차 추월당하기까지 기계화, 산업화, 도시화의 수준에서 세계 국가들을 선도했었다(Briggs 1984, 319-321). 그러나 자본주의가 심화될수록 계급구조의 변화에 따라 새로운 계급갈등 또한 필연적이다. 지주계급이 점진적으로 약화되고 자본・중간・노동계

11) 오늘날 선진국가들 가운데 복지지출 수준이 한참 떨어지고, 시장자유주의적 사조가 가장 왕성하게 세를 떨치는 미국에서도 교육에 대한 국가지출만은 상대적으로 높다는 사실이 이 점을 보여준다.

급이 급속히 팽창했다. 상류층의 전통적 온정주의와 국교회 안팎 복음주의권의 박애사상, 벤담주의라는 시대적 사조 등이 19세기를 전무후무한 개혁의 세기로 몰고 갔던 배후에는, 계급구조적 압박이 있었다.

19세기의 첫 30년간, 즉 제1차 의회개혁이 이루어지기 직전까지의 기간은 중간계급이 급성장한 시기였다. 특히 법률가, 의사, 기술자, 건축가 등 전문가들의 수는 제조업자들의 그것을 훨씬 능가할 정도로 급증했다. 많은 경우 이들은 이자, 배당 등 재산소득을 가지고 있었다. 정부 채권을 보유한 사람의 숫자는 단연 두드러져서, 예컨대 1823년에는 28만 8천 명에 이를 정도였다(Beales 1969, 66). 아직 출생과 신분이 상류층을 규정하던 시절이었지만 기득권층 개념이 재산과 지식을 지닌 시민을 포괄하는 개념으로 점차 확대되기 시작한 것도 이들 덕분이었다.

크게 보면 1832년의 의회개혁은 재산과 지식을 갖췄지만 정치 영역에서는 여전히 소외되어 온 이들 중산층이 전통적 대토지 귀족계급에 대해 일으킨 정치적 반란이었다. 그리고 이 첫 번째 의회개혁에서 배제된 노동계급이 일으켰던 정치운동이 차티즘이었다. 따라서 1830년대 말부터 10여 년—즉 차티즘이 발흥하고 소멸되어간 기간—이 동시에 가장 왕성했던 개혁의 시기였다는 점은 시사하는 바가 적지 않다. 훗날 1867년과 1884년의 2차, 3차 의회개혁으로 도시노동자와 농촌노동자가 유권자로 편입될 수 있었던 것도 팽창하던 노동계급의 요구를 더 이상 방치할 수 없었던 기득권층의 절박한 현실인식의 결과였다(Seymour 1970〔1915〕, 참조).

요컨대 이 시기 영국의 모든 개혁은, 적어도 부분적으로는 18세기 말에서 19세기 초에 걸쳐 일어났던 거대한 사회경제적 전환과 그로 인한 계급구조의 변화를 배경으로 한 것이었다. 이러한 변화는 수많은 지면(紙面)과 거리, 광장을 통해서 끊임없이 소동을 일으킨 시민운동에서 먼저 표출되었다. 그런 점에서 영국에서 가장 왕성한 개혁의 시대는 또한 가장 왕성한 시민운동의 시기였다. 시민들의 개혁에 대한 열망은 수많은 출판물과 단체들, 수십만에서 수백만의 서명이 담긴 의회청원, 시위, 농성 등을 통해서 간단없이 분출되면서 정치권을 긴장시켰다.

정보와 지식에 대한 당시 영국인들의 관심과 욕구는 놀라운 것이었다. 이는 유가지(stamped newspapers)가 속속 창간되고 스팀엔진을 이용한 철도 등 정보 순환의 매체가 급속히 증가했기 때문에 가능했다. 1780년부터 1830년까지 지역신문의 숫자는 50에서 150으로 3배 이상 증가했다. 1830년경 주간지와 지방지를 포함한 모든 유가지의 총 판매 부수는 330만이었는데, 불과 20년이 흐른 1850년에는 잉글랜드에서만 700만이 되었다. 특히 『타임스』(*The Times*)의 영향력은 '제4계급'으로 불릴 정도로 막강해서 1820년대 하루 1만이던 발행 부수가 1850년에 이르면 4만으로 늘어났고, 1830년대에는 일요판만 11만에 달했다. 『타임스』에는 의회토론의 전 과정이 다양한 형식으로 게재되었기 때문에 그것이 정치적 여론 형성에 미친 영향은 결코 작을 수 없었다. 그 외에도 1830년대 차티스트운동의 기관지였던 무가지 『북극성』(*Northern Star*)의 발행 부수도 5만에 이를 정도였다(Somervell 1929, 119).

언론출판에 대한 벤담주의자들의 관심은 특히 대단했다. 그들이 만든 대표적 일간지로는 『리즈머큐리』(*Leeds Mercury*), 훗날 오늘날의 대표적인 진보일간지인 『가디언』으로 발전하게 될 『맨체스터 가디언』(*Manchester Guardian*), 『셰필드 독립신문』(*Sheffield Independent*), 『버밍엄저널』(*Birmingham Journal*) 등이 있었다. 이 신문들의 발행 부수는 토리, 휘그, 노동계급 급진신문들을 다 합친 것보다 두세 배 더 많았다(Perkin 1969, 302). 제임스 밀이나 헨리 브로엄 등 벤담주의를 대표하는 논객들은 『에든버러 리뷰』(*Edinburgh Review*)나 『웨스트민스터 리뷰』(*Westminster Review*)를 통해 수많은 칼럼과 논문들을 발표했는데, 그들의 글이 지식층에 벤담주의를 전파하는 데 혁혁한 공을 세웠음은 물론이었다.

아직 언론이 국가권력의 보호와 감시 대상이던 시절에, 벤담주의자들은 개인들의 다양한 의사를 표출시키고 계몽된 여론형성에 기여하며, 또한 기본적으로 위험하고 거대한 악(evil)으로 인지된 정부의 권력 남용을 견제하는 중요한 수단으로서 언론의 자유를 기회 있는 대로 홍보했다. 이 점은 벤담과 밀 부자의 저서 곳곳에서도 확인된다. 존 밀이 『정치경제학 원리』를 노동자도 읽도록 하기 위해 인세 없는 값싼 판본으로 발행했다는 얘기는 유명하다. 밀과 같은 건조한 책들이 그렇게 많이 읽혔다는 것 자체가 개혁에 대한 당대 시민들의 진지함을 웅변해 준다.[12] 정보 순환이 급속히 증가하고 시민 개념이 확대되면서, 그에 비례하여 개혁입법에 대한 관심도 커져 갔던 것이다.[13]

---

12) 물론 이들의 자유주의적 언론관은 국가관리들에 의해 언론이 '거짓과 사악한 원리의 매개'로 파악되며 다양한 방식으로 탄압되던 19세기적 상황에서나 적합한 것으로, 몇몇 거대 상업적 언론이 독점적 권력을 행사하는 오늘날의 상황에서는 명백한 한계를 지니는 것이다(Thompson 1990, p. 249ff).

13) 정보의 습득과 관련하여 통계학의 발전을 언급하지 않을 수 없다. 이미 18세기 말과 19세기 초에 영국에 관한 각종 통계자료들이 부유한 개인들에 의해 수집, 발간되기 시작했다. 1833년 'Statistical Section of the British Association'이 창설된 것을 기점으로 맨체스터와 런던을 비롯한 주요 도시들에 통계협회(Statistical Societies)가 "물질적 · 사회적 · 도덕적 관계들에 대한 사회의 조건과 전망을 설명하는 사실들을 수집하고, 소화하며 출판하기 위하여" 창설되었다(Perkin 1969, 326). 1837년에는 정부 안에 최초로 통계국이 창설되었다. 여기

한편 워털루 이후 개혁운동이 다시 고개를 들면서 런던과 노팅엄, 리버풀, 맨체스터 등 대도시에서는 의회개혁을 위한 대중집회와 의회청원이 끊이지 않았다. 종전 다음 해인 1816년에는 햄프던 클럽(Hampden Clubs)이 원외에서 급진적 의회개혁을 선동하기 위해 노동자들을 주 대상으로 전국적으로 조직되고 활동에 들어갔다. 시위와 소요가 그치지 않자 정부는 그 이듬해 인신구속령을 집행하는 등 공공집회를 금지하는 법안을 통과시켰다.

일련의 대중집회는 1819년 맨체스터의 '피털루 대학살'(11명 사망, 400명 부상)에서 절정에 달했다. 수많은 정치단체들이 족출했고, 의회개혁을 선동했다. 버밍엄에서 시작된 정치연맹은 곧 여타 대도시 지역으로 급속히 확산되었다. 1830년에는 이들 정치연맹들이 전국정치연맹으로 통합되어 의회개혁을 위한 노동계급과 중산계급의 연대를 꾀했다(Watts 1995, 24). 제1차 의회개혁안이 상원에서 거부되었을 때, 즉각 유례없는 인민적 저항들이 개시되었고 수많은 청원과 대중집회, 그리고 주요 도시들에서 방화와 대규모 소요가 줄을 이었다.

개혁안이 마침내 상원을 통과한 것은 이러한 대중적 압박과 소동의 와중에서였다. 불과 3년 전만 해도 하원이 그렇게도 단호히 거부했던 '10시간 노동법'이 1847년에 수정 없이 통과될 수 있었던 것도 법안을 지지하는 집회와 시위가 잉글랜드 북부 전체를 뒤흔들었던 상황을 배경으로 한 것이었다(Lowe 1989, 203).

요컨대 "당시 기득권층의 지배는 '동의'에 기반한 것이었고, 그들도 그 점을 인지하고 있었다."(Beales 1969, 77) 자유무역의 선도적

서 산출된 통계자료들은 문맹과 범죄율에서 시작하여 주택과 노동조건, 노사분쟁에 이르는 광범위한 내용을 다루고 있었으며, 그것들은 수많은 압력단체들과 시민단체들에 의해서 사회 문제로 제기되었다.

주창자였던 리처드 콥덴 등이 설립한 반곡물법연맹은 25만 파운드라는 막대한 기금을 바탕으로 캠페인을 벌였다. 그들은 1843년에 창간된 『이코노미스트』(*The Economist*) 같은 언론뿐 아니라 각종 팸플릿, 강연 등을 통한 홍보 그리고 차티스트들을 능가하는 의회청원을 통하여 보편적 자유무역과 곡물법 폐지가 현실화되는 데 결정적인 역할을 했다. 그 외에도 19세기 전반기에는 노예폐지와 선교를 포함한 수많은 개혁적 시민단체들이 분출했고, 순회도서관, 독지가의 후원을 받은 박물관 수가 급증했으며, 무수한 런던클럽(London Clubs)이 출현했다. 시민단체들을 이끈 것은 도덕적 청렴과 열정으로 무장한 지도부였으니, 이는 다시 강력한 대중적 지지를 유발하여 여론몰이 식으로 정치(인)를 압박해 갔다.

무엇보다 교육개혁에 대해 벤담주의자들이 보였던 열정은 의회 안팎에서 광범위하게 표출됐다. 1820년대에 브로엄 등이 노동계급의 기술교육을 위해 만든 공업전문학교(Mechanic's Institutes)는 많은 유사 학교들의 설립으로 이어졌으며, 런던의 비종파적 대학인 유니버시티 칼리지 설립운동의 주요 구성원들 또한 벤담주의자들이었다. 브로엄이 "노동계급의 정신적 각성이 이루어질 것을 기대"하며 창설한 '실용지식홍보협회'(Society for the Diffusion of Useful Knowledge)'가 미친 영향도 막대했다(Cole and Postgate 1961, 193, 397). 동 협회는 수백만 부수에 이르는 소책자와 팸플릿들―『기계화의 결과』, 『노동자연감』, 『노동자백과』 등―을 전국적으로 배포했다. 그것이 발행한 문건들은 정치경제학, 수학, 공학, 역사, 철학, 문학 등 모든 사안에 대하여 명료하고도 간결한 문체로 노동계급을 파고들었다. 그것들은 특히 정통정치경제학의 논리를 노동계급에 유포하는 데 결정적인 역할을 한 것으로 평가된다. 동 협회는 1847년 해체됐지만, 수많은 유사단체들이 그것을 모방하여 창설되었고, 그것이 차후 영국 노동계급의 성격 형성에 미친 영향은 결코 작다 할 수 없는 것이었다(Cole and Postgate 1961, 367-368).

벤담과 그 추종자들의 영향력을 정확히 평가하기란 쉽지 않다. 그에 대해 최종적으로 확정된 언명이 가능한 것도 아니다. 예컨대, 개혁에 참여했거나 영향을 주었던 사람들이 과연 어느 정도 벤담주의의 영향을 받았는가라는 물음과 관련해서는 적지 않은 논쟁이 있어 왔다. 그들의 공헌을 폄하하는 역사학자들도 상당수 존재하는 것이 사실이다(문헌 비교를 위해서는 Perkin 1969, 267 각주 1 참조). 추상적 이론가요 은둔자였던 벤담이 다양한 압력에 노출되는 수많은 입법과정에 대해 행사할 수 있는 영향력의 정도에는 명백히 한계가 있을 것이다.

그러나 동시에 어떤 이론적 개혁가도 벤담만큼 중요하지 않았고 어떤 이론가도 그만큼 영국의 입법 영역에 많은 자취를 남기진 못했다는 점을 기억하는 것은 필요하다. '암자(hermitage)'로 불린 은둔지에 거하면서도 그는 수많은 정치인, 학자, 법률가, 저술가, 개혁가들과 교류했다. 벤담주의의 영향을 벤담주의자들의 숫자로 단순히 치환할 수는 없겠지만, 그들 대부분이 벤담의 가장 충실한 협력자요 추종자로 된 것을 부인하기는 힘들다(Ebenstein 1960, 501).

크게 본다면, 벤담주의자들은 두 영역에서 각별한 영향을 미쳤다. 첫 번째가 행정 전반이다. 그들 자신이 전문가로서 행정 개혁에 대거 참여했고, 벤담주의의 전문주의와 과학적 조사를 실천했다. 특히 그들은 왕립위원회의 조사와 보고서 작성에서 두드러진 영향을 행사했다. 두 번째 영역은 법 자체의 개혁이었다. 법의 힘과 의회 주권에 대한 벤담의 신념에 찬 주장들은 공중(公衆)뿐 아니라 정계와 법조계에도 그대로 전달되었다. 형벌, 행정, 보건, 교육, 통계, 지방정부, 식민정부, 공무원경쟁시험, 정부조직뿐만 아니라 결혼, 이혼, 노조, 기업, 재산 등과 관련된 거의 모든 영역에서 제도적 교정이나 개혁이 벤담 자신 아니면 그의 추종자들(disciples)의 선동이나 발의에서 시발되었다. 벤담보다 더 완고한 벤담주의자로 불리는 제임스 밀을 비롯하여, 역사학자 그로트, 법 이론가 오스틴, 저술가이며 정치인이었던 브로엄, 트리벨리언(Charles Trevelyan), 로밀리(Samuel Romilly), 매킨토시(James Mackintosh) 등이 공인된 벤담주의 이론가들이었고, 채드윅, 스미스, 호너(Leonard Horner), 케이-셔틀워스, 파르(William Farr), 만(Horace Mann), 플레처(Joseph Fletcher), 흄(James Deacon Hume), 사이먼(John Simon) 등은 스스로 벤담주의자임을 자처하며 법과 행정개혁을 주도했던 관료들이었다.

이들은 정부와 사회문제들에 대한 벤담의 접근방식, 즉 조사(Inquiry), 보고(Report), 입법(Legislation), 행정(Administration), 그리고 감독(Inspection) 등 모든 과정에서 다양한 형식과 정도로 관여했다(Perkin 1969, 268-269, 328). 예컨대 흄은 자유무역과 곡물법 폐지에, 플레처는 형법 개혁과 산업체 교육에, 호너는 공장법 개혁에, 채드윅은 수정구빈법과 상하수도체계 개선에, 사이먼은 의료와 지방위생감독 등에 각각 막대한 기여를 했다. 특히 핵심적 사회입법의 거의 전 부문에 관계했던 채드윅의 활약은 눈부신 것이었다.

이미 지적한 대로, 벤담과 그의 추종자들은 정치인과 지식인들의 의견 형성에도 직접적인 영향을 미쳤다. 젊은 나이에 하원의원이 되면서 거의 모든 입법문제에 관심을 갖거나 개입했던 헨리 브로엄은 개혁입법을 추진하는 모든 의원들이 이모저모로 자신의 도움을 받았다고 단언한 바 있다. 개혁에 대한 브로엄의 열정은 그가 거의 비어 있던 하원의 본회의장을 향해 여섯 시간 동안 쉬지 않고 연설했다는 유명한 일화에서도 드러난다. 그의 하원의원 동료들은 그를 통해서 벤담의 위력을 실감했을 정도였거니와 그는 자신이 속한 휘그당에게 효용의 원리를 수용하라고 틈나는 대로 설득했다(Brinton 1962, 31, 41).

1820년대에는 벤담 스스로가 제임스 밀 등 추종자들과 함께 『웨스트민스터 리뷰』를 창간하여 벤담주의의 지적 선전장으로 활용했는데, 당시 반귀족적 정서를 부추겼던 『모닝 크로니클』(*Morning Chronicle*)도 제임스 밀이 편집했던 잡지였다. 특히 『웨스트민스터 리뷰』는 거의 한 세기 가까이 간행되면서 영국의 지적 풍경에 엄청난 영향을 미쳤다. 또한 벤담은 「정치경제클럽」을 조직하여 휘그정치인들의 각성과 훈련에 몰두했다. 그가 1828년 아직 교수가 국교회의 성직자이고 학생이 모두 국교회의 신앙 고백을 해야 하는 옥스퍼드, 케임브리지에 대항할 비종파적 대학을 설립하고, 1836년 유니버시티 칼리지로 발전시킨 것도 사회의 미래 지도자들에게 종교 아닌 이성과 논리에 입각한 벤담 식 합리주의를 교육시키기 위한 것이었다.[14] 종교, 사회적 지위 혹은 재산과는 무관하게 선발된 300명의 학생으로 시작한 유니버시티 칼리지는 곧 영국에서 가장 큰 대학으로 발전했고, 맨체스터, 리버풀, 버밍엄, 리즈 등 대도시에 유사한 대학들이 설립되는

---

14) 벤담에게 종교란—지적 진보의 유일한 기초인 경험과 유리된—신앙을 전제함으로써 지식의 발전 자체를 가로막는 장애물이었다. 또한 그에 따르면 종교는 사회적으로도 신비와 미신을 유포시키고 불신자 등에게 적대감을 유발시키는 해악을 낳는다. 벤담주의자들과 같은 회의론자들에게 종교적 관용은 지당했고, 따라서 모든 비국교도와 로마가톨릭 등에 대한 일체의 법적 차별은 철폐돼야 했다. 종교가 보수주의와 동일시되고 불가지론이 민주주의로 인식되는 상황에서 벤담은 세속주의적 개혁가들, 합리론자들 그리고 민주론자들의 우상이 되었던 것이다.

기폭제가 되었다. 19세기 말 페이비언협회(Fabian Society)의 웨브 부부가 LSE를 창설하여 페이비언주의의 산실로 삼았던 것도 유사한 맥락에서 이해될 수 있을 것이다.

어쨌든 국교회의 지배하에 있던 옥스브리지가 아직 고전과 신학, 수학에 집착해 있을 때, 이 새로운 대학들은 과학, 기술 등 응용학문에 집중적인 관심을 기울이면서 당시 영국 중산계급의 세속적 · 경험적 · 자유주의적 관점을 대변해 주었다.

영국의 저명한 사회사학자인 브릭스는 벤담의 철학은 "난폭한 프랑스혁명에 뒤지지 않는 광범위하고 지속적인 영향을 낳은 '조용한 혁명들(silent revolutions)'을 영국사회에 가져왔다"고 말한 바 있다 (Briggs 1959, 179). 벤담주의가 도덕과 입법의 영역을 과학의 차원으로 끌어올리는 데는 실패했지만, 그의 사상은 부상하는 중간계급의 이익을 정당화시키는 데에는 일정하게 기여했다. 그것은 자코뱅주의나 그것이 기반해 있던 자연권사상이 불신받던 시절에, 버크의 구(舊) 토리주의(즉 온정주의)와 복음주의권의 종교적 박애사상과 더불어 빅토리아 초중엽의 개혁정치를 위한 가장 시의적절한 변론체제였다.

2. 신(New)자유주의: 국가복지의 발진(發進)

(1) 시대와 사상

19세기 말 대표적인 자유당 정치인 홀데인(R. B. Haldane)은 "자유당은 개인을 위해 국가개입으로부터의 보다 많은 자유를 확립함으로써 역할의 주요 부분을 이미 달성했다"고 말했었다(Arblaster 1984, 285). 앞장에서 논의했듯이, 실제로 소극적 자유의 주요 내용들, 특히 기본적 시민권을 포함한 법적·정치적 자유가 이미 성취됐다. 재산권행사와 관련해서도, 그것의 극단적 과잉을 일정하게 제어할 수 있었다. 과연 이제 자유주의는 역사적 사명을 이미 다했고, 자유당은 개혁이 아닌 현상유지의 정당으로 머물러야 할 것인가? 그렇지 않다면 자유주의를 새롭게 도약시킬 개혁은 어떤 내용을 담고 있어야 할 것인가?

19세기 내내 국가는 개인의 삶과 행동에 가능하면 적게 개입하고, 개인들은 정부의 간섭이나 통제 없이 원하는 바를 자유롭게 추구하도록 내버려 둬야 한다는 분위기가 지배적이었다. 벤담주의적 개혁도 이런 틀 안에서 진행된 것이었다. 자조(自助)야말로 빅토리아 시기 최고의 덕목이었고, 창의와 근면에는 항상 보상이 뒤따르며, 자유만이 개인들에게 경쟁을 조장한다고 보았다. 찰스 다윈의 『종의 기원』이 출판되던 해에 나온 스마일스(Samuel Smiles)의 『자조』(1859)에는 "하늘은 스스로 돕는 자를 돕는다"는 표현이 나온다. 그 책은 실제로 자조로 성공한 빅토리아 시기의 사례들을 무수히 보여준다. 자조가 성공의 원인이라면, 빈곤은 태만, 방탕, 도박 등 개인성품의 결함으로 인한 자조의 실패로 인한 것이었다.

수정구빈법의 배후 가정이 정확하게 그랬다. 구빈소 내의 삶은 가장 빈한한 외부노동자의 삶보다 고의로 더 비참하게 만들어져야 했고, 구빈소는 빈민들이 기아상태에 이르러서야 비로소 찾는 공포의 피난처였다. '열등처우의 원칙'이란, 자조를 조장함으로써 빈자가 구빈소를 안락한 피난처로 간주하는 것을 선제하기 위한 조치였다. 국가가 빈자를 돕는다는 사상은 건전한 것이 아니었다. 개인주의만이 노동계급의 근면과 도덕적 삶 그리고 절제와 저축을 조장하고 창의성을 고양시키는 최선의 길이기 때문이다.

그러나 자조원칙은 현실을 자주 비껴갔다. 독일과 미국으로부터의 경쟁이 격화되던 19세기 말과 20세기 초, 개인의 노력을 비웃듯 비자발적 실업이 빈번했고 만연했다. 고전경제학이 터를 잡고 있던 '세이의 법칙'이 정면에서 거부당하는 현실 앞에 자조이론은 무력했다. 환경을 통제할 수 없고, 따라서 자신의 삶을 통제할 수 없는데, 자유는 무의미했다. 실업자가 진정 원하는 자유는 실업으로부터, 빈곤으로부터의 자유였다. 이런 자유들은 나머지 모든 기본권적 자유를 향유하기 위한 전제가 되었다.

때맞춰 두 개의 통계조사가 빈곤문제에 대한 관심을 각별히 환기시켰다. 1886－1903년의 기간 동안 리버풀 조선업주이며 기독교인이었던 부스(Charles Booth)는 런던의 빈민들을 대상으로 일련의 사회조사를 실시했다. 그 결과 런던 인구의 30%, 특히 노년인구의 45%가 심각한 빈곤상태에 처해 있음이 밝혀졌다. 또한 퀘이커이며 요크의 사업가 가문 출신인 라운트리(Seebohm Rowntree)는 요크지역의 빈곤실태에 대한 자체 조사를 실시했다. 요크는 빈곤 수준도 심각할 뿐 아니라 고용된 인구들도 상당수가 기아에 가까운 상태에 있었다.

보어전쟁(1899－1902)도 빈곤문제에 대한 공적 관심을 환기시키는 데 큰 역할을 했다. 거의 절반에 해당하는 군인들이 신체와 건강상의 결함으로 인해 '제국군대'로서 부적격하다는 것이 드러난 것이다. 당시 지식계를 풍미하던 사회적 진화론에 따르면, 신체적·정신적으로 강한 국민만이 세계를 지배할 수 있었으니, 영제국을 지키기 위해서라도 빈곤문제에 대한 해결이 긴요했다.

마침내 빈곤이 주로 개인성품의 결함에서 비롯된다는 시대적 신화가 서서히 무너지고 있었다. 그에 따라 구빈법의 부적절성에 대한 인식도 커갔다. 빈민의 숫자가 급증하면서 구빈소를 운영하는 지방정부의 재정부담이 가중됐지만, 중앙정부의 보조는 없었다. 구빈소체제는 대량 실업 앞에 사실상 무용지물이었다. 자선기관과 교회가 많은 역할을 대신해 주었지만 역부족이었다.

국민의 1/3이 절대빈곤의 상태에서 도움을 필요로 한다면, 그 일을 감당할 재원과 권력을 동원할 수 있는 주체는 국가 이외에 없었다. 더 이상 문제는 개인의 소극적 자유가 아니라 인민에게 적극적인 삶의 조건을 마련해 주는 것이었다. 1883년 체임벌린(Joseph Chamberlain)은 "미래의 정치는 사회정치(social politics)가 될 것"이라고 선언한 바 있었다. 1880년대와 90년대 영국자유당은 새로운 역할과 목표를 찾고 있었고, 그와 더불어 자유주의의 원칙과 철학의 문제들이 다시 조명받기 시작했다.

19세기 전반기의 대표적인 고전적 정치경제학자인 맥클로흐(J. R. McCulloch)와 나소 시니어도 이미 "무차별적인 자유방임이 초래할 위험성" 혹은 "피치자의 복지를 위한 정부의 의무"를 거론한 바 있었다. 그러나 자유방임으로부터 국가 개입으로의 이론적 전화를 유감없이 보여준 사람은 존 밀이었다(이근식 2006). 이 점에서 자유주의 사상사에서 밀의 위치는 각별했다.

밀은 귀족의 특권을 혹독하게 비판하는 것 못지않게 다수(민주주의)의 전제에 대한 소수의 자유를 정밀하게 옹호했다는 점에서 기본적으로 개인주의자였다. 그러면서도 그는 당시까지 진화를 거듭해 오던 공장법을 비롯한 대부분의 사회입법을 수용함으로써 '실질적인' 국가개입사상을 수용했다. 밀은 자유방임의 예외들을 지적한 데에 머무르지 않았다. 그는, 앞선 정치경제학자들이 생산과 분배를 통합적으로—생산과 분배는 하나의 전체로서 모두 시장적 원리에 의해 지배될 때 가장 효율적인 결과가 나올 것이라는 등—사고했던 것과는 달리, 그 둘의 분리를 가정함으로써 벤담주의보다 한 걸음 더 나아가 고전경제학으로부터의 지적 거리두기를 시도했다.

그는 "사적 개인이 효율적으로 할 수 없기 때문이 아니라, 하려고 하지 않기 때문에" 정부의 개입이 필요할 뿐 아니라, "모든 경우에 적용되는 단일의 정치경제원칙은 없다"고 단언했다(Mill 1969〔1873〕, 148-149). 밀이 불로소득에 대한 과세를 전격 수용한 것이나 말년에 임금기금설에서 후퇴하여 노조의 임금인상 노력을 긍정적으로 간주했던 일은 새로운 공동체 개념의 전조를 보여준 것이었다. 밀은 자신의 유명한 『자서전』 말미에서 "계급적 분화가 존재하지 않는 사회"를 기대하면서, 우리가 당면할 미래의 사회문제는 "여하히 최대한의 개인의 자유와 지구 자원의 공동소유 그리고 노동이 산출한 이익에의 동등한 참여를 결합해내느냐의 문제"라고 말하기에 이른다(Mill 1969〔1873〕, 138).

훗날 비어트리스 웨브(Beatrice Webb)의 말에 따라, "벤담이 페이비언사상의 거목이었던 그녀의 남편, 시드니(Sidney Webb)의 지적 대부"라면 벤담주의와 페이비언주의의 진화적 연결고리는 분명히 밀에 의해서 만들어졌다(Webb 1975〔1948〕, 210). 신(New)자유주의의 대표적 이론가인 홉슨(J. A. Hobson)과 더불어 '두 사람의 홉스'(Two Hobs)로 불리던 홉하우스(L. T. Hobhouse)가 밀을 가리켜 "밀이라는 한 개인에 의해 구자유주의와 신자유주의의 간극이 메워졌다"라고 말한 것은 이러한 맥락이었다.[15)]

---

15) 특별한 언급이 없는 한, 여기에서 신자유주의는 훗날의 Neo- 접두어가 아닌

그럼에도 불구하고 벤담주의는 물론이고, 밀의 자유주의도 고전 정치경제학의 기본 틀을 벗어난 것이라고는 볼 수 없었다. 정책적으로도 그것은 빅토리아 시대를 풍미했던 구자유주의, 곧 글래드스턴 식의 자유주의(Gladstonian Liberalism)와 결코 양립 불가한 것이 아니었다. 전 절에서 밝혔듯이, 19세기는 경제와 사회생활의 많은 측면들에 대한 국가의 법적·정치적 규제와 제한이 누적적으로 증가한 세기였다. 그러나 개입의 증가를 뒷받침할 자유주의이론은 사실상 존재하지 않았다. 19세기 자유주의가 고수했던 자발주의(voluntarism)에 따르면, 강제나 명령에 의한 행위에는 덕스러움이 없었다. 개인이야말로 자신의 이해에 관한 최상의 판단자라는 신념이 여전히 유효했다. 따라서 자유주의의 전반적 분위기 혹은 지배적 흐름은 실제로 진행되던 사회입법과 국가개입의 증가 추세에 호의적이지 않았다. 대부분의 자유주의자들에게 이런 흐름은 사회주의와 다를 바 없었다.

벤담주의가 국가개입을 정당화시킨 것은 사실이었다. 그러나 익히 논의한 대로 그것은 경제적 재분배나 정의의 원리를 부인한 위에서 행해진 것이었다. 자유주의에서 국가개입은 여전히 일반규칙의 예외에 불과했다. 이 점에서 존 밀도 아담 스미스와 마찬가지로 어쩔 수 없는 고전적 자유주의 계열의 이론가였다. 문제는 역사가 국가개입을 강력히 요구하는 쪽으로 흐르고 있다는 점이었다.

존 밀 이후에 등장한 신(New)자유주의는, 통상 '거인들'(Great Men) 중심으로 기술되는 자유주의 사상사에서는 제대로 주목받거나 조명되지 못했다(Freeden 1978). 그것은 빅토리아 조 말기와 에드워드 왕조시대를 거치는 근 한 세대동안, 고전적 자유주의의 기본 신조

New라는 수식어와 함께하는 진보적 성격의 자유주의를 지칭한다.

들을 근본적으로 재구성하면서 발전했다. 무릇 정치인들의 사고와 행동방식은 당대의 사조와 정신적 흐름을 반영하거나, 최소한 후자에 의해 선택 가능성들(options)이 제약받기 마련이다. 20세기 초 자유당정부의 복지개혁 또한 진공 속에서 이루어진 것이 결코 아니었다. 그리고 거기에 막대한 영향을 미쳤던 사조를 '새로운'(new) 자유주의라 불러도 무방했다.

19세기 말 이후 자유주의적 자유와 국가개념에 대한 재정립 작업을 체계적으로 진행했던 사람은 옥스퍼드의 관념론 철학자 그린(Thomas Hill Green)이었다.[16] 밀이 국가불개입에 대한 예외를 조심스럽게 허용했던 것과는 달리 그린은 일련의 공장법들과 1870년 교육법에 대한 열정적인 주창자였다. 그는 그것들이 정당한 예외일 뿐 아니라 사람들의 자유를 적극적으로 증진시킨다고 주장했다. 무엇보다, 훗날 신(New)자유주의로 불리게 될 사상의 모태 역할을 하게 된 그린의 저술에서, 개인은 일차적 단위이고 사회는 이차적 창출물이거나 개인들의 집합에 불과하다는 옛 자유주의적 존재론은 거부된다.[17]

사회는 개인들의 총합을 훨씬 뛰어넘으며, 그것을 구성하는 모든 부분들이 서로 협력하며 진보와 성공을 위해 서로에게 의지하는 살아있는 피조물, 곧 유기체이다(보머 2000, 506). "사회가 없다면, 개인들도 없다. 이는 개인들이 없다면… 우리가 알고 있는 대로의 사회란 있을 수 없다는 것만큼이나 진실이다." 따라서 그린은 "개인들이 사회로부터 파생되지 않은 특정의 권리들을 사회 속으로 가져온다"는 개념을 인정하지 않았다. 권리란 사회를 떠나서 존재할 수 없기 때문

---

16) 프리덴은 신자유주의자들에 대한 그린의 영향이 과장된 것이라고 주장한다 (Freeden 1978, 55-60).

17) 다음의 그린 인용은 주로 Norman(1987, 26-30)에서 온 것이다.

이다. "사회 구성원들이 공공이익을 인식하지 않는다면, 권리도 있을 수 없다." 당연히 자유와 법 간의 전통적인 자유주의적 이분법도 잘못된 것이다. 법과 국가는 자유를 제약할 뿐 아니라 자유를 부여하고 확장할 수도 있다. 그린에 따르면 당시 국가가 효과적으로 민주화됐기 때문에 그러한 일은 어느 때보다도 더욱 가능한 일이 되었다. "특권계급이나 특정의 종교를 위해 입법화가 진행될 위험은 사실상 더 이상 존재하지 않는다. 더 이상 법을 두려워할 필요는 없다."

그린에게 자유도 단순히 제약이나 강제로부터의 자유가 아니었다. 그것은 "행하고 향유할 만한 무엇, 그리고 우리가 다른 사람들과 함께 행하고 향유하는 무엇을 행하고 향유할 수 있는 적극적 권력 혹은 능력을 의미했다. 진정한 자유의 이상은 인간사회의 모든 구성원이 함께 자신을 최대한 실현시킬 권력을 극대화하는 것이다."

이러한 자유개념은 3가지 점에서 전통적 자유개념으로부터 과격히 이탈하거나 혹은 그것을 확장한 것이다(Arblaster 1984, 286-287). 첫째, 자유는 개념적으로 권력과 엮여져 있다. 그것은 제약의 부재(absence of restraint)라는 의미의 소극적 개념이 아닌 적극적 자유개념, 곧 무엇인가를 할 수 있는 실질적 권력이나 능력이다. 둘째, 자유에는 도덕적 요소가 있다. 사람들이 무엇인가를 행할 기회와 권력이 있다면, 그 무엇은 수행할 가치가 있어야 한다. 셋째, 그것은 또한 명백하게 평등주의적 요소를 동반한다. 모두가 동등하게 자신의 잠재력을 최대한 구현할 수 있는 권력을 지녀야 한다. 이때 사람들의 권력과 능력은 국가행위를 통해서 증가될 수 있으며, 국가행위가 일부 개인들—예, 재산소유자들—의 자유를 제약할 수도 있지만, 그것은 모두가 같이 자신들의 실질적 자유를 증진시킬 권리가 있다는 평등주의적 원칙에 의해 정당화된다. 그린은 자유의 언어로 국가개입주의를 정당화했고 국가행위에 대한 옛 자유주의의 적대감을 무너뜨리려 했던 것이다.

그린이 개인들의 도덕적 타락을 우려했던 것은 구자유주의자들과 같았다. 예컨대 그는 수정구빈법의 옥외구호가 자조정신을 손상시킨다는 이유로 폐기돼야 한다고 보았다. 그러나 주거나 의료에서 경제적 부담을 덜 수 있는 사람은 다른 영역에서 자조를 발전시킬 기회를 더 많이 얻을 수 있다. 핵심은 개인을 사회적 맥락에서 살피는 일, 그리고 '개인'에 더하여 그것과는 질적으로 다른 '사회'의 재발견이야말로 신자유주의의 가장 특징적인 모습이었다는 점이다. 그러면서도 구자유주의든 신자유주의든 자유주의를 계급이해와 같은 '분파적' 이해에 반(反)하는 일반적 선, 사회적 선의 관점에서 이해했다. 자유주의를 보수당과 노동당으로부터 거리를 두게 만드는 지점이 바로 여기였거니와, 자유주의 관점에서 보면 이 두 정당은 모두 특정의 계급 이해를 대표하고 있었다.

경제학자 홉슨(John Hobson)과 사회학자 홉하우스(Leonard Hobhouse)는 자유에 관한 그린의 인식론 위에서 논의를 발전시켰던 신자유주의의 대표적 이론가들이다. 이들에게도 역시, 빈한한 노동계급 앞에서 구자유주의자들이 말하는 개인적 자유를 논하는 것은 어리석은 일이었다. 빈곤이 행동의 자유를 탈취하기 때문이었다. 실은 부의 형성, 부의 생산 자체가 사회적 협력의 산물이었다. 공동체는 개인들로 하여금 작업의 기술을 습득시키고 물적 세계의 일부를 활용하도록 허용하며, 개인을 보호해 주고, 또 교환을 위한 시장을 제공한다. 그럼으로써, "개인의 노력으로 귀속시킬 수 없는 그의 생산물에 사회적 가치를 부여한다… 공동체는 사회적 가치를 창출하는 데 기여하며, 개인들에게 거기에 참여할 수 있는 조건들을 부여할 권리를 지니는 것이다."(Freeden 1978, 44) 개인으로부터 독립된 사회적 실체 혹은 사회적 특성을 인정한 것이다. 홉슨의 말이다. "어떤 구성원의 절대적 재산권도 공동체의 이름으로 용인돼서는 안 된다. 개인적 노동이 만든 가치의 대부분은, 개인의 격리된 노력이 아니라 공동체의 도움에 빚진 것"이다. 불로소득—그리고 거기로부터 발생한 '비생산적 잉여'—에 대한 과세는 국가의 당연한 의무였다(Hobson 1988, 113-114).

이러한 개념화를 통해 개인적 잠재력의 무한한 추구에 대한 자유주의적 믿음이 상호책임과 사회적 연대로 표출되는 공동체주의에 의해서 보완될 수 있었다. 이처럼 신자유주의에 개인과 복지라는 두 개의 이상(理想)이 병존하고 있다는 사실은 그것이 기본적으로 자유주의와 연속선상에 있는 개념임을 보여준다.

에드워드 왕조와 전간시절 진보적 자유주의를 대표했던 이론가 홉슨은 맨체스터 자유주의학파의 콥덴주의자에서 출발하여, 자본과 노동의 과소고용은 과도한 저축 때문이라는 과소소비론을 주창했다. 정통경제이론(세이의 법칙)에 대한 그의 비판에 따르면, 고전정치경제학은 절약이 미덕이라는 논점에서 한치도 벗어나지 못했다. 그는 오히려 절약, 검약, 저축이라는 미덕을 만연하던 산업적 질환의 주된 이유로, 과소소비를 자본주의의 경기순환적 위기의 주범으로 보았다. 핵심은 부를 늘리는 것이 아니었다. 그것은 인적 자원을 포함한 사회의 모든 가용자원이 비효율로 인하여 낭비되고 오용되고 있다는 점이었다. 이러한 위기에서 벗어나는 길은 소비력이 포화상태에 도달한 사람들로부터 소비력을 재분배하는 것이다. 그에게 재분배는 총수요 증가를 확보하는 주된 수단이었던 것이다.

홉슨의 이른바 생활임금(living wage) 개념도 이러한 논리로부터 가능해진다. 그에 따르면, 생산을 제약하는 것이 소비이지, 생산이 소비를 제약하는 것이 아니며, 과세는 지출이 아닌 저축을 억제하는 방향으로 수행돼야 한다. 그에게 빈곤의 문제는 자본주의의 체제적 문제이기도 했다. 그는 빈곤을 사회적 문제로 규정하고, 국가적·산업적 치유를 요하는 국가적·산업적 질병으로 간주했다. 소비와 빈곤의 문제를 해결하기 위해 국가개입의 필요성을 역설했던 그의 저작들은 자유방임에 대한 공격으로 채워져 있다(Freeden, ed. 1988).

홉슨에 따르면, 사실 낭비는 산업사회 도처에 편만했다. 예컨대 홉슨은 레닌의 『제국주의』에 결정적인 영향을 미쳤다고 평가되는 자신의 『제국주의』에서, 제국주의가 국내개혁을 위해 사용될 수 있는 자원을 전쟁비용으로 낭비한다며 혹독하게 질타했었다. 보어전쟁 같은 거대 전쟁을 치러야 하는 한, 제한된 국가적 자원은 낭비되고 의미 있는 사회개혁을 위한 투자는 애초에 불가능해진다는 것이다. 또한 많은 사람들이 실업상태에 있는데, 어떤 사람들은 과도한 노동을 하며 또 어떤 이들은 능력에 비해 일을 너무 적게 하고, 또 다른 사람들은 자신의 적성에 가장 잘 맞는 일을 하지 않으면서 시간을 소비한다. 실업의 문제는 숙련노동과 효율적 노동의 낭비인 것이다. 아래에 보듯이 1909년에 도입된 전국적 직업알선소 체제는 홉슨이 지적한 바로 이러한 낭비를 줄이는 방편으로 구상된 것이었다.

소득 가운데 생산요소들의 유지에 필요한 잉여가치는 사회적 활동의 산물인 생산적 잉여이며, 불로소득이 만들어낸 비생산적인 잉여야말로 사회적 낭비의 명백한 예였다. 그리고 과소소비야말로 비생산적 잉여를 발생시킨 주된 이유였다. 이런 맥락에서 부의 재분배와 부의 소비는 모두 사회복지의 증진을 위해 필요 불가결한 요인들이며, 인적자원에의 투자는 윤리적으로 바람직할 뿐 아니라 경제적으로도 건전한 일인 것이다.

홉슨과 더불어 신자유주의를 견인했던 또 한 사람의 대표적 인물이 레너드 홉하우스였다. 과거 벤담주의는 "격리되고 자율적인 개인들, 합리적 개인들의 자유로운 선택의 총합으로서의 사회활동"이라는 고전적 자유주의의 전제들을 무리 없이 소화했었다. 그러나 홉하우스에 따르면, "다수가 누리는 직접적이고 계산 가능한 수혜는 사회 전체의 궁극적인 선과 결코 동일하지 않다."(Hobhouse 1964, 41) 홉하우스가 사회적 다윈주의를 공격했던 것도 이러한 맥락이었다. "19세기의 처음 2/3 기간 동안 맬서스 독트린이 사회적 진보를 위한 모든 구상에 주된 이론적 장애물이었던 것처럼, 부분적으로 맬서스에서 기인한 다윈의 독트린도 마지막 1/3 기간의 반동을 위한 철학을 제공했다."(Lowe 2009, 290) 사회적 진화론자인 스펜서(Herbert Spencer)가 진화(evolution)를 진보(progress)와 동일시하는 오류를 범했다는 것이다.

그린과 홉슨에서와 마찬가지로, 홉하우스에게 인간의 기본권은 도덕적 존재로서 인간의 개성이 자유롭게 발전할 수 있는 조건이었다. 당연히 그 또한 공공복지와 별개로 존재하는 절대적 개인권을 부인했다. 권리는 사회의 안녕에 상대적이며 사회생활의 맥락 속에서만 해석돼야 한다는 것이다. 요컨대 사회입법은 불가피했다.

사실 사유재산의 신성성, 경제적 자유와 무제한적 경쟁 그리고 원자적 개인주의 등에 터잡고 있던 빅토리아 식 자유주의는 새로운 사회경제적 상황 아래서 더 이상 유지될 수 없었다. 생산은 스스로 수요를 창출한다는 세이의 법칙이 과소소비론의 도전을 받으면서 19세기 고전경제학의 전 체계가 흔들리고 있었다. 대신 개체성(individuality)이 개인주의(individualism)를 대체하고, 사회적으로 뿌리를 내린 개체성이 인간 복지의 주요 속성으로 간주되기 시작했다. 핵심은,

소극적/적극적 자유의 이분법을 넘어서서, 인간 본성과 사회에 대한 새로운 전제를 동반하는 자유개념이었다.

자유당원들 중 일부는 이제 노동계급이 자신이 생산한 부의 관리자가 돼야 한다는 급진적인 결론에 도달하기도 했다. 이는 사실상 "사회적 조건들의 균등화" 혹은 국민생산물의 보다 큰 지분을 의미했다. 이제 부는 그 자체가 목적이 아니라 복지 혹은 분배를 위한 전제조건으로서 중요했다. 이와 관련하여 토머스 그린, 존 홉슨, 레너드 홉하우스 세 사람은 모두 재산권 개념의 재규정을 요구했거니와, 이들의 주장에는 명시적·묵시적으로 사회주의적 함의가 명백히 내포돼 있었다. 불평등은 비단 윤리적 근거에서뿐 아니라 경제적 이유에서도 비판받았는데, 재분배를 위한 견고한 과학적 기반이 그로부터 마련되었다. 사회개혁 혹은 복지조치들은 어느 정도의 물적 조건 곧 유복한 사회의 산물이기도 하지만, 그것들은 다시 그 사회의 번영이 지속되고 확대되는 데 막대한 기여를 할 것이었다.

신자유주의자들에게 사회개혁은 단순히 사회안정의 보존이나 약자에 대한 인도주의적 배려를 뛰어넘는 개념이었다. 그것은 시민 대중을 위해 보다 나은 도덕적·물질적 환경을 창출해 주는 구체적인 작업에 닿아 있으며, 특권에서 기인한 불평등의 제거라는 보다 광범위한 국가 행위에 연결된 것이었다. 신자유주의가 제시한 사회적 이상은 극단적 연역주의나 어떤 철학적 제1원리보다는—찰스 부스와 시봄 라운트리의 현장조사 등이 드러낸 바—19세기 말 영국사회가 처했던 구체적 경험에 보다 밀착해서 발전한 것이었다. 처방은 다를지언정, 이 점에서 신자유주의는 벤담주의와 일정하게 상통한다.

그러나 신자유주의가, 벤담주의와는 달리 일차적으로 '윤리체계'였음을 지적하는 것은 중요하다. 어떤 점에서 보면, 원래부터 "자유주의라는 나무의 몸통은 윤리라는 토양에 뿌리박고 있었다."(Freeden 1978, 11-12) 신자유주의가 주창하는 사회개혁은 벤담주의의 탈역사적 효용의 양적 계산이 아니라, 윤리와 정치의 연계를 재확립함으로써 산업사회에 맞서서 인간의 삶의 질을 복원시키려는 시도였다. 그들은 "직접적이고 계산 가능한 다수의 이익은 결코 사회 전체의 궁극적 선과 일치하지 않을 수 있다"고 지적함으로써 벤담주의의 집합적 사회개념, 혹은 행복에 대한 종합적 접근을 거부했다.

홉슨과 홉하우스는 모두 엄청난 저술을 남겼고 그들의 사상은 자유당의 정치와 정책에 막대한 영향력을 행사할 터였다(Clarke 1978). 19세기 말에 이르면 대부분의 자유당 정치인들은 3차례(1832년, 1867년, 1884년)의 의회개혁이 가져다준 효과, 특히 이제 노동계급의 수중에 안겨질 방대한 투표 권력이 영국정치에서 지배적 변수가 되리라는 점을 잘 알고 있었다. 무엇보다 그들은 민주주의의 확산이 영국의 개혁정치에 던질 긍정적인 신호를 누구보다도 예민하게 포착했다. 예컨대 홉슨은 재산소유자들의 막대한 영향력으로 인해 민주주의가 위협받고 있으며, 진보진영의 관제가 민주주의를 심화시키는 데 있음을 여러 차례 환기시켰다. 그들에겐 민주주의가 소수 자본가의 금권정치, 곧 정치를 자신의 사익을 위해 사용하는 것을 막을 수 있기 때문이었다(Clarke 1978, 153-154, 192). 그들은 나아가서 민주주의야말로 소득재분배와 자유무역을 가능케 하고, 재분배와 자유무역을 통해 보호무역, 제국주의, 전쟁을 해결할 수 있다고 보았다.

국가의 능력이 증대되고 민주주의가 확대되던 시대상황으로 인해 빈자의 복지를 위한 국가개입은 보다 쉽게 정당화되었다. 이미 자유당의 급진진영은 실업자, 노인, 병자 등 소위 시장탈락자들의 보호를 위한 보다 많은 사회개혁의 필요성을 절감하고 있었다. "국민에게 직접 호소하는 무엇인가를 해야 할 때다. 이것이 선거를 위해 필요하다." 훗날 자유당정부의 재무장관으로서 사회입법을 주도했던 로이드조지의 말이다. 신자유주의 사상을 정책화시키는 데 있어서 로이드조지 같은 자유당 급진진영 정치인들이 수행했던 역할은 결정적이었다. 그러나 로이드조지의 말에서 드러난 정치적 고려는 또한 자유당의 온건진영을 끌어들일 정도로 확대되었다. 나라 전체가 일정 정도의 번영을 구가하는데 번영은 노동계급을 비껴가고 있었다. 통계는 인구의 1/3이 심각한 빈곤상태에 있으며 전 국민소득의 절반이 1/9 인구의 포켓으로 들어간다고 말하고 있었다. 군사적·경제적 목적을 위한 건강한 노동계급의 필요성도 중요하게 작용했다. 보어전쟁에서 노동계급 지원자의 건강 상황은 국민을 충격 속에 몰아넣었다. 제국을 위해 효율적인 군대가 필요했고 이를 위해 영국의 아동들을 잘 먹이고 입히는 것이 중요했다. 새로운 자유주의는 인간복지를 공동체의 정당한 관심분야로 설정해야 했다. 그리고 노동계급의 상태를 개선하는 계급입법들을 공동체 전체에 강제할 수 있어야 했다. 실제로 19세기 말에 이를수록 자유방임적 자유주의는 자유당이 아니라 점차 영국 보수당 진영에 더욱 친숙한 이데올로기로 되어 갔다(Freeden 33).

그러나 자유당이 사회개혁 조치들을 수용한 것은 유권자의 다수가 민주적 절차를 통해 그것들을 요구한다는 점 외에도, 그것들이 공공의 이익을 구현하는 데 직접적으로 연결되어 있다는 확신 때문이었다. 사람들은 자유당이 자유방임으로부터 돌아설 때가 도래했다고 생각했다. 사회경제적 질병들에 대한 자각이 증대하고 빈곤의 발견 등 새로운 사실들에 직면하면서, 자유롭고 자기규제적인 시장이 자연법을 반영하고 사회정의를 요약해 준다는 개념은 점차 설 자리를 잃고 있었다. 사기업을 중심으로 하는 시장자유주의만이 경제의 성장, 그리하여 분배를 가능하게 하리라는 자유방임적 가정 또한 설득력을 상실해 갔다. 자유당은 이제 빅토리아 시대의 자유당을 지배했던 글래드스턴의 자유주의 그 이후를 준비해야 했다.

부의 공정한 분배는 오로지 국가행동으로만 달성될 수 있었다. 국가는 노령연금이나 최저임금 같은 사회개혁을 도입하는 데 주도적인 역할을 떠안아야 했다. 개혁의 주된 도구는 국가의 재정정책이고, 부자들의 토지와 소득에 대한 증세가 중요한 세원이 돼야 했다. 이는 불로소득에서 논리적으로 '연역된' 조세정책을 의미했다. 불로소득에 대한 과세는 개인적 노력에 따른 보상이라는 자유주의 원칙과 완벽하게 조화를 이루거니와, 원래부터 불로소득이란 그 자체가 소유주의 인센티브에 빚진 것이 아니기 때문이다. 예컨대 누진세야말로 부의 집중을 막고, 유한계급들의 궁극적 소멸에 기여하며, 경제권력을 분산시키는 효과를 낳는 것으로 가정됐다. 개인들이 잉여생산물 혹은 기본적으로 사회적 성격의 자산에서 이익을 얻을 때, 그 이익은 개인의 근면 혹은 노동의 유인을 훼손시키지 않고 과세될 수 있다.

이 모두는 사회에 대한 새로운 자유주의적 인식, 곧 국가자원은 부당한 빈곤과 고통을 피하고 방지하는 데 사용돼야 하며, 그때 문제는 더 이상 부자가 빈자와 고통을 분담하는 것이 부자의 의무라는 차원이 아니라, 공동체가 마음대로 처분할 수 있는 자원, 곧 공동체가 소유한 사회적 자산이라는 뚜렷한 사회적 실체 개념이 수용된 결과였다.

신자유주의는, 국가예산을 사회개혁을 위한 주된 도구로 상정함으로써, 스스로를 부분적이고 상황 대응적 접근에 치중했던 구자유주의와 명백히 차별화시켰다. 연차예산을 통해 다년간, 그리고 정책들 간, 일관되고 통합적인 개혁 구상이 가능했기 때문이었다. 캠벨배너먼 자유당정부의 재무장관이었던 허버트 애스퀴스의 1907년 예산은 이러한 과세개념을 구체화시킨 것이었다. 다음 해에 들어선 애스퀴스 자유당정부의 재무장관이었던 로이드조지가 개혁의 정점을 이뤘던 유명한 1909년 예산을 도입했을 때, 그것은 자유주의에 새로운 목적과 희망을 줌으로써 사회개혁이라는 모호한 단어를 생명력 있는 구체적인 현실로 변모시켰다. 유기체적 사회관을 견지하는 사람들의 정책적 승리였다(Freeden 1978, 144).

분명 부의 재분배가 노동계급의 구매력을 높이고, 경제와 일반적 번영을 자극할 수 있다는 개념은 새로운 것이었다. 그러나 그런 사상이 결코 고전적 자유주의와의 완전한 결별이라고 볼 수는 없었다. 대표적 신자유주의자들은 끊임없이 자신들이 개인적 창안을 높게 평가하며 사회개혁은 글래드스턴 정책의 '자연스런' 확대일 뿐이라고 생각했고, 고전적 자유주의자들처럼 사회주의자들의 사회 재건 '계획'을 공유하지 않았다. 그들은 모든 노동자가 아니라 '자격 있는 빈자'를 위해서만 복지제공이 필요하고, 그렇지 않은 경우에는 스스로 복지를 책임져야 한다는 원칙을 견지했다.

신자유주의를 주창한 대표적 자유당 정치인이었던 마스터만(Charles Masterman)이 신자유주의는 사회주의도 아니고 그렇다고 자유방임 자본주의도 아니라는 점을 지적했던 맥락도 그랬다. 그에 따르면, "신자유주의는 생활수준의 개선을 위해 재산, 소유, 경쟁을 믿는다. 또한 전 공동체에 광범위하게 분산된 자본주의를 믿는다… 그것은 기존 질서의 파괴가 아닌 개혁임을 믿는다."(Arblaster 1984, 288) 이런 균형감 혹은 종합이야말로 당대 사회문제들을 극복하는 데 있어서, 신자유주의가 여타 이데올로기보다, 적어도 지적으로는, 더 잘 준비됐음을 보여주었다. 당시의 자유당지도부는 생동감이 넘쳤고, 그

최전선에는 신자유주의자들이 있었다. 특히 제1차 세계대전 종전 시까지 자유당정부가 이룩한 개혁들은 신자유주의적 사고가 얼마나 깊이 자유당에 침투했는지를 여실히 보여주는 것이었다.

(2) 개혁법안들

20세기 영국정치사의 주요 테마 중 하나는 복지국가의 발달이었다. 의료, 교육, 주거, 연금, 실업 등과 관련하여 모두에게 가능한 최상의 서비스를 국가가 제공한다는 사상이다. 19세기 빅토리아 여왕 시절의 국가개입주의는 시장에 이미 편입된 사람들 가운데 약자들(어린이, 청년, 여성노동자)을 위한 최소한의, 오늘날 기준에서 보면 지극히 초보적이며 당연한 고용조건을 확보해 주는 데 초점을 둔 것이었다. 그러나 근대적 복지국가는 시장에서 밀려난 사람들을 대상으로 탈상품화 조건, 곧 적절한 생존조건을 제공하는 일을 관건으로 삼고 있다. 그러나 영국에서 국가복지가 정착되는 과정은 엄청난 논의와 갈등을 동반했다. 빅토리아 영국이 끝날 무렵, 아직 그것을 위한 전반적 계획안이나 청사진은 없었다.

종합적으로 보면, 19세기 초중반의 개혁으로 영국사회가 근본적으로 재조직됐다고 볼 수는 없었다. 개혁은 사안별로 단편적으로 진행됐고, 국민경제를 하나의 전체로서 계획하는 일은 좀처럼 시도되지 않았다. 19세기 말에 이르면서, 영국정치는 점차 대외문제에 경도되었고, 자유당 내에서조차 그나마 벤담주의적 자유주의도 국내개혁의 추진력을 상실했다. 다음 장에서 보겠지만, 디즈레일리 사후의 보수당정치 또한 보어전쟁과 관세개혁문제로 영일이 없었기 때문에 국내개혁은 언제나 뒷전이었다. 그러나 변화의 조짐은 있었다.

영국에서 국가복지는 빈곤의 재발견 같은 시대적 상황에 대한 반응으로 점진적으로 도입되었다. 특히 신자유주의의 사상적 내용과 정치(정책)적 영향력은 근대 영국복지국가의 명실상부한 태동과 발전과 관련하여 보수주의와 사회주의를 압도하는 중요성을 지닌 것이었다. 영국복지국가로의 최초 도약은 1905－1914년 자유당정부에 의해 이루어졌다. 이 기간의 자유당정부는 빈자를 위해 체계적으로 무엇인가를 했던 최초의 영국정부였거니와, 그 시기에 봇물을 이룬 사회(복지) 입법들은 존 밀 이후 영국 자유주의의 변화된 기조를 가장 명료하게 드러내 주는 정책적 증거들이었다. 이 책 후반부에서 논의하게 되겠지만, 제2차 세계대전 직후에 있을 영국 국가복지의 급진전은 이 시기의 성취를 발판으로 한 것이었다.

따라서 영국역사에서 자유당이 1906년 1월 총선에서 압승을 거둔 것은 많은 점에서 새 시대의 시작을 알리는 것이었다. 사회정책의 부재, 무능과 내홍으로 점철된 보수당의 20여 년 집권은 유권자들을 식상케 하기에 충분했고, 개혁의 분위기는 무르익었다. 노동당은 창당 6년 만에 의원 수를 2명에서 29명으로 늘렸으며, 압도적 다수로 집권한 자유당의 의원 가운데 24명이 노조원이었다. 이들은 무료급식과 노령연금을 법제화시키기 위해 벼르고 있었다. 자유당은 사회개혁을 통해 사회주의로부터 유권자들을 끌어오고, 신생 노동당으로부터의 도전을 방어해낼 수 있으리라 생각했다.

이제 처음으로 영국은 부유한 지주나 귀족이 지배하지 않는 정부를 갖게 되었으며, 내각에는 신자유주의적 급진진영 사람들이 전진 배치되었다. 그레이(Sir Edward Grey) 외무장관 같은 귀족을 제외하면, 대부분의 고위각료들이 변호사, 작가, 기자 등 전문직 출신이었다. 69세의 수상 캠벨배너먼(Sir Henry Campbell-Bannerman)은 스코틀랜드 사업가로서 1898년 이래 자유당 원내 지도자였다. 그는 급진적이고 단호했지만 온화한 성품으로 인해 내각의 탁월한 조정자 역할을 성공적으로 수행해 나갔다. 무엇보다 이 당시 자유당의 개혁정치를 이끌 주역들은 애스퀴스, 로이드조지, 그리고 보수당의 보호무역정책에 반대하여 당적을 옮겼던 윈스턴 처칠이었다. 애스퀴스가 재무장관, 로이드조지가 무역청장에 각각 임명되었으며, 1889년 부두파업을 주도했고 자유당 가입 이전에 마르크스주의 단체인 「사회민주연맹」에 속했었던 존 번스(John Burns)는 지방정부청장이 되었다.

1908년 캠벨배너먼이 사망하자 그의 뒤를 이어 수상이 된 사람이 애스퀴스였다. 로이드조지와 처칠이 각각 재무장관과 무역청장으로 상향 이동하면서, 사회개혁을 위한 완벽한 전열이 갖춰진 셈이 되었다. 이들은 스스로를 신자유주의자로 규정하지는 않았다는 점에서 19세기 전반기 휘그/자유당정치에 직접적이고도 대규모적으로 관여했던 자칭, 타칭의 벤담주의 정치인들과는 차이를 보인다. 그러나 그들은 모두 자유당이 살아남으려면 노동계급의 표를 끌어야 한다는 점을 인정했으며, 이를 위해 국가가 사회개혁에 있어서 새롭고도 결정적인 역할을 해야 한다고 보았던 '새로운' 자유주의자들이었다.

집권 직후부터 일련의 사회개혁들이 도입됐다. 어린이 구호조치, 노령연금, 근로자보호법, 직장알선, 건강보험과 실업보험 등 개인주의와 자조에 대한 지지의 강도에 비춰볼 때, 자유당이 이처럼 많은 것을 성취한 것은 놀라운 일이었다. 대부분의 개혁은 로이드조지와 처칠이라는 두 명의 전도양양한 개혁적 정치인들이 주도했다. 이들은 진정으로 빈자를 돕고자 했지만, 스스로의 정치경력을 진척시키는 일에도 관심이 많았다. 자유당의 복지개혁이 절정에 달하던 1910년경에 이르면 이제 자유방임 주창자들은 보수당으로 넘어갔고, 자유당에 남아 있던 사람들은 기업가든 제조업자든 신자유주의 원칙들을 이모저모로 수용한 상태였다(Arblaster 1984, 288).

물론, 늘 그랬듯이 정책 과정은 온갖 긴장과 위기로 점철된 것이었고, 결코 순항이 아니었다. 1910년 이후 자유당 의석수는 급격히 줄어들었다. 더욱이 노동 소요와 파업파동, 내란 일보 직전까지 갔던 아일랜드 사태, 여성참정권자들(Suffragettes)의 격렬한 거리투쟁 등은 일차대전 발발 전까지 진정될 줄 몰랐다. 외교적으로도 독일과의 긴장이 고조되고 있었다. 그러나 역사가들은 자유당이 집권한 1906년에서 일차대전이 발발하던 1914년까지를 신자유주의의 시대, 복지국가로의 진입기라고 부른다. 자유당 개혁을 중심으로 영국이 마침내 복지국가로의 발진을 했던 증거를 찾아보면 다음과 같다.

① 노조관련법

1906년에 출범한 자유당정부가 집권 첫해에 가장 먼저 도입한 법이 노동쟁의법(Trade Disputes Act)이었다. 파업 중 노조가 회사에 끼친 손해를 배상하도록 만들었던 1901년의 태프베일(Taff Vale) 판결로 인해 노조는 파산의 위험을 무릅쓰지 않으면 파업을 할 수 없었고, 노조기금은 고갈의 위험 앞에 무방비로 노출되었다. 동 판결을 되돌리기 위해 호시탐탐 기회를 엿보고 있던 노동당이 법안을 만들어 제안했고, 캠벨배너먼 정부가 그것을 그대로 수용하여 통과시킨 것이 노동쟁의법이었다.

법의 내용은 많은 자유당 의원들이 수용할 수 있는 범위를 넘어서는 것이었다. 그러나 이제 기업은 자신이 입은 손해에 대해 노조를 상대로 제소할 수 없게 되었고, 평화로운 피케팅이 가능해졌다. 이는 자유당정부가 노동계급을 유인하고 신생의 노동당과 협력하여 개혁을 추진하려는 의지를 보여준 것이었으며, 정당 수준에서 노/자 연대가 성취해낸 가장 위대한 업적으로 기록될 만한 것이었다. 실제로 영국 노조운동사에서 가장 중요한 법으로 간주되는 이 법이 제정되지 않았다면 아마 1910−1914년의 파업파동은 불가능했을 것이다. 노동쟁의법이 통과된 지 7년이 지난 1913년, 자유당정부는 새로운 노동조합법을 통과시켰는데 이 법은 노조의 정치헌금을 사실상 금지시킴으로 노조와 노동당 모두에게 심각한 타격을 입혔던 1909년의 오스본(Osborne) 판결을 뒤집은 것이었다. 그것은 자유당정부의 의석이 급격히 줄고 있던 상황에서 노조운동의 전투성을 달래고, 42명 노동당의원들의 지지를 유도할 필요성 때문에 발의된 것이었다.

노동당은 노조운동의 소동으로 창당됐다 해도 과언이 아니다(고세훈 1999). 노동당이 제1차 세계대전 이후 창당 23년 만에 전통의 자유당을 제치고 보수당과 더불어 영국의 새로운 양당체제를 열어 갈 수 있었던 데는 이 두 법의 기여가 결정적이었다. 어떤 점에서 전간시절 이후 노동당의 일련의 집권과 노동당정부가 추진했던 복지 관련 정책들은 애초에 이 두 개의 노동운동 관련법들이 없었다면, 사실상 현실적으로 가능하지 않았을 것이다.

② 아동보호 조치들

노동당은 1906년에 지방교육청에 빈곤아동을 위한 무료학교급식을 줄 권한을 부여하는 법안을 발의했지만, 강제조항이 없어서 실효를 거두지 못했다. 1914년 자유당정부는 그것을 의무화했고, 중앙정부로부터 약간의 비용을 보조하도록 만들었다. 1907년에는 학교에 강제적 의료검진이 도입됐고, 교육청들은 무료의료치료를 제공할 수 있게 되었다. 그러나 후자는 강제조항이 없었기 때문에 역시 제한적 효과만 거뒀다.

1912년 치료를 위해 중앙정부로부터 보조금이 제공되기 시작했고, 학교병원이 설립되기 시작했다. 1908년에는 아동범죄자들을 일반 법정이 아닌 특별 법정에서 재판하고 일반 감옥이 아닌 교화소로 보내도록 결정했다. 사후관리를 위해서는 보호관찰관이 배정됐다. 또한 아동학대와 어린이에게 술과 담배 판매행위를 시키는 것에 대한 엄격한 벌칙이 마련됐다. 이미 1900년 국가는 의무적 초등교육의 재정과 조직의 책임을 떠안았었다.

그러나 중등교육은 다른 문제였다. 보수당정부가 통과시킨 1902년 교육법은 지방세로부터 기존의 자발적(민간) 중등학교에 재정을 지원할 권한을 지방정부에 부여한 바 있었다. 그러나 중등학교에 자식을 보내기 위해서는 학비를 내야 했고, 노동계급의 부모들 대부분은 경제적 여력이 없었다. 자유당정부는 1907년 무료할당제(free place system)를 도입했다. 이로써 이제 모든 중등학교는 초등학교를 졸업한 아동들을 위해 학비가 면제되는 25%의 입학 정원을 배당해야 했다. 이들에겐 특별 입학시험 결과에 따라 장학금이 지불될 것이었다.

교육의 문제라면, 정부개입을 특별히 진보적 성격을 띤 것으로 간주할 필요는 없을 것이다. 벤담주의자들의 교육에 대한 남다른 열정은 이미 살펴보았거니와, 자유주의가 기회의 균등을 주창해야 한다면 초중등 학년에 해당하는 빈곤가정 아이들에게 국가가 무료로 교육기회를 제공하는 것은 자유주의의 원리에도 부합하기 때문이다. 오늘날 복지국가로 분류되지 않은 미국이 주정부차원에서 방대한 교육예산을 집행하는 것도 이와 무관치 않다.

③ 노령연금

앞에서 논의했던바, 부스와 라운트리는 '자격 있는 빈자'(deserving poor)에 대한 생활보조를 위해 국가개입을 정당화하는 견고한 통계증거를 제시함으로써 차후 국가정책의 행로에 결정적인 영향을 미쳤다. 보다 구체적으로 부스는 65세 이상자에게 25펜스의 연금을 줄 것과, 그가 "무능력자"(the incapable)라고 부른 10%의 최극빈층을 국가가 책임질 것을 제안했다. 이로써 바로 상위의 20% 사람들이 정당한 경쟁을 통해 합리적인 직장과 삶을 영위할 수 있을 것으로 보았다. 그는 이를 "제한된 사회주의"(limited socialism)라 불렀고, 국가가 적은 수의 사람들의 삶에 관여함으로써 모든 사람들에 대한 사회주의적 개입은 피할 수 있다고 말했다. 라운트리는 국가가 최저임금을 도입해야 한다고 주장했다.

가장 급진적인 제안은 다양한 사회주의 그룹들로부터 왔다. 이들은 부의 재분배뿐 아니라 생산수단의 집단소유를 주창했다. 이런 유의 제안들은 부자들을 위협했으니, 부자들이 온건한 국가개입을 선호한 것은 사회주의에 대한 공포 때문이었다. 온건한 개혁은 노동자들이 사회주의로 경도되는 것을 막고 자본주의체제를 보존할 수 있을 것이었다. 이것이 1880년대 노년연금과 질병 및 실업급부제도를 도입했던 독일 재상 비스마르크의 동기였다.

1908년에 제정된 노령연금법은 찰스 부스의 제안을 반영하여 65세가 아닌 70세에 주당 25펜스가 주어지도록 했다. 비기여적이었기 때문에 정부가 일반 회계에서 재정을 댈 것이며, 우체국을 통해 지급되도록 만들었다. 연간 21파운드가 넘는 기타 소득을 버는 사람들이나 음주나 다른 범법행위로 기소됐던 사람들에게는 연금이 주어지지 않았다. 노동당은 25펜스는 너무 적은 액수이고 70세면 대부분 사람들이 이미 사망한 이후라며 불만을 드러냈지만, 연금은 매우 인기가 높았다. 동법은 애스퀴스에 의해 발의되었지만, 모든 찬사는 캠벨배너먼의 죽음으로 막 재무장관이 된 로이드조지에게 돌아갔다.

④ 빈자를 위한 조치들

1906년의 근로자보상법은 보수당정부가 만든 1897년 법의 적용범위를 모든 노동자로 확대한 것이다. 이 법으로 인해 산업재해뿐 아니라 산업조건에서 기인한 건강상의 상해에 대해서도 보상이 주어졌다. 같은 해에 제정된 상선법은 로이드조지의 작품으로 선원들의 음식과 선박의 시설에 대한 보다 엄격한 기준을 마련한 것이다. 1908년에는 탄광법이 도입되어 광부들의 노동시간이 최대 8시간으로 제한되었다. 이 법은 성인 남성노동자의 근로시간 규제를 위한 최초의 국가개입이라는 의의를 지닌다. 1912년에는 최저임금법이 제정되어 각 지역의 지방위원회로 하여금 광부들에 대한 최저임금을 정하도록 했다. 이는 전투적 광부파업을 종식시키기 위해 도입된 비상조치였으며, 성인 남성에게 하루 25펜스, 소년에게 10펜스의 전국적 최저임금 도입을 위해 캠페인을 벌여 오던 광부들에게는 불만족스러운 것이었다.

1909년에는 직업알선소(Labour Exchange)가 무역청의 처칠과 베버리지(William Beverage)의 발의로 설치되었다. 원래 비어트리스 웨브의 유명한 소수보고서(Minority Report)가 제안했던 개념인데, 1908년과 1909년 실업이 가파르게 상승하면서 처칠이 행동을 취했던 것이다. 1913년에 이르면 영국에는 430개의 직업알선소가 세워졌지만, 강제규정이 없었기 때문에 효과는 제한적이었다.

처칠에 의한 또 다른 작품인 1909년의 노동청법은 소위 착취(sweated)산업에서 저임노동자 문제를 다룬 것이었다. 당시 여성과 어린이 노동자들은 가정이나 공장에서 혹독한 저임과 장시간 노동에 시달리고 있었고, 노조결성 자체를 불가능하게 만드는 이들의 비참한 상황이 「전국반착취연맹」에 의해 공개됐다. 처칠법은 주된 직종에서 최저임금 결정을 위해 위원회를 설치하도록 만든 것이었는데, 점차 법 적용 직종이 확대되어 1913년에는 40만 명의 노동자들이 이 법의 보호를 받고 합리적 임금을 받았다.

최저임금에 관심이 많았던 라운트리의 제안에 따른 이 법은 국가가 최저임금 제정을 위해 개입할 준비가 돼 있음을 보였다는 점에서 분명 새로운 전기를 마련한 것이었다. 그러나 아직 전 노동자의 극히 일부만을 적용 대상으로 했던 불완전한 법이었다. 영국이 보다 완전한 최저임금제를 도입하기까지는 세기말의 블레어(Tony Blair) 노동당정부 때까지 기다려야 했다. 1911년의 가게법은 가게 점원에게 매주 반일휴가를 주도록 한 것이었지만, 노동시간 자체를 제한한 것은 아니었다. 따라서 휴가를 종종 다른 시간대에 보충해야 했다.

⑤ 국민보험법

1911년에 법제화된 국민보험법은 국가복지발전사에서 자유당정부가 이룩한 가장 중요한 업적이며, 제1차 세계대전 이전에 로이드조지가 남긴 가장 위대한 성취로 평가된다. 건강보험과 실업보험의 두 부분으로 구성된 국민보험은 과거의 비기여적 노령연금과는 달리 노동자 자신이 부담금을 내야 하는 강제적 기여보험이었다. 노동당은 끝까지 비기여원칙을 고수했지만, 재무부가 홀로 책임지기에는 재정부담이 너무 크다는 로이드조지의 주장이 반영된 결과였다. 연금으로 인한 기왕의 고비용 그리고 논란이 많았던 로이드조지의 1909년 예산안에 담긴 여타 개혁안들이 요구하는 비용을 상쇄하려는 목적도 있었다. 건강보험이 도입된 이유는 폐결핵으로 인한 사망 탓이기도 했지만, 보다 큰 이유는 국민적 효율을 증진한다는 명분이었다. 실업보험은 노동당과 노조의 압력에 대한 자유당의 반응이라는 측면이 강했거니와, 이 둘 모두 사회주의를 피하고자 했던 자유당정부의 의도가 작용했다.

건강보험의 경우 노동자, 사용자, 정부가 4 : 3 : 2의 비율로 조성할 기금에서 급부가 제공되도록 했다. 노동자가 병고로 일할 수 없을 때는 주당 50펜스의 질병급부가 13주 동안 지급되며 무료검진과 약을 처방받을 권한이 있고, 1파운드 50펜스의 출산수당과 폐결핵 치료를 위한 요양수당이 도입됐다. 출산수당을 제외하면 노동자의 가족이나 연 160파운드 이상의 소득자에게는 적용되지 않았다.

전체 구상을 둘러싸고 논란이 격렬했다. 노동당 창당의 주역이었던 하디(Keir Hardie) 같은 사회주의자는 기여원칙을 반대했는데, 부자에게 높은 세금을 부과하여 빈곤문제에 대한 진정한 집산주의 해결책이 되기를 요구했다. 국가기여분이 적다는 점도 논란의 대상이었다. 보수당은 정부가 국민에게 임금에서 기여를 강제할 권리가 없다고 주장했고, 의사들은 자신들의 독립성이 훼손될 것에 대해, 그리고 협동사회(Friendly Societies)와 보험회사들은 자신들의 고유 업무를 국가에 빼앗길 것에 대해 우려했다.

법 제정과정에서 로이드조지는 모든 상충하는 이해들을 화해시키는 데 탁월한 능력을 보였다. 예컨대 그는 노동자들이 참여하는 '인증된 단체'(결국 보험회사들로 나타났다)에 의해 전 구상이 운영되도록 했고, 그 단체들이 국가감독을 받도록 만들었다.

실업보험의 경우는 건축, 조선, 기계, 제철, 자동차제조 등 노동수요의 변동이 심한 특정 부문들로 적용을 한정했다. 노동자, 사용자, 국가가 각각 5 : 5 : 4의 비율로 기금을 조성하며, 급부는 최대 15주까지 주당 7실링이 지급되도록 만들었다. 적용범위는 좁았지만, 곧 225만 노동자들이 이 법의 보호를 받았다. 하지만 15주가 너무 짧다는 것 그리고 건강보험에서처럼 국가기여분이 너무 적다는 점에서 비판이 일었다.

그러나 로이드조지는 두 보험 모두 실험적 단계라고 생각했으며, 적용범위가 되도록 빨리 확대되리라고 기대했다. 불행히도 전쟁으로 인해 그의 기대는 차질을 빚었지만, 이 법은 국가보조의 확대를 일궈냈다는 중대한 의의를 지닌 것이었고, 건강과 실업급부가 기여에 바탕을 두어야 한다는 원칙을 확립했다.

(3) 개혁 이후 자유당의 쇠락

1901년 빅토리아 여왕이 사망하고 일차대전이 발발하던 1914년까지의 기간을 에드워드 시대(Edwardian era)로 부른다.[18] 이 시기 개혁의 가장 큰 성과는 최악의 빈곤문제를 완화시킬 수 있었다는 점이었다. 물론 사안에 따라 문제가 없지 않았다. 예컨대 1904년 발포 보수당정부가 출범시킨 「구빈법위원회」가 제안했던 보고서의 건의들은, 직업알선을 제외하면 거의 채택되지 않았다. 따라서 새 국고보조가 자선의 불명예를 씌우는 구빈법과 함께 병존하는 불만족스런 2원 체

18) 빅토리아 여왕의 장남인 에드워드 7세는 1901년에서 1910년까지 왕위에 있었고, 이후 그의 아들인 조지 5세가 1936년까지 왕위를 이었다.

제가 1929년 구빈법이 폐지될 때까지 유지됐다. 가장 최악의 임금을 받던 농업노동자들도 보험체계에서 배제됐다. 노조의 불만도 커서 노동자들은 1910－1914년의 기간 동안 파업파동을 통해 자신들의 불만을 표출했다. 새로운 국고보조가 효력을 나타내려면 시간이 더 흘러야 했다.

자유당정부가 너무 소극적이었다는 비난도 가능하다. 그러나 보수당뿐 아니라 자유당 내부의 우익진영으로부터도 반대가 격렬했고, 개인주의와 자조원칙 등이 여전히 위세를 떨치던 시절임을 고려하면, 자유당정부의 성취는 결코 가벼운 것이 아니었다. 훗날 자유당당수에 오를 그리먼드(Jo Grimond)는 당시 자유당의 개혁은 너무 신선했고, 모든 필요한 기본 원칙들을 확립했으며, 사실상 복지국가를 창설했다고 평가했다. 물론 이러한 평가는 과장된 것이었다. 제2차 대전 후의 노동당정부가 들어설 때까지 완전한 복지국가는 더 기다려야 했지만, 자유당정부는 분명 복지국가를 위한 정초 작업을 다졌다.

그러나 1910년 이후 10여 년의 기간 동안 자유당은 돌연하고 급속한 쇠락, 오늘날까지 반전될 기미가 보이지 않는 쇠락을 경험한다. 1923년 총선에서는 전쟁 전만 해도 진보연대에서 단지 하위파트너에 불과했던 노동당에게 수권정당의 자리를 넘겨주었다. 현실과 당대 문제들에 지적으로 또 정치적으로 그리고 성공적으로 적응해 왔던 정당으로서는 상상하기 힘든 일이었다. 일차대전 이후 급부상한 노동당이 보수당과 더불어 영국정치의 양당체제를 구축하면서, 또 하나의 자유당정부가 들어서는 일은 없을 것이라는 점을 당시에는 아무도 몰랐다.

제1차 세계대전과 그 이후 자유당 내부의 분열(특히 로이드조지와 애스퀴스 진영의 격렬한 대립), 1918년 20세 이상의 모든 성인 남성과 30세 이상의 여성에게 선거권이 확장된 것, 그리고 전후 노동당이 이념과 조직을 새롭게 정비한 것 등이 분명 영향을 미쳤을 것이다. 그러나 이 책의 주제와 관련해서 가장 중요한 점은 신자유주의가 영국자유주의의 주류로 발돋움하지 못했다는 점이야말로 자유당 쇠락의 근본적 이유였다.

노동계급의 지지를 놓고 자유당은 새롭게 창당한 노동당과 경쟁해야 했지만, 노동계급 사람이 자유당 후보자가 되기는 쉬운 일이 아니었다. 자유당이 제조업자와 맨체스터 경제학의 정당과 동일시되던 과거에 비춰볼 때 노동계급이 자유당을 자신의 정당으로 간주하기란 어려운 일이었다. 계급의식이 증대되던 시절이었다. "정치적 충성이 점점 더 계급적 자의식에 의해 결정될수록, 어떤 계급의 충성도 성공적으로 담보해 내기가 어려웠던 자유당의 입지는 좁아졌다."(Lowe 2009, 291) 반면에 자조의 전통과 국가불개입원칙에 집착하던 전통적 지지자들은 자유당이 그런 전통과 원칙을 버렸다고 생각하자, 보수당 지지자로 돌아섰다. 신자유주의는 골수(committed) 자유주의자들이 옛 신조를 새 현실에 적용하려 했던, 진지하고 야심만만했던, 그리고 아마 유일한 시도였을 것이다. 그러나 제1차 세계대전 이후 자유당이 몰락하면서, 신자유주의자들의 많은 수가 노동당으로 이전했다. 따라서 신자유주의의 계승자들은 자유당이 아니라 노동당의 사민주의자들이었다. 처음부터 마르크스주의가 이방의 이념이었던 노동당 쪽에서도 이런 현상은 자연스러운 일이었다. 전간시절, 대공황과 뒤이은 좌우 전체주의의 발흥, 제2차 세계대전 등 연이은 격변적 사건들을 거치면서 자유주의가 불신 받고, 종전 후 서유럽 복지국가의 발전에서 보수주의와 사민주의와는 달리, 자유주의가 이렇다 할 역할을 수행할 수 없었던 저간의 사정 또한 이와 무관치 않을 것이다

(Berman 2006, 177-199).

제1차 세계대전은 국가의 위상과 역할에 매우 중요한 영향을 미쳤다. 전쟁의 효율적인 수행을 위해 국가는 전에는 상상할 수 없던 방식으로 국민의 삶을 통제했고 지시했다. 탄광과 상업해운을 국가가 직접 떠안았고, 공장들의 생산품목이 규제되었으며, 파업과 공장폐쇄는 금지됐다. 또한 농민들은 더 많은 토지를 경작해야 했으며, 임금과 가격은 통제됐고, 식량은 배급됐다. 전쟁 막바지에 이 대부분은 포기됐지만 전쟁이 길어지고 사람들이 전후 '재건'을 말하기 시작했을 때, 그들은 이미 국가개입사상에 익숙해져 있었다. 정부는 원하든 원하지 않든 자유방임을 포기해야 했으며, 국가집산주의가 보다 광범위하게 수용되었다.

그러나 전간시절 국가개입의 범위를 제한했던 다양한 장애요인들이 있었다. 1921년부터 실업이 격증하고 무역이 쇠락했다. 실업급부를 위해 지출한 막대한 비용으로 인해 정부세입이 급감하면서 교육과 의료를 위한 사회복지정책의 여력이 감소했다. 무엇보다 석탄, 섬유, 조선, 철강 등 핵심 산업들이 장기적이고 구조적인 쇠락의 길에 접어들면서 국민의 경제적 삶은 막대한 타격을 받았다. 역시 실업이 가장 큰 문제였다. 실업자의 수는 전간시절 내내 결코 100만 이하로 떨어져 본 적이 없었다. 과거에는 단기적·경기순환적 성격의 실업이 주를 이뤘다면 이제 구조적 실업이 본격화되었다. 특히 1929−1933년의 대공황으로 구조적 실업에 경기적 실업이 더해지면서, 1932년의 수출은 1913년의 절반에 불과했고, 실업은 정점에 달해 거의 300만을 육박하고 있었다.

1929년의 총선에서 로이드조지가 이끌던 자유당은 존 메이너드 케인스와 윌리엄 베버리지의 의견을 대거 수용하여 농업, 도시개발,

주거, 도로건설, 철도근대화 등과 관련한 일련의 개혁안을 제시했다. 그러나 1923년 총선을 기점으로 자유당이 항구적인 제3당으로 전락한 이후, 이미 영국정치는 보수당/노동당의 양대 수권정당체제로 운영돼 오던 터였다. 이는 전간시절 동안 시행됐던 대부분의 주된 개혁입법들이 자유당의 손을 떠나 보수당과 노동당정부의 소관으로 되었음을 의미한다.

제 2 장

보수당정치와 구토리주의

1. 에드먼드 버크의 유산
2. 벤저민 디즈레일리의 '일국토리주의'
3. 전간시절의 보수주의

제 2 장 보수당정치와 구토리주의(Old Toryism)

전통적으로 보수당 보수주의에는 '일국보수주의'(One Nation Conservatism)의 온정주의적 전통과 자유시장 개인주의가 미묘한 혼재를 이루고 있었다. 특히 전간시절 자유당이 제3당으로 전락하고 노동/보수 양당체제가 정착하면서, 보수당은—노동당 사민주의와 대비되어—자연스럽게 시장자유주의를 옹호하는 쪽으로 기울었다.

그럼에도 불구하고 적어도 1970년대 말 대처가 수상이 되기 전까지, 시장자유주의가 보수당정치를 적극적으로 유인했거나 추동했다고 볼 수는 없었다. 오히려 전후 보수당정치를 배후에서 견인했던 것은 구(舊)토리의 전통적 온정주의였거니와, 보수당이 경제에 대한 국가개입과 사회에 대한 국가의 개혁적 책무를 명시적 혹은 묵시적으로 용인하며 전후 복지국가적 합의의 한 축을 형성할 수 있었던 것이 바로 이 점과 관련이 있다. 물론 보수당은 국가개입과 개혁의 동기에서 기본적으로 '보수적'이었고, 그 방식은 언제나 점진적이었다. 다음은 19세기 이후 전간시기까지 보수당정치의 역사적 실천을 사회경제적 입장과 정책을 중심으로 살펴본 것이다.

1. 에드먼드 버크의 유산

영국 보수당은 추상이론이나 도그마 혹은 이데올로기보다는 경험이나 역사, 그도 아니면 당대의 정치적 상황이나 계산에 따른, 즉 편의에 의한 정치를 중시해왔다.[1] 그러나 19세기 초 이래 보수당 보수주의의 정치나 정책을 관류하는 어떤 정신 혹은 일관된 노선을 분별하는 일이 전혀 불가능하거나 무익한 일은 아닐 것이다. 그러한 작업은 대륙정치의 규범과 상충하는 영국정치 전통의 연속성, 즉 내용에서의 극단이나 방법에서의 혁명성이 동반되지 않는 영국적 이상(異常) 케이스를 살피거나, 현재 진행 중인 영국정치의 위상과 한계를 점검하는 데 유리한 단서를 제공할 수도 있다.

보수주의의 기원과 관련한 수많은 논란이 있어 왔다. 그럼에도 불구하고, 영국적 정치지형에서 18세기 말의 휘그 정치인 버크(Edmund Burke)가 비교적 일관된 원칙들의 군(群)으로서 혹은 느슨한 신념체계로서 보수주의의 종합을 시도했고, 근대 보수당 정치인과 사상가들에게 지적 토대를 제공했다는 점을 부인하기는 쉽지 않다. 실제로 영국 보수주의에 대한 거의 모든 논의는 버크에서 시작되거나 혹은 버크를 한 정점으로 간주한다.

버크는 원래 미국의 독립전쟁을 지지할 정도로 휘그의 급진진영에 속한 인물이었다. 그러나 그는 프랑스혁명을 계기로 영국의 기존 질서에 대한 전면적이고도 정교한—지주계급을 비롯한 기득권층에게는

---

1) 영국 보수주의의 가장 치열한 변론자였던 오크쇼트가 "정치인들이란 항구나 목적지 없는 배와 함께 떠도는 사람들"이라고 규정한 것은 이 점을 대변한다 (Oakeshott 1962, 173).

장쾌한—변론에 착수했다. 그가 혁명 이듬해에 저술한 『프랑스혁명에 대한 상고』(*Reflections on the French Revolution*)는 그의 주장을 가장 체계적으로 보여준 책이다.

버크의 체계는, 인간성과 인간의 능력이 갖는 본질적 불완전성(혹은 성서적 '타락'에서 기인한 인간의 '죄'성)과 이성이나 어떤 추상적 이론에 기댄 사회정치적 공학 혹은 무한한 진보에 대한 열망 사이에는 비극적 괴리가 존재한다는 인식에서 출발한다. 그에 의하면 개인은 법적·추상적 실체가 아닌 구체적·사회적 실체로서 가족, 집단, 직업에서 존재가 확인되고, 권리와 자유도 계약적·추상적 기원이 아닌 처방적·역사적 기초 위에서 확립될 뿐이다(Eccleshall 1990 참조). 따라서 어떤 인간도 "자신의 주의(主義)를 실현하기 위해 스스로 판단하도록 방치돼서는 안 되며," 인간의 열정은 "인간 외부의 어떤 권력" 즉 전통이나 사회 혹은 정부에 의해서 적절히 제어되어야 한다.

정치 혹은 국가경영도 관념이나 추상이론이 아닌 역사와 경험 혹은 엄밀한 계산을 통한 타협과 계승의 원리에 따라 수행된다. 정치적 권위도 다수나 선거 등에서 무작정 발원할 수 없다. 정치에서의 최종적 판단자는 "사람들이 원하는 것"이 아니라 "사회의 역사적 전개와 정치의 맥락 속에서 사람들이 원해야 하는 것"이며, 선택의 외부에 존재하는 윤리적 기준이 이론적 수준에서 정치행태의 궁극적 기준으로 작용한다(Burke 1968〔1790〕, 150-153).

예컨대 버크가 미국 식민지를 지지한 것도 자유 등과 같은 어떤 추상적 원리가 아니었다. 그것은 미국사회와 제도의 발전을 위한다는 실천적인 고려 그리고 영국의 우위를 유지한다는 것이 더는 현실적이지 못하다는 자각 때문이었다. 계몽주의의 합리적이고 형이상학적인 이념에 의해 추동된 프랑스혁명은 당시 토리와 휘그가 공히 적대시하던 '무지한 무산 다수'에 의한 폭민정치를 초래할 뿐이었다. 정치가 최고의 이상을 열망할 때, 역사는 최대의 실패를 기록했다는 것이 버크의 신념이었다. 전제(專制)를 누구보다 미워했던 버크가 가장 증오한 전제는 다수의 전제였다(O'Gorman 1986, 104-105).

인간성에 대한 버크의 불신은 변화를 수용하는 그의 방식에서도 드러난다. 그는 "변화의 수단을 가지지 않은 국가는 보존의 수단 또한 결여한다"라는 유명한 경구를 남겼다. 과격하고 혁명적인 변화는 기득권 세력의 불만과 저항을 불러일으킬 뿐 아니라 새로운 권력의 맛에 도취한 혁명세력의 무뢰와 방종, 그리하여 다수를 참칭한 전제만을 가져올 뿐이라는 경고였다(O'Gorman 1986, 106). 그에 따르면, 기존 사회는 현재와 과거 모든 세대들의 결과요 총합이다. 이 둘은 바로 전통에 의해 연결되는데, 어떤 단일의 세대도 이전의 모든 세대들보다 더 많이 알 수는 없다. 추상적·철학적 이론에 의존하여 새 질서를 구축한다는 명분을 앞세워 기존의 종교, 사회, 재산관계 그리고 이들을 하나의 전체로 엮어주는 정치적 위계를 단절적으로 파괴하는 것은 범죄행위이며 어리석은 일이다(Tant 1993, 66).

오히려 최상의 정치를 실현할 기회는 재산가들(주로 토지귀족)에게 부여되어야 한다. 그들이 설사 최악의 정치를 할지라도 여전히 그들만이 영국 국가의 건실한 안전판일 수밖에 없다. 출신이나 상속의 전통은 자연스러울 뿐 아니라 정당하다. 특히 상속은 "보존과 계승의 가장 확실한 원칙"이다(Burke 1968〔1790〕, 119-121, 140-141). 그의 유기체적 사회관은 위계적 사회를 '자연스러운' 현상으로 간주하며, 그 속에서 "보다 지혜롭고, 재산이 많은 사람들은 약하고 가난하고 지식이 부족한 사람들을 지도한다."(Garner and Kelly 1993,

71) 온정주의적 복지국가의 단초가 되는 노블레스 오블리주 정신이 압축된 진술이다.

무엇보다 무제한적 재산권에 대한 버크의 '종교적' 집착은 유명하다. 그는 재산권에 대한 간섭은 재산권이 동반하는 정치권력과 기존의 제도들을 위협함으로써 사회적 안정 자체를 위기에 빠뜨릴 수 있다고 단언했다. 그의 '재산' 개념은 기존의 재산관계뿐 아니라 그를 위요한 관습, 태도 등을 포괄하는 광의를 띤 것이다. 그는 18세기에 이미 광범위하게 발전된 토지계급의 상업적·산업적 이해관계도 포함하여 옹호했다. 따라서 버크의 보수주의를 단순히 반동적 과거지향의 봉건주의로 보는 것은 잘못이다.

버크도 자신의 절친한 친구였던 아담 스미스처럼 이윤동기, 자유무역, 최소정부 등을 신뢰했고, 궁극적으로 토지귀족이 지배하는 자본주의를 이상적인 것으로 변론했다. 특히 『프랑스혁명에 대한 상고』 이후 5년이 지난 뒤에 출간된 『빈곤에 대한 상고』(*Thought and Details on Scarcity*)는 정부불개입에 대한 버크의 완강한 입장을 드러낸 저술이다. 이 책은 그가 빈자의 경제적 곤궁에 도무지 무관심했다는 오해를 받는 직접적인 계기가 되었다. 경제는 자기규제적 메커니즘을 가졌으며, 정부의 규제는 임금인상을 통한 가격등귀, 저이윤, 생산저하 그리고 실업을 결과함으로써 결국 빈자의 고통을 더욱 가중시킬 뿐이라는 것이 그의 생각이었다. 결국 재산의 불균등한 분배나 영속적인 사회적 불평등은 사회를 권위주의적 국가로부터 보호하기 위하여 치러야 할 대가일 뿐이었다(Gilmour 1977, 149). 사회의 기능적·위계적 분화와 불평등은 인간사회의 본래적 모습일 뿐이며, 정치의 과제는 그것을 제거하는 것이 아니라 "견딜 만하도록" 만드는 것이다.

이미 언급했듯이, 버크의 유기체적 사회관은 다수의 빈자에 대한 지배층, 즉 소수 귀족의 온정주의적 책무를 동반한 것이었다. 그리고 이 책무는 귀족의 필요에 의한, 귀족이 정의하는, 귀족 스스로 부과하는 책무였다. 당시의 대표적 휘그였던 버크가 세습군주를 옹호한 것도 신권사상이 아닌 사회적·정치적 실용주의에 근거한 것이었고, 그가 귀족이 지배하는 '자연적 위계', 귀족적 덕목 등을 칭송한 것도 신수사상이나 출생이 아닌 주로 기능적 측면을 고려했기 때문이었다 (Beer 1982, 12). 프랑스혁명은 하층계급에 대한 지배계급의 무관심과 책임방기, 즉 기능적 실패가 촉발한 것이었으니, 그의 '토리 온정주의'(Tory Paternalism)사상은 영국사회의 기존 위계를 보존하는 수단으로서도 매우 필요한 것이었다.

그러나 버크에게, 예컨대 복지정책 같은 국가행위는 재산소유자의 자발적·온정주의적 의지와 의사에서 비롯되어야 하며, 누진세 등 소유권 행사 자체의 개입을 통하는 것은 적절치 못한 것으로서 부정된다. 버크의 온정주의는, 가령 19세기 초 버크를 계승한 대표적 보수주의 이론가인 콜리지(S. T. Coleridge)와는 달리, 빈자의 복지가 곧 국가의 적극적 책무라는 데까지는 나아가지 못했다. 그것에 기반을 둔 복지사상은 기본적으로 방어적이고 수동적이었으며, 막연하고 추상적인 만큼 제한적이었다.

정치인으로서 버크는 언제나 소수그룹에 속했고, 그리 성공적이지 못했다. 후대에 이르러서야 빛난 그의 명성은 보수주의 이론가로서 혹은 보수주의이론의 태두로서의 그것이었다. 버크는 한편으로 재산권의 자유에 기초한 시장경제를 신뢰하면서도, 다른 한편으로는 변화에의 점진적 적응과 온정주의의 필요성을—그것이 비록 기존 질서의 옹호를 위한 소극적 개념에서 비롯되었다 할지라도—수용함으로써,

차후 영국 보수주의 복지정치의 중요한 근거를 마련해 주었다. 버크 이후 영국 보수당의 복지정치는 시장자유주의와 지배계층의 온정적 책무가 설정해주는 대강의 규범 속에서 진행되게 된다.

2. 벤저민 디즈레일리의 '일국토리주의'(One Nation Toryism)

1832년의 제1차 개혁법 통과 이전에 있었던 일련의 대중적 소요와 저항집회들—대표적으로 맨체스터의 피털루 학살(1819)이나 카토가(街) 음모(1820)—에 대한 토리의 대응은 불만의 원인들을 찾아내 해소하는, 이른바 근원적 처방과는 무관했다. 그것은 소요 자체를 문제시하는, 소위 진압정책이 주를 이룬 것이었다. 예컨대 피털루 학살 직후, 로버트 필은 9살 이하 어린이의 노동을 금지하고 9–16세 어린이의 하루 노동시간을 12시간에 한정하는 공장법을 제정했다. 그러나 동법은 제한된 적용범위와 집행상의 허다한 어려움들로 인해 거의 실효를 거두지 못했다. 개혁을 위한 이렇다 할 조치들은 더 이상 없었다.

리버풀(2nd Earl of Liverpool)의 토리정부(1822–1827)는 대중의 불만이 소요로 발전될 가능성을 선제하기 위해, 필과 조지 캐닝 그리고 윌리엄 허스키슨 같은 개혁성향의 중간계층 출신 인물들을 내각에 등용하기도 했다. 그러나 처음부터 정치개혁은 이들의 관심사가 아니었으니, 그들은 의회개혁 자체를 부정적으로 바라보고 있었다. 이들은 산업혁명이 본격적인 궤도에 오르면서 세계적인 경쟁력을 확보해 나가던 영국산업 소유주들의 이익을 확보하는 데 혈안이 돼 있었다. 그들이 관세의 점진적 폐지와 같은 자유무역으로의 개혁을 주창하는 등 제조업자들의 이해를 토리 내부로부터 주창했던 것도 같은 맥락이었다. 어떤 점에서 19세기 후반에 있을 자유당정부의 개혁조치들은 이 시기 토리 내부의 진보진영, 곧 '자유주의 토리이즘'(Liberal Toryism)에 의해 그 단초가 마련되었다고 볼 수도 있었다.

1830년 말엽, 토리당은 가톨릭해방 여파로, 그리고 의회개혁을 둘러싸고 내홍에 시달리고 있었다. 제1차 의회개혁 이듬해인 1833년 무렵에 당에 대한 지지는 최저점에 달한 상태였다. 그런 토리당을 회생시킨 인물이 바로 로버트 필이었다. 멜번(Lord Melbourne)의 휘그 정부가 휘청거리는 사이, 이제 점차 토리보다는 보수당으로 불리어지던 필의 정당은 소위 '필의 1백일'(1834년 12월–1835년 4월)로 불리는 소수정부를 거쳐, 1841년에서 1846년까지 역시 필을 수상으로 한 본격적인 보수당정부를 구성했다.

부유한 랭커셔 섬유업자의 아들로 태어난 필은 1809년 21세의 나이에 토리의원이 되면서 중앙정치에 입문했다. 탄탄대로의 정치 역정을 달리던 그는 아일랜드장관과 내무장관을 역임한 후 마침내 수상에 오르면서 보수당정치에 새로운 기운을 불러일으키고 있었다. 필은 당시 산업혁명 절정기의 영국이 직면한 공장, 광산, 산업도시에서의 참상을 잘 알고 있었다. 그러나 그의 문제해결 방식은 중간계급 기업가들의 신뢰를 확보하는 데 우선순위를 둔 것이었다. 그것은 사회문제들 자체를 해결하기 위한 직접적인 조치와는 거리가 멀었다.

필의 정부가 탄광법(1842)과 공장법(1844년)을 통과시킨 것은 사실이었다. 그러나 이 법들은 (여성과 아동을 위한) 10시간 노동을 줄기차게 주창했던 복음주의적 박애주의자 섀프츠베리(Lord Ashley)의 노력과 헌신이 맺은 결실이었다. 사실을 말하자면, 오히려 필 자신은 섀프츠베리의 10시간 최대 노동시간 제안을 좌절시키는 데 앞장섰었다. 위의 두 법이 모두 심각한 결함을 지닌 채 통과됐던 것은 그 때문이었다. 필은 1844년과 1845년의 대도시 실태에 관한 왕립위원회 보고서를 접하고도 아무런 추가 조치도 취하지 않았다. 영국 최초의 공중위생법(Public Health Act)은 그가 수상에서 물러난 후인 1848년 러셀(John Russell)의 휘그정부가 통과시킨 것이었다.

그즈음 필의 주 관심은 빈곤 등 사회문제의 해소가 아니라 관세폐지 등 자유무역의 확립에 있었다. 그는 경제가 잘되면 빈곤문제는 저절로 해소될 것으로 봤던, 오늘날로 말하면 일종의 성장론자였다. 필은 브라이트(John Bright)나 콥덴(Richard Cobden) 같은 자유무역주의자들이 주축이 된 맨체스터 학파와 북부 산업주의자들의 주장에 동조하여 관세가 영국산업을 질식시키리라는 신념을 갖고 있었다. 워털루 승리 이후 관세들이 서서히 폐지되어 왔지만, 여전히 1,200종의 물품에 대한 관세가 남아 있었다. 마침내 필 정부는 수출세 전부를 포함한 남은 관세 대부분을 폐지시켰다. 문제는 곡물법이었지만 반곡물법연맹의 맹렬한 선전과 아일랜드 기근의 여파로 곡물법 폐지 또한 시간문제였다.

1815년 나폴레옹전쟁이 종식된 직후 영국 의회가 통과시킨 곡물법은 지주계급의 현실정치적 위상을 재확인시켜 준, 영국역사상 가장 적나라한 계급입법이었다. 따라서 필 수상이 1846년에 30년 이상 지속된 곡물법을 전격 폐기했을 때, 이는 산업자본을 중심으로 영국사회의 계급구조가 재편되고 있음을 단적으로 보여준 것이었다. 그러나 당시 절대다수의 보수당의원들이 여전히 곡물법이 유지되길 원하고 있었다. 따라서 필이 곡물법을 폐기시킬 수 있었던 것은 휘그의 지지를 등에 업은 결과였다. 곡물법 폐기 직후 보수당이 당의 계급적 정체성을 위요한 전무후무한 내분에 휩싸이게 된 것이 이런 맥락이었다.

명확하게 단정할 수는 없지만, 내분은 전통적 위계질서와 온정주의적 시혜를 한 축으로 하는 구(舊)토리주의가 계급구조의 자본주의적 재편을 배경으로 부상하던 신흥 부르주아지의 자유주의적 보수주의와 충돌하면서 표면화된 것이었다. 1830년대 당의 재건을 주도했던 필은 이제 당을 파멸시킨 장본인으로 비난받고 있었다. 필 자신의 정치생명이 이를 계기로 사실상 막을 내렸고, 당 분열의 여진에서 헤어나지 못하던 보수당 또한 1874년까지, 4차례의 짤막한 집권을 제외하면 줄곧 야당으로 남아 있게 될 터였다.

곡물법 폐기 등 자유무역을 주창하던 필의 추종자들(Peelites)은 점차 그 숫자가 줄어들다가 결국은 휘그에 합류하였다. 훗날 자유당의 거물 정치인이 될 윌리엄 글래드스턴도 그들 가운데 하나였다. 필의 곡물법 폐지에 반대하여 내부 반란을 주도했던 인물이 다름 아닌 디즈레일리(Benjamin Disraeli)였거니와, 디즈레일리는 물론 글래드스턴과 더불어 빅토리아조 영국정치를 양분할 거인으로 자랄 것이었다. 무엇보다 디즈레일리의 반기(反旗)는 영국의 근대 보수주의 정치사에서 획기적인 전기를 형성하게 될 터였다.

당시 디즈레일리를 비롯한 「젊은 영국」(Young England)의 주창자들은, 대부분 귀족가문 출신이면서도—디즈레일리 자신은 영국국교회(Anglicanism)로 개종한 유태계 신흥 부르주아 가문 출신이다—토지귀족 등 재산가들의 특권뿐 아니라 빈자들에 대한 책임도 그에 못지않게 강조하였다(Blake 1966, 167-189; Disraeli 1981〔1845〕, xi-xii). 「젊은 영국」은 코빗(William Cobbett)이나 스콧(Walter Scott) 같은 개혁적이고도 낭만적인 젊은 토리의원들의 작은 모임이었다. 디즈레일리는 최고령자로서 이 '정치적' 모임을 이끌었다. 그것은 1842-1846년까지의 짧은 기간 존재하면서, 그 무렵 유행하던 공리주의적 사조와 그것에 영향받은 제도들을 신랄하게 비판했으며, 상층계급과 노동계급이 연대하여 물질주의에 젖은 중산계급에 저항할 것을 주창했다. 당시 부르주아는 날로 증대되던 자신의 경제력에 걸맞은 정치권력을 요구하고 있었고, 디즈레일리와 「젊은 영국」의 동료들은 노동계급을 기존 체제 속으로 끌어안음으로써 그러한 요구에 일정한 각을 세우고자 했던 것이다.

디즈레일리가, 버크의 직접적인 영향을 받았던 콜리지나 스콧 등 당대의 낭만적 보수주의자들의 저서를 탐독했다는 것은 익히 알려진 일이다. 그는 제1차 의회개혁법의 불충분성과 수정구빈법의 해악성을 통탄해 마지않았으며, 차티스트들의 '국민청원'(National Petition)을 적극 옹호했었다. 그는 또한 여러 소설을 통해서 자신의 정치적 견해(혹은 풍자)를 담아냈는데, 『코닝스비』(*Coningsby*)에서는 선임자 필의 (자유주의적) 보수주의가 진정한 토리이즘을 버렸다고 비난했으며, 그것의 후속편인 『시빌』(*Sybil*)에서는 빈자와 부자 두 개의 별개 국가가 존재하는 영국에서 국가권력은 "인민을 위한 사회복지의 확보라는 단 하나의 책무"를 지닌다고 주장했다(Disraeli 1982〔1844〕; 1982〔1845〕).

필 시대가 마감되고 디즈레일리 휘하의 보수당이 자체의 원외조직을 정비해 가던 1860년대부터 유기체적 일국(One Nation) 개념에 의거한 전통적 토리주의가 보수당 내에서 본격적으로 막을 올렸다. 그렇다고 보수당정치에서 자유주의적 흐름이 뒷전으로 물러났다고 볼 수는 없었다. 당시 보수당에서는 토지에 "전적으로" 의존하는—통상 'Ultras'로 불리던—지주계급은 그 규모가 갈수록 줄어들고 있었고, 보통의 토리의원들은 자신들의 전통적 이해에 직접적인 위해가 가해지지 않는 한 자본주의라는 대세와 신부유층(nouveaux riches)의 시대정신을 상당한 정도로 수용할 태세가 되어 있었다.

따라서 필이 곡물법을 폐지한 것이 당시의 토리당 정서를 전적으로 혹은 돌연히 이반한 것은 아니었다. 필은 이미 1834−1835년의 보수당 선거강령(Tamworth Manifesto)을 통해서 새롭게 자리를 잡아가던 산업경제의 맥락에서 보수당이 나아갈 길을 제시한 바 있었다. 특히 그가 곡물법 폐지를 전격적으로 추진한 데에는 1832년의 개혁법 이후 정치적 입김이 거세진 부르주아 계급과, 도시화와 공장제도로 동질화되고 그 수가 급격히 불어난 노동계급의 "위험한 연대" 가능성을 선제하려는 치밀한 정치적 계산이 작용했었다. 거기에는 자유시장사상과 신중산층의 이해를 적극적으로 포용하고, 전통적 지주계급과 신중산층이 연합하여 기존의 사회체제를 보다 안정적이고 효율적으로 지속시킬 수 있다는, 버크 식의 "보존과 조화 혹은 타협" 구상이 담겨져 있었다.

사실을 말하자면, 토지귀족이 정치적 권위와 영향력을 행사해야 한다는 필의 신념은 아직 추호도 흔들림이 없었다고 보는 편이 옳다. 곡물법의 폐지도 "농업의 번영과 제조업의 번영은 밀접한 연관이 있으며… 산업계급과 농업계급의 직접적·간접적 이해는 동일한 것"이라는 확신에 입각한 것이었다(Blake 1985, 26).

그러나 곡물법 폐지를 계기로 보수당을 탐워스(Tamworth) 철학으로 전화시키려는 필의 노력은 실패로 끝났다. 이제 영국 보수당 보수주의의 차후 발전 과정에서 시장자유주의적 흐름은 한동안 부차적인 지위만을 갖게 될 것이고, 그것은 주로 글래드스턴의 자유당에 의해 대표될 것이었다. 그리고 이제 벤저민 디즈레일리의 보수당은, 필 시대가 포용하지 못했던 사회적 관심과 인민에의 연민을 사회개혁을 통해 본격적으로 표출하기 시작하였다.

디즈레일리는 18세기 중엽 베니스에서 영국에 건너온 유대인 학자 집안의 아들이었다. 그는 처음에 휘그로서 3차례나 의회진출을 시도했지만 번번이 실패했고, 토리로 적을 옮긴 후의 4번째 도전에서 마침내 성공했다. 반(反)필주의자로서 곡물법 폐지 이후 보수당의 전통적 진영의 대표 주자였던 그는 1852년, 1858－1859년, 1866－1868년의 보수당정부에서 재무장관을 지냈고, 1868년 더비(Lord Derby)가 은퇴한 후에는 몇 달간 수상직에 있기도 했다.

그때까지 그의 주도로 이룩된 정치적 업적이라면 아마 1867년에 통과된 제2차 의회개혁법이 유일할 것이다. 그것은 전년도 자유당정부가 통과시키려 했던 원래의 개혁안보다 훨씬 급진적이었다. 과감한 개혁이 오히려 노동계급의 보수당 지지를 유발하리라는 디즈레일리 나름의 정치적 계산이 작용했기 때문이었다. 그리고 그의 이런 계산은 1874년의 총선에서 결실을 볼 것이었다.

1870년대에 들어서면서 디즈레일리는 사회적·인도주의적 개혁과 관련된 수사(修辭)를 빈번히 사용하기 시작한다. 무엇보다 디즈레일리가 1872년에 행했던 두 차례 연설은 그의 보수주의를 가장 잘 요약해 주는 것이었다. 동시에 그것은 향후 보수당의 온정주의적 국가복지사상과 정치의 핵심적 기조를 제시한 것으로 평가된다(Gilmour 1992, 참조).

첫 번째는 맨체스터 자유무역회관에서 열린 대규모 집회에서 디즈레일리가 3시간에 걸쳐 2병의 브랜디를 비우며 행한 연설이었다. 거기에서 그는 보수당이 대외적으로는 영국제국의 건설, 대내적으로는 "인민의 조건"을 개선하는 것을 목표로 하는 정당임을 밝힘으로써 보수당에 새로운 이미지를 부여했다. 특히 후자와 관련해서 그는 "맑은 공기, 깨끗한 물, 불결한 주거지와 오염된 식품에 대한 감독… 이런 주제들의 중요성을 과장하는 것은 불가능하다. 결국 국가기관의 최우선적 관심은 인민의 건강이 돼야 한다"고 천명했다. 재산가들은 빈자에 대한 책임을 (버크 식의) 사적 자선뿐 아니라 국가를 통해 공적으로 수행해야 하며, 자비로운 아비가 자식들을 돌보듯이 국가는 빈자를 돌봐야 한다는 것이다.

두 번째는 뒤이어 런던에서 있었던 유명한 '수정궁 연설'(Crystal Palace Speech)이었다. 거기에서 디즈레일리는 인민의 생활조건을 고양시키는 일이 기존 국가제도의 유지와 영국제국의 보존과 함께 보수당의 3대 주요 목표 가운데 하나라고 선언했다. 디즈레일리는 노동조건의 개선 없이 인민의 조건은 개선될 수 없다고 단언했거니와, 자유당의 상투적 주장, 곧 그런 정책이 사적 자본의 역량을 위축시키고 결국 임금과 고용, 성장에 악영향을 미칠 것이라는 주장은 공허한 말장난에 불과하다며 신랄히 공격했다.

그에 따르면 노동자의 주거환경을 개선하고, 공장주들의 잔혹한 행위로부터 노동자를 보호하는 것은 바로 인민의 조건을 개선하려는 위대한 토리당의 정책적 전통을 계승하는 것이다(O'Gorman 1986, 150-152). 이제 민주주의는 선거권을 넘어서 인민복지(popular welfare)를 당연한 내용으로 포괄해야 하며, 보수당이야말로 이런 민주주의를 구현해야 하는 자연스런 정당이 되어야 했다(O'Gorman 1986, 113-126).

사람들은 디즈레일리의 이런 주장을 "신(新)보수주의"(New Conservatism) 혹은 "토리민주주의"(Tory Democracy)라고 불렀다. 그렇다고 디즈레일리가 특권과 전통을 부인한 것은 결코 아니었다. 오히려 그는 오랜 제도들—국교회, 귀족, 무엇보다 군주—이 성공적으로 보존되길 누구보다 원했으며, 이를 위해서는 그것들이 자신들에게 주어진 권력을 현명하고 이타적으로, 공동체 전체의 이익을 위해 사용하는 것이 핵심적 관건이라고 주장했다. 보수당이 항구적인 야당의 처지에서 벗어나려면 정부와 특권계급이 새로운 민주적·산업적 시대에 적응함으로써 노동계급의 지지를 유발해야 했다. 계급구조 자체를 교란시킬 필요는 없지만, 빈자의 조건을 개선시키는 사회개혁을 통해서 특권계급과 대중의 연대가 가능해질 것이었다. 사회의 계급들이 상호 책무라는 강력한 망으로 결속될 때, 불평등은 참을 만한 것이 되고 엘리트지배는 정당하고 공정한 것으로 수용될 수 있다. 반면에 그는 자유당을 노동자들을 희생해서 중간계급의 이익만을 도모하는 "반국가 정당"이라며 경멸했다. 버크의 온정주의가 이제 디즈레일리로 인해 영국 보수주의의 정당한 정치적 의제로 승격한 것이다.

디즈레일리는 1874−1880년 기간 보수당정부의 수상으로서 자신의 사상을 본격적으로 현실에 적용시킬 기회를 갖게 된다. 그것은 1846년 필정부 붕괴 이후 실질적 권력을 지닌 최초의 보수당정부였다. 전간시절, 블룸즈버리 그룹의 스트레이치(Lytton Strachey)는 자신이 쓴 빅토리아 여왕의 전기에서 이 6년을 "흥분과 환희, 행복과 영광, 낭만의 6년"으로 묘사한 바 있다(Strachey 1948〔1921〕, 207).

실제로 디즈레일리 2차 내각은 대외 분야에서 글래드스턴 자유당 정부하에서 쇠잔해 가던 영국의 위상을 회복하는 데 진력했을 뿐 아니라, 집권 초기부터 노동조건, 노조운동, 보건과 생활조건, 교육 등 사회개혁과 관련해 괄목할 만한 입법적 성과를 거두었다. 특히 후자는 그 범위와 성격에서 19세기 영국의 어떤 정부의 사회개혁보다도 앞서는 것이었다(Lowe 2009, 241-243). 물론 여기에는 2차 의회개혁법 통과 이후 노동계급의 지지를 받아야 한다는 현실적인 다급함이 작용했다. 그러나 무엇보다 그것은 디즈레일리의 온정주의적 보수주의가 마침내 정치와 정책 수준에서 꽃을 피운 것으로 해석돼야 옳을 것이다.

1875년의 공중위생법과 노동자주거법은, B. H. 애봇의 말에 따르면, "향후 60년간 근본적 변화가 불필요할 정도로 근대적 공중위생의 기초를 놓았다." 같은 해의 식품의약품 판매법은 불량식품에 대한 엄격한 규제들 도입했다. 1876년의 인클로저법은 지주들의 토지 이용에 제한을 가하고 공공목초지 사용에 대한 공중의 권리를 보호함으로써 근대적 의미의 그린벨트 개념을 태동시켰다. 1874년과 1878년의 공장법은 노동시간에 대한 중요한 새로운 제한을 도입했다. 1875년에 제정된 노조관련법(The Conspiracy and Protection of Property Act)은 평화적인 피케팅을 합법화함으로써 이제 노조는 자신의 이익을 위해 개인에게 허용된 행동을 집단의 차원에서도 수행할 수 있게 되었다. 1876년의 고용주 및 근로자법은 계약 위반 시 고용주와 노동자를 동일하게 취급하도록 한 것이었다. 이로써 노동자에게는 형사법을 적용하고 사용자는 민사사범으로 취급하던 종래의 불평등 계약이 폐기되고 양쪽 모두에게 공히 민사법이 적용되게 되었다. 이러한 일련의 법들은 노조를 합법적이고 존경할 만한 단체로 인정하는데 있어서 괄목할 만한 전기를 만든 것이었다.

디즈레일리에 따르면, 이런 일련의 법들로 인해 "보수당은 노동계급의 지속적인 사랑을 얻을 수 있게 되었다." 그의 최고의 전기작가이며 보수당 사가인 블레이크는 "이러한 조치들을 통해 디즈레일리 정부는 19세기 어떤 정부보다도 많은 사회개혁을 일궈냈다"고 평가했다. 실제로 노동자들은 이런 조치들에 환호했거니와, 당시 기계공

노조지도자였던 맥도널드(Alexander Macdonald)는 "보수당은 5년 동안 자유당이 50년 동안 이룩한 것보다 더 많은 것을 노동계급을 위해 해냈다"며 감격을 토로했다.

디즈레일리는 1886년 글래드스턴의 자유당이 아일랜드 자치문제로 분열한 이후에도 보수당의 위상 제고에 많은 기여를 했다. 특히 그는 노동계급 투표의 상당 부분을 보수당 지지로 선회하게 만듦으로써 보수당을 진정한 의미의 전국정당으로 만드는 데 결정적인 역할을 했다. 그의 토리민주주의가 향후 보수당의 정신적 지주역할을 할 개념을 위한 기초를 마련해 주었다는 믿음이 힘을 얻어가고 있었던 것이다.

보수당의 보수주의가 디즈레일리에서 발원한 것은 물론 아니다. 그러나 그의 시대에 와서 비로소 보수당이 "재세례" 받았다는 견해가 일반적이다. 아직도 대다수의 보수당 정치인들은 디즈레일리를 보수당 보수주의를 위한 "예언자요, 대제사장이요, 또한 철학가"로서 위치 지우기를 주저하지 않는다(Blake 1985, 2-3). 특히 인민생활과 관련하여 그가 강조했던 도덕적 책무(noblesse oblige) 개념은 20세기 영국복지국가의 형성과 발전에서 보수당정부가 수행한 적극적인 역할과 관련하여 중요한 시사를 던진다.

무엇보다 디즈레일리는 일련의 사회입법을 통해 1867년의 개혁입법 때와 마찬가지로 자유당으로부터 개혁이란 카드를 선점할 수 있었다. 전 장에서 보았던 대로, 영국 근대복지체제의 효시를 이룬다는 자유당의 사회입법은 이로부터 한참 뒤인 1909−1911년의 애스퀴스 정부 때에 와서야 비로소 본격적으로 도입되기 시작할 터였다. 디즈레일리는 국내개혁 외에도 국가와 제국에 대한 민족주의적 정서를 부단히 고취함으로써 "애국적 요인"에 기초한 소위 "노동계급 보수주

의"의 견고한 지반을 마련하였다.[2)]

디즈레일리의 일국 보수주의사상은 그가 죽은 후에 랜돌프 처칠(Randolph Churchill, 윈스턴의 아버지)의 이른바 제4당(Fourth Party) 운동에서, 그리고 아일랜드 자치(Home Rule)문제로 글래드스턴과 갈등을 빚던 자유당 급진진영의 거물 체임벌린(Joseph Chamberlain)이 합류함으로써 정치적으로 계승되었다. 제4당이란 1880년 자유당, 보수당, 아일랜드당에 이은 4번째 당이란 의미로 보수당 개혁인사들의 모임에 붙여진 이름이었다. 겉으로 그것은 글래드스턴의 자유당뿐 아니라 솔즈베리(Lord Salisbury) 등 보수당지도부의 태만에 반발하여 조직되었지만, 실제적인 주된 목적은 처칠의 정치적 입지를 확보해 주는 것이었다.

랜돌프 처칠은 개혁과 근대화라는 디즈레일리 식 보수주의를 통해 노동계급의 지지를 선점하려 했던 개혁주의자였다. 그가 솔즈베리 내각의 재무장관이 됐을 때 제4당 운동은 마침내 결실을 보는 듯 했다. 처칠이 1886년 10월의 유명한 다트포드 연설(Dartford Speech)을 통해 주창했던 토리민주주의에 대한 프로그램은 가히 급진적이라 불릴 만한 것이었으니, 거기에는 공공의료와 주거개선, 강제적 국민보험, 의회개혁이 주요 개혁과제로 선언되었다. 그러나 수상이 복지 확

---

2) 보수당은 글래드스턴의 아일랜드 자치정책이 마침내 자유당을 분열시킨 1886년 이후 보어전쟁의 와중에서 치러진 1900년의 소위 '카키선거'에 이르기까지 영국정치를 사실상 지배했거니와, 이는 노동계급의 민족주의적 정서에 힘입은 바가 컸다. 1924년 1차 노동당정부가 '지노비에프 서신' 파동과 함께 노동계급 사이에 반러시아 여론이 비등하면서 보수당에 패하고, 대처의 보수당이 1982년 포클랜드 전쟁을 통해 형편없이 불리하던 여론을 일거에 반전시켜 재집권에 성공하고, 이후 노동당의 핵무기의 일방주의적 포기 정책이 지속적으로 대처의 재집권에 기여할 수 있었던 것도 유사한 맥락에서 설명이 가능하다(Garner and Kelly 1993, 76-77).

충을 위한 재정을 상속세와 가옥세의 인상을 통해 확충하고 국방지출을 삭감하는 대신 소득세와 차와 담뱃세를 줄이자는 그의 제안을 반대하자, 그는 즉각 재무장관직을 사임했다. 솔즈베리의 보수당은 그를 다시 복귀시킬 정도로 충분히 개혁적이지는 못했으니, 그의 사임을 계기로 영국정치에서 국내개혁에 대한 희망은 당분간 사라지고 말았다. 정치적 야망이 좌절된 처칠은 또한 1895년 45세의 젊은 나이에 세상을 뜨고 말았다.

버밍엄의 개혁적 시장으로서 명성을 떨치던 조지프 체임벌린은 격정적인 제국주의자이며 자유당 급진진영의 촉망받던 정치인이었다.[3] 그는 글래드스턴을 계승할 가장 유력한 인물이었지만, 글래드스턴의 아일랜드 자치(Home Rule) 노선에 반대하여 자유당과 사실상 결별하고 말았다. 1895년에 그는 배신자라는 비판 속에서 솔즈베리 보수당정부의 식민장관직 제의를 수락했다. 당시는 '팍스 브리태니커'의 절정기였거니와, 실업을 줄이고 노동을 돕고 무역 침체를 해결하는 최상의 길은 영국제국을 확장시키는 것이라고 확신했던 그로서는 재무장관 대신 식민장관을 택한 것이 이상한 일은 아니었다.

체임벌린의 노력은 주로 제국주의 정책에 집중되었다. 그는 내각을 사임하고 관세 복귀를 위한 운동에 전적으로 헌신했지만, 제국을 하나의 위대한 관세동맹으로 엮어보려는 그의 소망은 이루어지지 못했다. 그가 제기한 관세문제로 보수당은 분열을 거듭했고, 결국엔 1906

3) 체임벌린은 스스로도 버밍엄 시절 자신이 이룬 개혁정치의 성과를 매우 긍정적으로 평가했다. 그는 입법수단을 통한 평화적 혁명을 달성함으로써 개량적 입법에 대한 교조적 사회주의의 불신과 반개입주의자들의 공포를 모두 물리칠 수 있었다고 공언했다. 실제로 버밍엄 지방정부는 가스, 상수도, 쓰레기처리 부문을 통제하고, 병원, 목욕탕, 공원, 무료도서관 그리고 박물관을 제공했으며, 위생과 교육에 엄정한 기준을 적용함으로써 지방정부 사회주의로 불릴 만한 개혁들을 성공적으로 성취해 냈었다(Freeden 1978, 36).

년의 참담한 총선 패배로까지 이어졌다. 과거 필이 보수당을 분열시켰고, 로이드조지는 1차 대전 중에 자유당을 분열시킬 터이지만, 체임벌린은 이 두 거대 정당을 모두 분열시킨 유일한 정치인이라는 비난을 받았다.

그렇다고 그가 국내개혁을 포기한 것은 아니었다. 버밍엄 시장 시절 개혁정치인으로서 정치적 명성을 얻기 시작했던 체임벌린은 보수당이 사회개혁을 추진하길 희망했다. 1897년 노동자보상법이 도입되는 과정에서 중심적인 역할을 해냈던 사람이 바로 그였다. 이 법은—선원, 하인, 농업노동자를 제외한—노동자들에게 산업재해 보상금을 청구할 자격을 부여함으로써 적어도 정부로 하여금 고용주가 재해의 책임을 져야 한다는 원칙을 수용하도록 만들었다. 이 법의 적용이 모든 종류의 노동자로 확대된 것은 1908년의 자유당정부에서였다.

체임벌린은 말년에 이를수록 관세개혁과 제국문제에 온통 정신을 팔다가 막상 중앙정치 차원에서의 사회개혁을 위해서는 이렇다 할 기여를 남긴 바가 없었다(Lowe 2009, 288-289). 그가 솔즈베리에게 촉구했던 노령연금의 도입은 보수당정부가 보어전쟁으로 인한 전쟁비용의 압박을 받고 있던 상황에서 결국 실현되지 못했다. 그는 1906년 심장발작으로 은퇴한 후 제1차 대전이 발발하던 해에 파란 많은 생애를 마감했다. 그의 급진주의는 전후 보수당정치의 중심에 있게 될 배다른 두 아들 오스틴(Austin)과 네빌(Neville)에 의해 부분적으로 계승되게 될 것이었다.

솔즈베리 집권기(1885－1886년, 1886－1892년, 1895－1900년, 1900－1902년)는 아일랜드 자치를 둘러싼 자유당의 내분과 보어전쟁의 애국주의적 열기가 보수당에 유리한 환경으로 작용했던 기간이었다. 빅토리아 왕조와 함께 사라진 정치체제의 마지막 대 귀족이었던 솔즈베리는 민주주의의 확대를 의심스런 눈초리로 바라봤으며, 사회개혁에 소극적이었고, 죽을 때까지 이른바 자조(自助)의 완강한 지지자로 남아 있었다.

관세개혁 문제로 참담하게 분열되어 있던 보수당정부를 솔즈베리로부터 물려받은 사람은 그의 조카 밸푸어(Arthur Balfour)였다. 보수당은 1885년부터 4차례의 솔즈베리정부와 한 차례의 밸푸어내각(1902－1905)을 거친 후, 1906년 1월에 자유당에 정권을 넘겨주었다.

아서 밸푸어 보수당정부는 사회개혁과 관련하여 두 가지 시도를 했다. 하나는 1905년에 도입된 「실업자법」인데, 지방위원회를 설립하여 실업자에게 직장을 제공하는 것이 취지였지만 국가의 재정지원이 필요했다는 점을 놓쳤기 때문에 실패했다. 이보다 훨씬 중요한 시도는 1905년에 「구빈법에 관한 왕립위원회」를 설립한 것이었다. 찰스 부스와 비어트리스 웨브를 포함한 빈곤문제 전문가들이 참여했던 동 위원회의 목적은 구빈체계의 문제를 밝혀내고 개선점을 찾는 데 있었다. 위원회 내부에서의 첨예한 의견대립으로 단일의 결론이 쉽사리 도출되지 않았다. 논란은 주로 개인주의와 집산주의적 접근 사이에 벌어진 것이었다. 비어트리스 웨브와 훗날의 노동당의원인 랜즈버리(George Lansbury) 등은 구빈체계를 전면 폐지하고, 새롭게 설치될 노동부로 하여금 빈민구호를 위한 전국적 체계를 설립하여, 불황시에 직장알선, 재교육, 공공사업 등을 제공할 것을 주창했다.

그에 반해 해밀턴(Lord George Hamilton) 등 다수는 구빈체제를 확대하고 자선기관들을 보다 많이 활용하자는 쪽이었다. 이들은 자유주의를 벗어버리는 것이 진정 어려운 사람들이었다. 결국 합의점을 찾는 데 실패했고, 1909년에 이르러서 2개의 보고서가 별도로 제출되었다. 웨브와 그녀의 동료 3명이 작성한 소수보고서(Minority Report)는 빈곤의 주요인은 불황과 실업이고 불황과 실업은 다시 국민경제의 상태에서 기인한 문제들이라고 보았다. 따라서 빈곤문제의 해결을 위해서는 전국 수준의 국가개입이 필요하다고 주장했다. 다수보고서(Majority Report)는 해밀턴 경과 그의 14명 동료들이 만들었다. 이들은 빈곤의 원인은 경제적일 뿐 아니라 그 기원과 성격상 도덕적 측면이 강하다는 입장이었다. 즉, 빈곤은 당사자 개인의 결함에서 비롯된 측면이 크다는 것이다. 위원회 구성은 밸푸어 보수당정부가 했지만, 보고서들이 출간될 즈음에는 이미 애스퀴스 자유당정부가 빈곤문제를 해결하기 위해 무엇인가를 해오고 있었다.

이미 언급했던 대로, 디즈레일리 이후의 보수당, 곧 솔즈베리와 밸푸어가 지배했던 20년의 보수당 집권기간은 아일랜드 자치문제와 보어전쟁으로 인한 민족주의적 열기 그리고 보호관세 논쟁으로 사회문제는 거의 뒷전이었다. 의미 있는 사회개혁이란 사실상 전무했다. 이 두 사람은 디즈레일리나 랜돌프 처칠, 체임벌린과는 달리, 노동이나 사회 혹은 복지 등과 관련하여 이렇다 할 문제의식이 없었던 자조사상의 지지자들이었다. 그들에게 국가가 노년, 질병, 실업 등의 문제들을 책임져야 한다는 사상은 낯선 것이었다. 당시 제국의 문제에 압도되어 있던 보수당 내부에서는 오히려 제국의 확대와 개인주의 그리고 자유기업의 이념이 부상하고 있었다. 1906년 1월 총선에서 자유당에 참패한 밸푸어 정부는 1910년에 있었던 두 차례 총선에서 또 다시 참패를 당했다. 1906년부터 제1차 세계대전 종전 직후까지, 영국의 사회입법은 자유당의 급진진영 지도부에 의해 주도될 것이었다. 이에 관해서는 전장에서 이미 논의하였다.

3. 전간시절의 보수주의

자유주의가 온정주의적 보수주의를 제치고, 보수당정치의 전면으로 부상하기 시작한 것은 제1차 세계대전 이후의 일이었다. 특히 1923년 총선을 통해 노동당이 최초로 집권하고 자유당이 제3당으로 전락하면서 그러한 추세는 본격화되었다(Dangerfield 1966). 이제 자유당이라는 대안이 사라진 마당에, 보수당은 노동당의 '사회주의' 정치에 항거하는 유일한 우익 수권정당으로서, 점차 중간계급 유권자들의 자연스러운 지지 정당으로 간주되었다.

그러나 아직까지 하나의 일관된 도그마 혹은 정책원리로서 자유주의가 보수당정치의 대세를 형성한 것은 아니었다. 이는, 이미 언급했듯이 보수당의 보수주의가 기본적으로 어떤 거대 이론에 바탕을 둔 체계가 아닌, "지금 여기의 정치"(the politics of here and now)로 구현되고 실천되어 왔다는 사실과 무관하지 않다. 보다 순수한 의미의 (시장)자유주의 정책은, 훗날 히드(Edward Heath) 정부(1970－1974) 때에 '실패한 실험'으로 한 차례 시도되었다가, 대처 시대(1979－1990)에 와서야 본격적으로 추진되게 될 것이었다.[4)]

벤저민 디즈레일리가 개혁입법들을 통해 일국토리이즘 정서를 가시화시켰다면, 20세기 초 자유당의 애스퀴스와 로이드조지 정부가 도입한 사회입법들—여기에 관해서는 앞의 장에서 상세히 논의했다—은 차후에 전개될 영국식 합의정치(consensus politics)를 예기해 주는 것이었다. 복지관련 입법들을 위요한 이러한 합의의 정신은 제1차 세

4) 다음의 제5장 참조.

계대전 이후 보수당정부가 추진한 일련의 진보적 개혁들이 먼저 선을 보였다.

보수당은 볼드윈(Stanley Baldwin)이 당수로 있었던 1923－1937년 기간 다양한 규제입법과 사회입법을 도입하는 데 특히 많은 노력을 경주했다. 볼드윈은 연설과 저술 그리고 방송을 통해서 디즈레일리가 남긴 유산의 중요성을 기회가 닿는 대로 환기했다. 그에 의하면 디즈레일리가 '수정궁 연설'에서 강조했던 원칙들을 보수당이 고수하는 한 보수당정치는 "도무지 잘못될 수가 없었다." 무엇보다 젊은 개혁가들의 활약이 두드러졌다.

19세기 말 보수당의 개혁정치인 랜돌프 처칠의 아들 윈스턴 처칠은 처음엔 보수당의 보호무역 정책에 반대하여 자유당으로 당적을 옮겼다가, 전후에 볼셰비키에 대한 증오와 그로 인한 위기의식을 계기로 다시 보수당으로 복귀한 인물이었다. 로이드조지와 더불어 자유당 급진계열을 대표했었던 그는 자유당정부의 각료로 있을 때 이미 몇몇 사회개혁에 주도적으로 관여한 바 있었다. 처칠은 보수당에 복귀한 이후에도 자신이 "국가원조(state aid)의 앰뷸런스"로 불렀던 사회개혁 입법의 필요성을 지속적으로 강조했다.

그가 볼드윈내각(1924－1929)의 재무장관을 지내면서 무역고용청을 출범시키고 무역위원회법을 도입하여 의류직종에 최저임금을 법제화했을 때, 그는 자유시장원칙을 파괴하는 위험인물이라는 비난을 감수해야 했다. 1925년에는 금본위로의 복귀를 전격 추진함으로써 자신의 개혁 이미지에 일정한 손상을 입기도 했다. 파운드가치를 전쟁 전의 달러 대비 환율로 인상하면 긴축으로 인한 국내경제의 불황이 불가피할 수도 있기 때문이었다(스키델스키 2009, 22장 참조). 그럼에도 불구하고 대체로 처칠은 중산층을 위해 소득세율을 낮추고,

과부와 고아를 위한 기여연금제를 도입했으며, 연금수혜연령을 70세에서 65세로 낮추는 등 사회복지 관련 개혁입법의 도입을 위해 적극적인 역할을 마다하지 않았다.

볼드윈 정부의 보건장관을 역임했던 체임벌린(Neville Chamberlain) 또한—아일랜드 자치문제로 자유당과 결별하기까지 자유당 급진진영을 이끌었던—선친 조지프(Radical Joe)의 개혁 성향을 십분 계승했던 정치인이었다. 그는 사회문제에 관한 고도의 국가개입을 지지했고 또 그러한 입장을 줄곧 견지해 나갔다. 체임벌린이 정부 출범과 더불어 제안했었던 물경 25개의 개혁적 사회입법 가운데 21개가 성공적으로 법제화될 수 있었던 것은 두고두고 인구에 회자되었다. 그가 발의한 주택법은 새 주택을 짓는 모든 건설업자에게 보조금을 제공함으로써 7년 만에 100만 채의 주택을 완성할 수 있게 만들었다.

1925년에 법제화된 과부, 고아 및 노인을 위한 기여연금법은 사용자와 노동자, 국가가 모두 기여금을 내야 하는 강제적 보험제도였다. 이에 따라 65세부터 70세까지의 노동자들에게 가계조사를 거치지 않고 주당 10실링의 연금이 주어졌다. 부부에게는 1파운드, 과부에게는 10실링, 어린이들에게는 특별급부가(첫째 아이에게 5실링, 그 이후는 3실링), 그리고 고아에게는 주당 7실링 6펜스가 제공되었다. 동법은 1937년엔 자영업자에로 확대 적용되는 등 지속적으로 발전했지만, 배후의 원칙을 둘러싸고 논란이 끊이지 않았다. 국가(재무부)부담이 너무 적다는 것이 문제로 제기되기도 했고, 비기여연금이 존속됐기 때문에 70세가 되면 그리로 옮겨야 하는 행정상의 문제들도 논란거리였다.

특히 1927년의 실업보험법은 거의 전적으로 체임벌린의 작품이었다. 이로써 계약급부(covenanted benefit)와 무계약급부(uncovenanted benefit)의 구별이 폐지되었다. 이제 실업자가 직장을 찾고 있다는 진정성을 보일 수 있는 한 급부는 무기한 계속될 것이며, 기여를 조건으로 하는 계약급부 액수를 초과하는 추가급부는 이제 이행급부(transitional benefit)로 명명되었다. 결과적으로 노동자의 기여액이 증가하고 급부액수는 감소했지만, 마침내 보수당정부는 '국가에 의한 장기생활보조의 원칙'(the principle of long-term maintenance by the state)을 수용한 것이었다.

또한 1929년 보수당정부는 1백 년 가깝게 존속하던 수정구빈법의 폐지라는 큰 걸음을 내디뎠다(Lowe 2009). 동법의 폐기에 관해선 저명한 페이비언인 비어트리스 웨브가 1904년 이후 줄곧 주장해왔었다. 그러나 모든 정부들이 이 대담한 조치를 미루는 동안, 수정구빈법은 여전히 국가복지의 혜택을 받지 못하는 사람들의 최후 피난처 역할을 하고 있었다. 존 스티븐슨에 따르면, "대도시에서 죽은 사람들의 1/3에서 1/5이 구빈소 혹은 구빈법 진료소에서 마지막을 맞을 것으로 기대됐다." 실업이 만연할 때에는 150만이나 되는 사람들이 구빈법의 재정지원을 청구했고, 그만큼 지방정부에 가해지는 재정부담은 가중됐다. 네빌 체임벌린은 1929년 새 지방정부법을 제정하여 구빈법체계 전체를 폐기했고 모든 구빈소와 부속건물들을 지방정부에게 넘겼다. 이제 빈자에 대한 보호는 지방정부가 임명한 「공공부조위원회」(Public Assistance Committees, PACs)의 소관이 되었으며, 이를 위해 지방정부는 중앙정부로부터 보조금을 받을 것이었다.

1934년의 실업보험법은 앞에서 서술한 1927년 법을 개정한 것이었다. 그것은 보수당이 주도적으로 참여하던 거국정부의 작품으로 보험기여금에 따른 계약급부와 기여 없이 가계조사를 거쳐 제공되는 실업부조(unemployment assistance)를 구분했다. 후자는 재무부의 재정지원하에 새롭게 설치될 실업부조청(Unemployment Assistance Board, UAB)의 소관으로, PAC의 기능을 넘겨받게 될 UAB는 전국적인 망을 갖게 될 것이었다. 그러나 새로운 부조가 과거 지역적으로 PAC가 지불하던 구호액수보다 적다는 것이 밝혀지면서 몇몇 지역에서 저항운동이 일어났다. 결국 정부가 물러서서, 양쪽 가운데 더 높은 쪽을 택하기로 했다. 그 결과 10% 삭감이 다시 원래대로 돌아갔고, 급부는 14세부터 지급될 수 있었다. 어떤 지역에서는 부조액수가 임금보다 높았기 때문에 열등처우의 원칙이 마침내 사라진 셈이었지만, 가계조사에 대한 반발이 결코 만만치 않았다. 1936년에는 처음으로 농업노동자들에게 실업보험이 제공됐다. 1937년에 이르면 실업은 1,400만으로 1929년 이래 최저치를 기록했는데, 그에 따라 재무부에 가해진 재정적 압박도 줄어들기 시작했다.

전간시절 보수당의 진보진영을 대표하던 가장 중요한 인물은 맥밀런(Harold Macmillan)이었다. 저명한 출판가문의 일원이었던 그는 귀족적 연줄로 얽혀있던 전형적인 상류계층에 속한 인물이었다. 그는 아직 평범한 하원의원이던 1930년대에 자신의 지역구민들이 처해 있던 빈곤과 실업, 낮은 사기에 충격을 받았는데, 진보적 성향의 보수당원으로서 그의 정치적 진로는 바로 이런 경험에서 비롯된 것이었다. 맥밀런을 중심으로 한 보수당 진보진영은 1927년 『산업과 국가』(*Industry and the State*)를 발간하여 불황문제의 타결을 위한 국가계획의 필요성을 역설한 바 있었다.

이들의 사상은 1931년 「정치경제계획국」(Political and Economic Planning, PEP)의 창설로 이어졌고, 자유당과 보수당 정치인, 기업가, 은행가, 경제학자, 건축가, 도시개발자 등 다양한 색깔과 종류의 사람들이 거기에 관여했다. 이들은 1931년부터 수많은 보고서들을 통해 주거, 건강, 산업의 재조직과 재배치 등에 관한 상세한 계획안들을 세상에 선보였다. 이런 노력들은 1935년 이들이 경제발전을 위한 국가통제와 계획을 본격적으로 구상하기 위해 「5년을 내다보는 모임」(The Next Five Years Group)을 출범시켰을 때 절정에 달했다.

이 당시 보수당 진보진영의 사상적 입장은 맥밀런이 1933년에 펴낸 『거국정책을 위한 호소』(*A Plea for a National Policy*)와 1938년에 저술한 『중도』(*The Middle Way*)에서 가장 포괄적이고 정밀하게 제시되었다. 특히 후자에서 맥밀런은 이론적으로 순수한 자본주의나 사회주의가 역사적으로 존재한 적이 없다는 사실을 환기시키며, 자본주의와 사회주의를 대체할 대안적 경제질서를 주창하였다(Macmillan 1938, 109). 그는 자유방임적 경쟁이 얼마나 많은 낭비와 실업 그리고 빈곤과 불안을 야기했는지를 주목하고, 인간의 최소필요와 관련해서 국가의 책임과 계획의 불가피성을 강조했다.

그의 인식에 따르면, 영국은 이제 경제적 계획을 본격적으로 실시해야 할 단계에 도달했다. 자본주의는 '계획된 자본주의'로 이행함으로써 자본주의와 사회주의의 체제적 종합을 실험해야 하거니와, 시민적·민주적·문화적 자유를 보존하려는 희망이 거기에 달려 있었다(Macmillan 1938, 184-186). 맥밀런은 보수당이 지난 세기 말에 디즈레일리가 보여준 전범을 따라야 한다고 생각했던, 전간시절의 대표적인 '일국토리주의자'였다. 그의 『중도』는 보수당이 전전에 이미 케인스주의에 의해 침투되었다는 의견을 낳기도 했다. 그것은 2차 대전 종전 직후에 들어선 애틀리 노동당정부의 정책 실천에 영향을 미쳤을 뿐 아니라, 그 이후 맥밀런 자신이 수상으로 재직하던 6년의 기간 동안(1957-1963) 다양하게 실험될 터였다.

지금까지 언급한 것 외에도, 직접적인 복지관련 정책들은 아니지만, 전간시절 보수당의 국가개입주의를 보여주는 정책들은 적지 않다. 1920년대에만 볼드윈 정부는 철도산업의 재조직과 석탄산업의 임금과 이윤 보조제도를 실행에 옮겼고, 석유화학, 화학, 자동차, 전기 등 산업에서 경쟁을 규제하는 조치들을 도입했으며, '국민'정부의 이름하에 수입할당제, 통화관리, 가격과 산출규제, 산업위치 조정, 산업보조금 지급, 합리화, 감독 등 다방면의 개입을 시도했다(Lindsay and Harrington 1974, 68-87).

또한 보수당은 1926년에 영국방송공사(BBC)와 중앙전력청(CEB) 등을 시발로 하여 1934년에는 런던교통공사(LPTB)를 출범시킴으로써 전후의 노동당정부가 실행에 옮기게 될 대대적인 국유화 조치들을 오히려 선제하기도 했다. 이는 영국의 국유화 정책이 이념이나 어떤 추상적 원리가 아닌 실로 실천적 필요에 의해서 추구되었고, 상황에 따라서는 "지금 여기서의 정치"를 강조하는 영국 보수주의의 전통과도 부응할 수 있음을 보여준 것이었다(고세훈 1999). 실로 "경험적 국유화, 점진적 사회복지, 그리고 국가 주도의 경기부양"이야말로 30년대 볼드윈 보수당의 모토였다.

볼드윈은 당수에서 물러나기 직전까지 디즈레일리의 온정적 보수주의 기조를 이어갔다. 그는 주택법, 공공의료법 그리고 공장법을 연속적으로 통과시켰고, 개인주의나 자조(自助)가 아닌 '국민'과 '통합'의 명분을 끝까지 붙들고 놓지 않았다(Pugh 1982, 276). 요컨대 전간시절 보수당정부는 과감한 국가주의적 접근과 '일국토리주의' 정책 기조를 통해 계급갈등과 노동/보수 정당 간 대립구도의 완화를 위한 다양한 기여를 함으로써, 제2차 세계대전 발발 이전에 이미 영국정치에는 국가복지를 향한 혹은 국가개입주의를 위한 뚜렷한 '합의'가 존재했음을 증명해 주었다. 볼드윈이 때때로 '유사 사회주의자'라는 비난을 받은 것도 무리는 아니었다(Pearce and Stewart 1992, 419).

제 3 장

노동당정치와 페이비언주의

제 3 장 노동당정치와 페이비언주의(Fabianism)

노동당은 노동조합과 주로 런던을 거점으로 활동하던 3개의 사회주의단체들—페이비언협회, 독립노동당, 사회민주연맹—에 의해 1900년에 창당되었다. 그러나 하디(Keir Hardie)가 이끌던 독립노동당을 제외하면, 이들은 노동운동의 정치세력화 문제에 처음부터 매우 소극적이었다. 광부노조와 섬유노조를 포함한 대부분의 거대 노조를 비롯하여 전 노조원의 2/3 이상이 창당에 동참하지 않았고, 다음에 보듯이, 엘리트들에 의한 기존 정당에의 '침투와 설득' 전략을 강조하던 페이비언협회는 마지못해 참가했으며, 마르크스주의 단체였던 사회민주연맹은 창당 이듬해에 전격 탈퇴하고 말았다. 노동당이 '노동대표위원회'라는 정치적 노동단체로는 다소 소극적이고 모호한 이름으로 출발하여, 창당 6년 만인 1906년에야 비로소 노동당이라는 당명을 채택한 것도 참여 단체들의 이러한 소극성과 무관치 않다. 독립노동당은 노동당 내의 좌파단체로 남아 있다가 1932년에 노동당과 결별하고 쇠락과 소멸의 길로 접어들었다. 노동당 창당에 동참했던 사회주의단체들 가운데 오늘날까지 살아 있는 단체는 페이비언협회가 유일하다.

현존하는 영국 최고(最古)의 사회주의단체인 페이비언협회(Fabian

Society)는 노동당과 별개의 조직이지만, 노동당 창당 이후 지금까지 당의 단체 당원으로 있으면서, 노동당정치의 인적, 지적 산실의 역할을 수행해왔다. 21세기 벽두에도 노동당지도부, 노동당의원, 개혁적 지식인, 정치지망생 등이 망라된 7천여 명의 회원들이, 동 협회를 통해 자신의 정책적 입장을 조율하고 표출하면서 페이비언주의와 직간접적으로 관련을 맺고 있다. 또한 페이비언협회는 독자적으로 출판, 세미나, 대규모 대회 등을 통해 줄기차게 사회주의 이론과 정책에 관한 발언들을 쏟아냈다. 동 협회가 창립 직후부터 매년 평균 5-6편씩 펴냈던 페이비언 소책자(Fabian Tracts)는 영국의 국내외 정치, 정책의 거의 모든 쟁점들에 관하여 가장 권위 있는 분석과 대안을 담고 있는 것으로 평가돼 왔으며, 그 가운데는 영국 사회주의사에 기념비적인 작품으로 주목받는 것도 적지 않다. 어떤 점에선 노동당뿐 아니라 영국 사회주의의 발전 자체가 동 협회가 출판한 수많은 논문, 책, 팸플릿, 정책보고서 그리고 역시 그것이 간단없이 주도했던 토론, 강연, 선동, 교육에 절대적으로 빚진 것이었다. 페이비언협회의 인적·정책적 역량은 오늘날에도 노동당정치와 영국 사민주의, 나아가서 영국사회 전반에 막대한 정신적·이념적 영향력을 행사하고 있는 것이다(Hill 1996 참고).

1. 페이비언주의의 국가개입사상[1]

페이비언협회는 스코틀랜드 철학자인 데이비드슨(Thomas Davidson)이 1882년 결성한 신생활동우회(Fellowship of the New Life)에서 기원하였다. 원래 신생활동우회가 추구했던 것은 "개인 성품의 고양과 완성"을 통한 사회 개선이었으며, 그 궁극적 목표는 기독교윤리를 바탕으로 한 로버트 오웬 식의 공동체였다. 신생활동우회의 가장 탁월한 이론가였던 카펜터(Edward Carpenter)에 의하면 사회주의라는 '공적' 질서는 자기수련이라는 '사적' 과정에 의해서만 완성될 수 있다. 자기수련의 구체적 내용은 무엇인가? 러스킨(John Ruskin), 휘트먼(Walt Whitman) 등 19세기 기독교 사회주의자들의 압도적 영향을 받았던 카펜터는 자기수련이 육체노동의 의무와 존엄, 내핍적 소유, 그리고 건강(vital health)의 유지라는 3가지의 서로 밀접히 연관된 내용을 담고 있다고 주장한다(Skidelsky 1993, 14-16).

우선 육체노동은 인간과 자연의 긴밀한 관계를 지탱시키며 소유에 대한 진정한 권리의 원천이다. 육체노동이야말로 생산이라는 공동의 경험을 통해 모든 계급을 융화시키는 유일한 길이다. 상층계급의 가장 큰 문제는 거기에 속한 사람들이 부의 생산자가 아니라 소비자일 뿐이라는 데 있다. 중요한 것은 내핍적 소유이며 그것은 두 가지 목적을 가진다. 첫째는 사적 소유에 내재하는 기생적 요소를 제거하는 것이고, 둘째는 개인을 사적 소유에의 예속 혹은 그에 따른 노예적 삶으로부터 해방시키는 것이다. 카펜터에 따르면, 자신의 노동이 창

1) 페이비언주의에 대한 다음의 논의는 고세훈이 번역한 쇼 외『페이비언 사회주의』(2006)에 많이 의존했다.

출한 것 이상을 소유하는 것은 곧 타인의 미지불 노동(unpaid labour), 마르크스의 용어를 빌리면, 잉여가치를 착취하는 것이다. 이러한 '과도한' 소유는 도덕적으로 정당화될 수 없을 뿐 아니라 그것의 가장 큰 폐해는 그 소유주의 영혼을 파탄시킨다는 데 있다.

예컨대 부자의 저택에서 전형적으로 발견되는 "음산한 정물들"에 대한 카펜터의 묘사는 신랄하다. "서가에 방치된 채 썩어 가는 수백 권의 책들", "곰팡내 나는 가구가 즐비한, 좀처럼 사용되지 않는 내실과 침실", "한 번도 입혀지지 않은 채 옷장 깊숙이 걸려 있는 잊혀진 드레스들", "금고 속에 쌓아 둔 현금, 유가증권, 각종 증서 그리고 보석들…" 그러나 상층계급 사람들의 가장 취약한 부분은 자기수련의 마지막 요소인 건강과 관련해서이다. 그들은 육체노동을 하지 않고, 옷차림은 신체를 옥죔으로써 몸의 모든 주요 기관들을 병들고 퇴화시키며, 육류 중심의 식단으로 인해 육체는 언제나 인위적인 흥분 상태에 있다. 카펜터가 추천한 것은 주머니가 밖에 달린, 손으로 짠 홑 모직옷이었다. 특히 그는 발을 매우 중요하게 생각해서, '샌들의 사도'로 불리며 손수 샌들을 만드는 데 많은 시간을 소비했다.

신생활동우회 회원들은 부자들이 개인적 삶을 단순화시킬 수만 있다면, 부의 재배분은 자동적으로 이루어질 것으로 보았다. 개인적 삶의 개선이 곧 인류의 발전으로 이어지는 비결이 거기에 있었다. 이들의 자본주의적 경쟁체제에 대한 비판과 사회개혁을 향한 열정의 배후에는 개인의 윤리적 완성이라는 도저한 방법론적 개인주의가 자리 잡고 있었던 것이다. 훗날 쇼(George Bernard Shaw)는 이상사회의 건설이 개인의 인격적 완성에 의존하는 한 우리는 "불합리할 정도의 장구한 세월을 기다려야 할 것"이라고 꼬집었지만, 사회주의가 이론으로 뒷받침되지 않고 운동으로 확대되지 않을 때 그것은 관념 혹은 윤리체계에 머물 수밖에 없다. 공동체운동으로서의 신생활동우회가 대중 동원과 무관하게 존재하다가 결국 실패할 수밖에 없었던 이유도 바로 거기에 있었다.

실제로 가장 빈번히 제기되는 비판에 따르면, 신생활동우회가 주창하는 검약과 절제는 부자들이 스스로의 부를 정당화시키는 습관적 방편에 불과했다. 부자들의 부는 그들이 사회에 부담시킨 렌트에 다름 아니며, 비생산적 렌티어(rentier)가 형성하는 거대한 계급은 그 자체가 공동체에 부담이며, 빈곤의 원인이다. 공동체야말로 이를 역전시킬 수 있는 유일한 주체이지만, 빈곤의 박멸이라는 문제는 모든 사람이 자신의 소유를 자발적으로 포기할 때까지 기다려야 하는 한가한 문제가 아니었다. 부자의 삶은 공동체에 의해 '강제로' 단순화돼야 한다. 이때 신생활동우회의 '감상주의'는 오히려 거추장스러운 방해물일 뿐이다.

신생활동우회는 창립 2년 만인 1884년, 심리학자이며 훗날 오웬의 전기작가가 될 포드모어(Frank Podmore) 등 핵심 회원들이 탈퇴함으로써 그 짧은 실험의 막을 내렸다. 페이비언협회는 이들이 '윤리보다는 경제'라는 기치를 내걸고 같은 해인 1884년에 새롭게 출범시킨 단체였다. 앞에서 밝혔듯이, 페이비언협회는 정당을 제외하면 가장 역사가 긴, 그리고 아마 모든 사회주의단체들 가운데 가장 생산적인 단체로 간주될 수 있을 것이다. 창설 직후 동 협회에는 훗날 페이비언주의, 때로는 영국 사회주의와 동의어가 되기도 하는 기라성 같은 인물들이 속속 가입한다. 창립 직후에 쇼가 그리고 다음 해에, 쇼의 권유로 웨브(Sidney Webb)가 가입했고, 웨브와 함께 식민청에 근무하던 올리비에(Sydney Olivier)와 80년대 말 성냥공장 파업을 조직함으로 신(新)조합주의를 선도했던 베전트 부인(Annie Besant)도 비슷한 시기에 협회와 연결을 맺었다.

페이비언협회는 중산층 지식인들의 조사, 연구, 토론을 위해, 그리고 주로 지식인과 정치엘리트를 대상으로 한 침투와 설득을 위해 창설됐고 또 활동해왔다. 당시 대표적 마르크스주의 단체였던 사회민주연맹이 대중을 상대로 한 선동과 운동으로서의 사회주의에 역점을 두었던 것과는 대조적이다.

그러나 단일의 페이비언주의를 규정하기란 쉽지 않다. 사실을 말하자면, 페이비언협회는 대외적으로 공식적 프로그램이나 원칙을 표방하는 것을 즐기는 편이 아니었다. 창설 4년 뒤인 1889년에 페이비언협회는 유명한 『페이비언사회주의논집』(*Fabian Essays in Socialism*, 이하 『논집』)을 발간함으로써 초기 페이비언들의 사회주의관(觀)을 최초로 공개한 바 있다. 그 이후 지금까지 협회 이름으로 발간된 수많은 논문집과 팸플릿을 통해 페이비언 개인들도 영국 사회주의사에 기념비적인 명저들을 줄기차게 선보였다.

그러나 지금까지 노동당정치와 영국 사민주의에 대한 페이비언의 영향력은 협회 차원이 아닌, 페이비언주의의 대략적 원칙에 동의하는 페이비언 개인들 수준에서 자유롭게 행해진 것이었다. 많은 사람들이 페이비언주의를 사상의 일관된 체계로 보기보다는 하나의 접근방법 혹은 산업의 생산적 조직을 위한 특정의 관점으로 이해하는 것도 이 때문이다. 이런 점에서, 페이비언이라는 이름이 "로마 장군인 파비우스(Fabius—지연자란 의미)가 한니발과의 전쟁에서 그랬던 것처럼 적당한 때가 올 때까지, 비록 많은 사람들이 비난할 지라도 참을성 있게 기다리되, 일단 때가 도래하면 모든 기다림이 헛되지 않도록 역시 파비우스처럼 사정없이 내리쳐야 한다"는 비유에서 유래하였다는 점은 시사적이다(Pease 1963〔1916〕, 39).

페이비언들이 특정의 사상에 의해 배타적으로 영향을 받았다는 기록도 없다. 이들은 역사를 경제잉여를 위요한 계급투쟁의 역사라는 마르크스주의 개념을 수용했지만, 사회주의를 위해 먼저 기존의 체제가 절멸돼야 한다는 개념은 받아들이지 않았다. 『논집』이 나올 무렵, 영어로 번역된 마르크스의 저작들도 거의 없었고, 마르크스의 역사철학을 담은 유명한 "정치경제학비판 서문"조차 1880년대에는 아직 소개되기 전이었다. 오히려 그들은 제러미 벤담이나 존 스튜어트 밀 등으로 이어진 영국의 급진주의 전통과 실증주의적 사고에 훨씬 친숙했다고 보는 편이 옳을 것이다.

예컨대 쇼는, 『진보와 빈곤』이라는 저서를 통해 토지에 대한 단일세를 주창하여 유명해진 헨리 조지의 강연을 듣고 경제학에 눈을 뜨지만, 곧 영국박물관에서 『자본론』을 독파한 후 사회주의자로 전향했다가, 다시 비국교도 목사이며 수리경제학자인 P. 위크스티드와의 논쟁을 거치면서 마침내 마르크스와 결별하였다. 쇼의 권유로 페이비언협회에 가입할 당시 식민청의 관리였던 시드니 웨브는 쇼로 인해 마르크스의 저작을 접하기도 했지만 그의 사상에 지속적인 영향을 미쳤던 인물은 마르크스가 아닌 존 밀이었다. 『논집』의 또 한 저자인 베전트 부인 또한, 1880년대 말 일련의 파업을 주도하며 이른바 '신노동조합주의'를 촉발시켰던 불굴의 운동가였지만, 협회에 가입하기 전에는 영국 급진진영에 오래 몸담아 왔던 신(新)맬서스주의자였다. 훗날 견신주의자의 대모로 추앙받게 될 그녀를 유물론적 사고와 연결시키는 것은 쉽지 않은 일이다.

사실 『논집』에서도 확인되듯이 19세기 말 이래 영국에서 마르크스주의에 대한 가장 혹독한 비판은 보수당이나 자본진영으로부터 온 것이 아니라 페이비언들로부터 왔다고 해도 과언이 아니다. 특히 20세기에 가까이 오면서 '사회주의자'라는 용어가 공포 혹은 경멸의 옷을 벗고 점차 교양과 상식을 갖춘 사람들의 친숙한 일상어로 변하기 시작한 데에는 페이비언협회의 공헌이 지대했다. 이런 점에서 페이비언주의가 마르크스주의의 영국식 변형으로 치부되는 것도 적절한 평가는 아니다. 오히려 영국 사회주의를 마르크스주의로부터 구한 것이 페이비언주의이며, 대륙의 마르크스주의가 영국 사회주의에 영향을 미친 것보다 페이비언주의가 대륙의 사회주의에 영향을 미친 바가 더 컸다고 보는 편이 훨씬 사실에 가깝다. 예컨대 '수정주의자'라는, 당시 대륙 사민주의에서는 일종의 '모멸'의 언어를, 오히려 자랑스러워했던 E. 베른슈타인은 페이비언에 대한 자신의 외경을 노골적으로 드러내곤 했다. 그는 1899년에 처음 출간되어 독일 사민당 내부의 이른바 수정주의 논쟁을 촉발시켰던 『점진적 사회주의』의 주요 논점들이 자신의 런던 체류 중에 있었던 페이비언들과의 교류를 통해 구상됐다고 고백했다.

이러한 관점에서 보면, 페이비언 저작들을 관류하는 '합헌주의'(constitutionalism)와 '점진성의 불가피성'의 정신이야말로, 페이비언주의의 모든 이론적·전략적 논의를 파생시킨 가장 중요한 원칙일 것이다. 방법에 대한 탐구가 때때로 내용을 규정한다면 페이비언들의 경우야말로 이 점을 가장 극명하게 보여주고 있기 때문이다.[2)]

페이비언주의 연구가인 윌라드 월프에 따르면, 페이비언들의 합헌주의는 당시 일부에서 유행하던 모리스(William Morris)의 낭만적

2) 마가렛 코울(Margaret Cole)—경제사가, 사회주의 이론가이며 페이비언협회 집행부의 의장을 역임했던 조지 코울(G. D. H. Cole)의 부인—은 페이비언주의는 "사회주의의 불가피성과 점진주의의 불가피성" 두 구절로 요약될 수 있다고 단언한다(Cole 1955, 11).

무정부주의와 사회민주연맹의 하인드만(Henry Hyndman)이 주창하던 혁명적 마르크스주의에 대한 명백한 거부, 그리고 사회주의의 불가피(역)성에 대한 도저한 낙관을 담고 있는 것이었다(Wolfe 1975, 177-178). 페이비언들은 파국주의(catastrophism) 혹은 혁명의 불가능성에 대해 기회가 있을 때마다 강조했다. 예컨대, 협회 출범 당시 시인이고 명공(名工)이며 가장 위대한 사회주의자로 추앙받던 윌리엄 모리스가 "노동자들에게 혁명 외에 희망은 없다"고 말했을 때, 페이비언협회의 명실상부한 지성으로 간주되던 쇼는 "만일 그것이 사실이라면 노동자들에게는 진정 희망이 없다"고 되받았다. 그는 노동자들에게 의회, 지방정부 그리고 선거권을 통해 스스로를 구원하라고 촉구했었다. 쇼에 따르면, "7명의 죄수가 갇혀 있는 바스티유 감옥을 무너뜨리는 것과 1,400만(당시 영국 노동자의 숫자)의 죄수가 있는 감옥을 파괴하는 것은 전혀 다른 일"이었다. 그에게 파국주의자들이란, 수많은 상식적 시민들로 하여금 사회주의를 혐오하게 만들 뿐 아니라 때때로 사회주의의 이름으로 선거에 참여하여, "어떤 '인간' 후보자에게도 상상하기 어려운 정도의 무참한 득표를 기록함으로써, 자본가 정당들을 새삼 안심시키는" 존재들이며, "공공문제에 관하여 무지하고 무능해서, 그들이 취하는 극단적 입장은 많은 경우 불가능한 것에 대한 요구 뒤에 숨어서 실은 아무 일도 하지 않는 것을 정당화하는 구제불능자들(impossibilists)," 곧 운동의 주력 진영에 막대한 폐를 끼치는 백해무익한 섹트에 불과했다.

궁극적으로 페이비언협회의 목적은 "토지와 산업자본을 개인과 계급소유로부터 해방하여 보편적 이익을 위한 공동체 소유로 전환시킴으로써 사회를 재조직하는 것"이며, 그것이 주창하는 사회주의 개혁의 핵심적 원칙은 "생산수단의 사적 소유권을 집산적 소유와 통제로 대체하는 것"이다(Olivier 1888, 18; Webb 1894, 3). 『논집』에서 윌리엄 클라크가 말했듯이, 페이비언들은 (봉건주의 혹은 노예제만큼 확실하게 잔혹과 억압의 경향을 보이는) 자본주의를 대체하는 생산수단의 공공(지방정부 혹은 중앙정부)소유의 실현을 사회주의의 핵심적 내용으로 간주하는 데는 이의가 없었다. 그러나 그들은, 자본주의의 지대추구 관행과 사적 경쟁이 낳는 폐해에 대해 치열한 문제제기를 지속하면서도, "무정부주의, 폭력, 혼돈"을 그보다 더 혐오했다. 페이비언들에게 사회주의는 더 나은 상태로의 부단한 실현 중에 있는 과정이었다. 따라서 그것은 언제나 정도의 문제일 뿐, 유토피아 설계자들의 "강렬한 상상력이 동원된 지적 곡예"의 산물이거나 과학적 법칙에 따라 도래될 어떤 종착지, 곧 "창조될 뿐, 축조(築造)되지 않는" 새 예루살렘을 지시하는 것이 아니었다.

이처럼 한 사회가 개인주의에서 사회주의로 넘어가는 접촉점이 상정되지 않을 때, 사회주의는 매우 포괄적인 의미를 띨 수밖에 없다. 예컨대 페이비언들의 공공소유는 국가'기능' 혹은 국가'통제'의 강화 혹은 시민사회에 대한 국가영역의 확대라는 보다 광의의 함의를 지닌 것이었다. 이러한 입장에 따르면, 불가피하고 점진적인 과정으로서의 사회주의는 중앙 혹은 지방정부에 의한 사기업의 인수뿐 아니라 사기업에 대한 국가의 다양한 규제방식—누진세제, 사회입법, 그리고 등록, 조사, 각종 규제 등—혹은 국가기능의 확대와 동일시되기도 하며, 심지어는 주식회사, 기업동맹, 트러스트 등 독점체의 발전도 국가나 지방정부로의 산업 이전을 위한 준비단계로서 긍정적으로 수용된다.

페이비언 합헌주의의 근저에는 사회주의가 민주주의와 전문엘리트를 도구로 성취될 수 있다는 확신, 따라서 『논집』 출판 즈음엔 영국의 사회주의는 이미 상당히 진척되었다는 평가가 깔려 있었다. 즉 페이비언 집산주의가 주로 국가 활동의 확대로 규정될 때, "생산수단의 사적 소유가 이모저모로 규제되고, 제한되고, 대체된 영국에서 사회주의는, 우리가 알지 못하는 사이에 이미 상당히 성취되었으며… 금세기 영국의 경제사는 사회주의로의 거의 지속적인 발전의 기록이었다." 실제로 『논집』이 출판될 즈음 영국은 이미 3차례의 선거법 개정을 통해 성인 남성노동자들에 대한 투표권이 급속히 확대되고 있었다. 또한 노동자의 집단(계급)적 정치활동에 대한 법적 제약은 더 이상 존재하지 않았으며, 공장법과 교육법 등 수차례의 개정을 통해 점차 정교해진 다양한 사회입법들로 인하여 자본주의의 관행들이 구체적인 규제를 받아 왔다. 무엇보다 세기 전환기의 영국 하원은 더 이상 1830년대와 40년대 차티스트들의 국민청원을 무자비하게 거부하던 때의 의회가 아니었다.

페이비언들에게 19세기 말 영국에서 사회주의는 '이미' 상당한 진전을 보고 있었다. 또한 그것은 불가피한 대세였기 때문에, 사회주의로의 이행이 특별한 파국적 계기를 동반할 필요는 전혀 없었다. 요컨대 페이비언들이 주창한 사회주의는 일종의 국가사회주의였다. '역사적' 국가란 본래적인 계급편향성을 지닌 것은 아니며, 근본적으로는 중립적인 도구로서, 활용하기에 따라서 얼마든지 유익하고 자비로울 수 있었다. 쇼에 따르면(Shaw 1896, 5),

> 페이비언협회가 주창하는 사회주의는 전적으로 국가사회주의이다… 영국은 현재 정교한 민주적 국가기구를 가지고 있다… 우리에게는 대륙의 군주제 국가들에서 볼 수 있는 국가와 인민 간의 대립이라는 장애물이 없다. 예를 들면, 독일에서처럼 국가사회주의와 사회민주주의 간의 구분은… 영국에서는 의미가 없다.

따라서 결정적인 것은 '경제적 토대'가 아니라 '제도적 상부구조'였다. 상부구조로서의 국가에 대한 페이비언의 집착은, 국가가 철저하게 민주적 의회의 통제를 받는 한, 노동계급의 이해는 국가활동(입법 등)을 통해 증진될 수 있다는 확신에 입각한 것이었다.

특히 이들은 민주주의와 사회경제적 문제 혹은 사회주의와의 불가피한 관계성에 주목했다. 사실을 말하자면, 그들에게 사회주의란 민주적 이상의 경제적 측면에 다름 아니었다. 쇼에 따르면 "국가는 무정부주의자들의 주장에도 불구하고, 계급에 대항하여 인민에 의해 사용될 수 있는 한에서만 인민에 대항하여 계급에 의해 사용될 수 있을 것"이었다. 국가기구가 "계급 압제의 도구"로 이용되고, 현실적으로 수많은 국가들이 "잔혹한 무력을 사용하여 빈자를 착취하고 노예화하는 거대한 기계"로 된 단 하나의 이유는 그것이 아직 충분히 민주적이지 못했기 때문이며, 정치적 민주화가 진행될수록 모든 국가기구는 사회의 보편적 복지를 위해 활용될 수 있다고 주장하였다(Shaw 1893, 25-27).

훗날 시드니 웨브도, "사회주의는 정치적 민주주의에 뿌리를 두고 있다. 우리의 목표에 이르는 모든 단계는 우리가 인민 다수의 동의와 지지를 여하히 확보하는가에 달려 있다"고 강조하였다(Labour Party 1923, 178). 그는 "정치행정에서의 민주주의가 지배적인 원칙인 한 그것의 경제적 대응인 사회주의의 도래는 자명한 일이며, 프롤레타리아의 정치력이 증가하는 만큼 그것은 그들을 경제와 사회적으로 보호하는 데 사용될 터인데, 이 점은 금세기 영국의 역사가 정당화시켜 준다"고 설파하였다. 정치적 민주주의는 자동적으로 사회경제적 민주주의로 이어질 것이라는 낙관이었다.

페이비언들이 국가의 중요성과 절차적 민주화의 막중한 의의를 강조하면서도, 스스로를 민주주의자가 아닌 사회민주주의자로 불리기를 고집했던 이유가 여기에 있다. 이들에게 국가가 불신받는 이유는, 민주주의가 불완전하게 정착돼서 국가가 무능과 부패에 오염돼 있을 때이다. 따라서 무능한 국가에게 생산과 분배를 맡길 수 없다는 자유주의자 혹은 반국가주의자들의 상투적 비난이나 협박은 오히려 페이비언들을 더욱 강고한 민주주의자로 만들 뿐이었다. 이미 언급한 것처럼 페이비언주의가 의회민주주의야말로 자본계급이 국가를 자신의 기득 이해를 위해 활용하지 못하게 막아주는 유일한 장치라고 확신할 수 있었던 데에는, 영국에서의 정치적 민주화가 착실히 진전되고 대륙의 급진적·이념적 노동운동이 상대적으로 취약하던 상황에서 형성된 이른바 '영국예외주의' 담론이 크게 작용하였음은 물론이다.

쇼의 말대로 이들은 "형이상학적 논쟁으로 시간을 허비할 생각이 전혀 없었고… 바리케이드에 등을 돌리고 영웅적인 패배보다는 지루한 성공을 택하기로 결정했다." 이들에게 사회주의로의 이행의 연속성을 담보해 주는 것은, "시대정신"이나 구조가 아닌 정치인, 행정인, 전문가 등과 같은 구체적 행위자들이었다. 웨브에 의하면, 너무나 당연하게도, 법안은 입법가들 없이는 통과되지 않으며 지방의원들 없이는 지역도서관은 건립될 수 없고, 전문가들이 없다면 지방정부에 의한 산업의 조직과 경영은 애초부터 불가능한 일이다. 그에게 인간은 "위원회를 만드는 동물"이었으며, 인간의 부와 건강 그리고 행복 등을 주로 좌우하는 것은 다름 아닌 공공행정이었다. 웨브는 스스로를 벤담과 밀의 계승자라고 공언한 바 있다. 실제로 법과 행정을 통한 개혁의 가능성에 대한 무한한 신뢰, 그것이야말로 페이비언들 모두의 사상을 꿰뚫는 일관된 주제였다. 이들이 대륙의 철학적 전통과는 뚜렷이 구별되는 영국 자유주의의 급진적 전통과 자료, 통계를 바탕으로 한 엄밀한 사실조사라는 실증주의적 태도를 국가행위의 중심개념으로 삼았던 것은 당연한 일이었다.

특히 페이비언들은 사회주의의 실천과 관련하여 지방선거와 지방정부의 역할에 관심을 고조시키는 데 많은 기여를 했다. 만일 모든 주요 지역에 웨스트민스터 의회와 같은, 민주적으로 구성된 지역적 통치체제가 존재하지 않는다면, 민주국가가 사회민주국가로 되는 것은 무망한 노릇이었다. 이들이 런던 지방정부의 행정개편을 주도했고, 독립노동당의 많은 당원들을 지방정치무대로 진출시켰으며, 협회 내에 '지방정부정보국'을 상설화하여 지방의원들의 활동을 위한 재정을 후원하고, 그들의 정책 활동을 위해 문헌과 자료를 지속적으로 제공했던 일 등은 모두 이런 인식에서 비롯되었다.

언제나 소수였던 페이비언들이 결코 우호적이지 않은 정치적 환경에서도 주택, 의료, 구호, 교육 등과 관련한 수많은 사회입법들을 도입시킬 수 있었던 것도 지방정치에 대한 그들의 집요한 관심 때문이었다. 페이비언 지방정부화(municipalization)에서 또 하나 주목할 만한 것은 지방정부의 기구를 산업조직으로 활용한 것이었다. 그들은 사기업들에 대해서는 새로운 지방정부 소유의 산업을 만들어 경쟁시킴으로써 그 권력을 축소시켜 나갈 것과, 그럼으로써 처음엔 몇몇 기본 산업에 한정됐던 지방정부의 생산수단 소유 범위를 점차 확대시켜 나갈 것을 주창하였다. 지방정부 사회주의(municipal socialism)에 대한 페이비언의 전략은 가스, 수도, 전기, 석탄 등 기본적 공익산업을 제외하면, 사기업은 국유기업과 당분간 병존하며 궁극적으로 "순전히 효율과 우월한 고용조건에 의해서 공기업이 경쟁 사기업을 몰락시킬 것"이라는 개념에 입각한 것이었다. 지방정부의 영역 확대와 관련된 이들의 구상이 종종 '가스와 상수도 사회주의'(gas and water socialism)에 머문 것이라고—오도되어—폄하되는 것도 이러한 맥락이었다.

국가주의적 사고, 점진성의 불가피성, 지방정부 사회주의 등과 더불어 페이비언의 전략적 지향을 가장 명료하게 보여주는 것이 침투(permeation) 개념이다. 페이비언들은 독자적 정치단체를 창당하기보다는 스스로 기존 정당이나 단체에 침투하여 설득(persuasion)을 통해 지도부를 사회주의자로 전향시키고, 궁극적으로 그들을 통해 자신들의 개혁정책을 실현시킬 수 있으리라고 낙관했다.[3] 예컨대, 페이비언협회가 노동당 창당에 참여했던 것도 '위대한 노동연대'라는 대의를 저버릴 수 없었기 때문이었다. 노동당 단체회원으로서 협회는, 창당 당시부터 한동안 노동당 정치에 대해 무관심에 가까운 소극적 태도를 견지했을 뿐 아니라 노동당의 장래에 관해서도 지극히 회의적이었다(고세훈 1999, 제1장). 실제로 이미 19세기 말에는 기존 정당들이 모두 다양한 사회입법을 시도하고 있었기 때문에 협회의 침투전략은 상당한 현실적 근거를 지닌 것이었다. 20세기에 들어서면 토머스 힐 그린, 레너드 홉하우스, 존 홉슨 등 신자유주의자들 혹은 급진적 자유주의자들의 국가개입 정서가 자유당 내에서 광범위한 호응을 얻고 있었고 정책사안 별로 국가개입이 이미 상당히 진척되고 있었다.[4]

---

3) 물론 페이비언들이 모두 침투전략에 동의한 것은 아니었다. 『논집』의 저자 중 한 사람인 허버트 블랜드(Hubert Bland)는 애초부터 침투전략 자체에 동의하지 않았을 뿐 아니라 신(New)자유주의나 자유당의 급진주의 전통을 탐탁하게 생각지 않았다. 블랜드가 사회민주연맹의 혁명적 마르크스주의를 반대한 것은 사실이지만 그는 또한 사회주의로의 진전을 국가통제의 확대와 동일시한 웨브의 견해에도 찬성하지 않았다. 오히려 그는 사회민주연맹이나 다수 페이비언들이 늘 못마땅하게 바라보던 보다 대중적 기반을 가진 사회주의 정당에 관한 구상을 지지했다. 그러나 이러한 입장은 런던 밖의 페이비언협회 지회들의 지지를 받기는 했지만, 페이비언협회의 중핵을 형성한 런던 본부 내부에서는 지극히 소수에 한한 것이었다(쇼 외 2006 참조).

4) 앞의 제1장 2. 참조.

또한 페이비언들은 런던 등 대도시에서 자유당의 급진진영을 포함한 다양한 급진세력들과 다양한 개인적 유대를 갖고 있었다. 1880년대 말부터 페이비언협회의 지부들이 잉글랜드 북부를 중심으로 널리 결성되었다. 물론 협회의 주 거점은 영국 특유의 급진적 자유주의 전통이 강하게 유지되던 런던이었다. 당시 런던에는 1886년에 형성된 대도시급진연맹(Metropolitan Radical Federation, MRF)을 중심으로 급진주의자들이 대거 집결해 있었다. 특히 MRF는 자유당의 거물 정치인이었던 조지프 체임벌린의 전국자유연맹과 협력하여 진보적 사회입법의 도입을 위해 다방면의 노력을 아끼지 않았다. 쇼와 웨브 등 대표적 페이비언들은 MRF에 속한 급진단체들에 초청되거나 의도적으로 침투함으로써 강연, 연설, 토론을 주도했으며, 이들의 압력으로 개혁안들을 입법화시키는 데 결정적인 영향력을 행사했다.

1891년 자유당이 채택한 급진적 정책강령인 뉴카슬 프로그램은 MRF를 통한 '침투와 설득전략'의 승리를 확인시키는 대표적인 사례였다. 심지어 웨브는 자유당이 이제 자본주의적 구각을 탈피하고 집산주의적 노선에 입각한 노동계급 정당으로서 재출발할 것이라고 낙관할 정도였다. 『논집』에 있는 쇼의 후기가 자세히 기술하고 있듯이, 때때로—예컨대, 자유당정부가 아일랜드 자치문제에 몰두하다가 뉴카슬 프로그램의 개혁안들을 공약(空約)으로 만들고, 남아프리카 전쟁에서 친(親)보어 노선을 택했던 자유당지도부가 웨브, 쇼 등 영국정부를 지지하던 페이비언들과 불화를 빚었을 때—협회와 자유당은 매우 껄끄러운 관계로 발전하기도 했다. 그러나 페이비언들은, 1911년 자유당정부가 비어트리스 웨브의 「구빈법위원회 소수보고서」를 거부할 때까지, 자유당에 침투하여 그것을 전향시키려는 의지를 포기하지 않았다. 사실 페이비언의 침투전략은 자유당뿐 아니라 당대의 집권당을 모두 침투 대상으로 간주할 정도로 끈질긴 것이었다. 페이비언들은 아서 밸푸어 보수당정부와도 긴밀한 관계를 유지했는데, 예컨대 1902년의 교육법은 거의 페이비언들(특히 웨브)의 작품이었다.

페이비언협회의 침투와 설득전략은 페이비언들에게 뿌리박힌 엘리트 의식과 무관치 않았다. 실제로 페이비언들이 정치엘리트와 행정가, 전문인의 역할에 초점을 맞춘 엘리트주의에 빠져있다는 비판은 결코 낯선 것이 아니었다. 페이비언들이 대부분 중산계급 출신의 지식인이었다는 점과 그들의 선전과 설득 대상 또한 자신들과 비슷한 계층의 사람들이었다는 점은 이미 언급한 바와 같다. 그들은 인간의 도덕성이나 보편계급으로서의 노동계급의 정치적, 따라서 사회주의적 역량을 깊이 회의했다. 페이비언들의 관찰에 따르면, 노동계급은 "90%에 해당하는 인구의 경제적 이익을 대표하면서도, 늘 티격태격하는 도둑무리와 거의 마찬가지로 방약무인하고, 제어할 수 없는 파벌과 당파로 분산돼 있는" 반면, 보수주의자들은 선거나 정치의식에 관한 한 하나의 견고한 연합전선을 구축하여 이들에 맞섰다.

더욱이 산업의 생산적 조직을 위해 긴요하게 요구되는 뛰어난 경영인을 찾기 위해 "노동계급의 주변을 매일 기웃거려 본들 아무런 도움이 되지 않는다." 당연히 산업민주주의는 일정한 시점이 도래할 때까지 오히려 부정적인 결과만을 낳을 뿐이었다. 쇼는 92세의 나이에 이르러서도 노골적인 엘리트 의식을 드러내 보였다. 『논집』의 1948년 판 후기에서 그가 한 말은 이랬다. "만일 페이비언들이 과거의 사회주의 운동에서 그들이 누렸던 지적 리더십을 지속시키고자 한다면… 그들은 방대한 규모의 회원이나 장황한 기부자 명단을 꿈꿔서는 안 된다. 그들은 소수의 문화적 속물들로서, 진정으로 과학적인 사회주의 전략가들로서 남아 있어야 한다. 그 수는 선거에서 무시될 정도로 적어야 하며, 문맹자들과 정치적 신참자들을 전향시키거나 그들에게 초보적인 사회주의 교육을 시키기 위해 시간을 할애할 정도로 한가해서는 안 된다… 우리 페이비언들은 중산계급에 속한 사람들이다… 프롤레타리아와의 문화적 격리는 우리의 연구를 위해 불가결하며, 무분별한 친목을 강조하는 것은 치명적이다."(쇼 외 2006, 역자 서문 참조)

이러한 사실들은, 예컨대 페이비언협회가 영국 사회주의 운동에서 노동조합이 차지하는 위상을 별로 중시하지 않았다는 점을 이해시킨다. 비록 웨브가 『논집』의 1920년 판 서문에서 충분히 유감을 표하긴 했지만, 사회주의로의 도정에서 노동조합의 역할이나 위상은 『논집』 전체에 걸쳐서 거의 언급되지 않았다. 1894년 웨브 부처가 발간한 유명한 『노조주의의 역사』(*The History of Trade Unionism*)에서도 노동조합운동은 그 성격상 통합된 정치이념이나 목적을 결여한, 단기적 경제주의와 분파주의에 매몰될 수밖에 없는 것으로 폄하되고 있다. 이들이 노동계급을 '위해서' 연구와 선전활동을 했던 것은 사실이지만, 그것은 노동계급을 '대상으로' 한 것은 아니었다. 이들의 의식에 따르면, 노동계급이 보편계급으로서 역사적 역할을 감당하기까지는 보편교육의 확대, 상당한 정도의 부의 재분배, 그리고 민주화의 확대와 심화가 어느 정도 이루어질 때까지 기다려야 했다.

침투개념에 노조주의에 대한 이런 회의를 보태면, 앞에서 언급했던 바, 페이비언의 정치전략이 노동당 창당과 관련해서 결코 긍정적이지 못했음은 충분히 상상이 가는 일이었다. 노동당정치에 대한 페이비언의 영향력은 주로 창당 이후에 행사되었다. 특히 페이비언들이 노동당을 적극적인 활동무대로 활용하기 시작한 것은 1906년 의회노동당이 결성되고 노동당의 의석수가 급속히 늘어나면서부터였다.

페이비언주의의 방법론적 · 내용적 원칙들이 체계화됐던 세기 전환기는 영국의 절차적 민주화가 일단락되고 거기에 근거하여 실질적 민주화의 조건들이 하나하나 완성되던 때였다. 또한 영국 자본주의의 발전과 더불어 계급 간의 갈등이 첨예화되던 시기였고 동시에 열강들에 의해 세계가 재편되던 세계화의 시대였다. 페이비언주의는 국가의 중립성과 민주주의의 가능성을 낙관하면서, 빅토리아 영국의 의회개혁을 포함한 다양한 개혁입법들과 함께 사회주의는 이미 착실히 진전되어 온 것으로 간주했다. 페이비언들은 마르크스주의를 영국 사회주의와 무관한 것으로 파악하면서도, 민주화의 확대로 뒷받침된 국가의 역할 증대를 사회주의의 현실적 가능성과 등치시켰다.

무엇보다 그들은 목표로서의 사회주의와 방법으로서의 '점진성의 불가피성'을 신뢰했다. 후자가 합헌주의로 요약된다면, 전자의 사회주의는 매우 포괄적으로 정의된 것이었다. 그것은 국유화, 경쟁적 국가기업의 설립 등을 통한 생산수단의 공공소유뿐 아니라 사회입법, 누진세 등을 통한 국가개입이나 인허가 등 각종 규제를 포함한 국가활동의 확대 자체와 동일시되기도 했다. 페이비언들의 엘리트주의, 제국주의에 대한 편향되고 오만한 태도, 관료중심주의 등에 관한 논란에도 불구하고, 그들이 줄곧 견지했던 헌정주의, 침투전략, 점진주의, 집산주의 등은 노동당의 정신과 이념 그리하여 영국식 사회주의의 형성에 독보적인 영향을 미쳐 왔다. 따라서 페이비언 정신을 계승한 노동당의 국가주의란 국가는 중립적인 도구이며, 민주화된 국가는 개혁입법의 누증적 실현을 통해 사회를 문명화시킬 수 있다는 점을 그 핵심적 가정으로 삼은 것이었다.[5]

---

5) 영국의 사민정치에서 노동당의 중심성은 첫째, 좌파정치사에 기록된 바, 영국사회당이나 공산당 등 혁명적 마르크스주의와 생디칼리슴 등 무정부주의에 기초한

원래 노동당 현실정치에서 국가주의는 첫째, 국가가 핵심산업들의 공공소유를 통해 경제의 생산부문을 통제, 관리하고 둘째, 조세나 계획 등을 통해 '이미 생산된 것'의 재분배를 위한 사경제에의 개입을 정당화하는, 즉 혼합경제의 광범위한 실천을 모두 아우르는 개념이었다. 노동당은 1918년 '생산, 교환, 분배의 공공소유'를 당목표(당헌 조항IV)로 채택함으로써 스스로 사회주의 정당임을 내외에 천명했었다. 그러나 현실정치에서 공공소유 혹은 국유화에 대한 노동당의 관심은 기껏 상징적·수사적 차원에 그치거나, 정책적 실천의 범위와 방식 모두에서 지극히 소극적이었다.

전간기간 두 차례 노동당 소수정부를 이끌었던 램지 맥도널드는 수권의 능력을 과시하는 데 급급하여 국유화를 포함한 '급진'의 냄새를 풍기는 정책은 아예 시도조차 하지 않았다. 다음에 보듯, 1900년 창당 이후 노동당정치 일백 년이란 국가주의의 외연의 점진적 축소였다. 그 세월은 생산수단의 공공소유 개념의 쇠락과 재분배 수단으로서 국가기제가 지닌 의의의 점진적·시대적 소멸, 즉 혼합경제의 성격이 생산영역에서 분배영역으로, 다시 국가 주도의 재분배에서 시장 중심의 분배구도로 점차 전환되어 온 역사였다. 그리고 그러한 역사의 배후에는 페이비언의 인적, 이념적, 방법론적, 정책적 영향력이 넓고도 깊게 드리워져 왔다.

전투적 산업주의가 무력화되거나 역사무대에서 소멸되어 갔다는 데에서 나타나며 둘째, 노동당을 이탈했던 좌우의 모든 정파들, 예컨대 사회민주연맹과 독립노동당 그리고 사회민주당이 각각 1901년, 1932년, 1981년에 모두 노동당을 떠나면서 예외 없이 쇠락의 길로 들어섰다는 점에서도 드러난다. 좌파 지식인들은 E. P. 톰슨이나 S. 홀란드처럼 당내 좌파에 희망을 걸며 '시시포스의 도로'를 반복하던가, R. 밀리밴드나 E. 홉스봄, 혹은 P. 앤더슨처럼 당외부의 급진운동을 소망하는 비판적 지식인으로 남아있던가의 정치적 선택을 해야 했지만, 어느 쪽이든 현실정치에서 이들의 영향력은 매우 미약했다.

2. 전간시절의 노동당정치와 국가복지

1906년의 1월의 총선을 통해 압도적 다수를 획득한 자유당이 마침내 보수당의 사실상의 20년 집권 아성을 무너뜨리고 본격적인 개혁정치의 닻을 올렸음은 이미 언급한 바와 같다. 그러나 총선의 진정한 승자는 노동당이었다. 창당 6년 만에 의석을 29석으로 늘린 노동당은 마침내 명실상부한 의회 정당으로서 자리를 잡았다. 창당 당시 의원수가 2명이었던 것을 상기하면 참으로 괄목상대의 개가였다. 노동운동의 정치화가 일단락된 것은 1908년 최대의 단일 노조였던 광부노조가 자유당과의 공조를 깨고 노동당에 합류하면서부터였다. 그로부터 불과 16년 만에 노동당이 전통의 자유당을 제치고 보수당과 더불어 영국정치를 양분할 수권정당으로 떠오를 것을 예측한 사람은 아직 아무도 없었다.

제1차 세계대전 발발 이전까지 노동당은 자유당정부를 거들어 노조법, 교육법, 복지입법 등 일련의 개혁법안들을 통과시켰다. 그러나 자유당과의 공조가 지속될수록 노동자 정당으로서 노동당의 정체성(혹은, 그것의 상실)에 관한 논란 또한 끊이지 않았다. 1910년부터 전쟁 발발까지의 5년간은 노동당정치에 실망한 원외의 급진적 노동운동(예컨대, 생디칼리슴과 숍 스튜어드가 주도한 파업파동)이 왕성하게 전개된 시기였다. 그 시기는 1913년 철도, 광부, 운수노조의 3자 연대가 결성되면서 절정에 달했다. 그런 점에서 제1차 세계대전은 노동당에겐 하나의 축복이었다. 전쟁은 자유당과의 관계에 관한 당 내외의 불만과 당 지도부의 미온적인 행태를 둘러싸고 분출되던 당내의 갈등을 잠재웠을 뿐 아니라, 파업의 연쇄적 확산을 선제함으로써 노동당으로 하여금 일거에 정치적 위기를 피하도록 해주었다.

전쟁 발발과 함께 정부의 전쟁 노력에 대한 전폭적인 지지를 선언했던 노동당은 지체 없이 타 정당들과의 선거휴전에 돌입했다. 노동당이 애스퀴스 자유당이 주도하는 거국내각에의 초대에 응하기로 결정한 것은 전쟁 발발 이듬해였다. 전쟁을 반대하며 사임한 맥도널드의 후임으로 헨더슨(Herbert Henderson)이 당수가 되었고, 헨더슨을 포함한 3명의 노동당의원이 전시정부에 참여했다. 1916년 12월 애스퀴스 연립정부를 대신하여 로이드조지가 보수당과 연합하여 제2차 전시내각을 출범시켰을 때에는 물경 6명의 노동당의원이 정부에 가담했다. 노동당이 전시정부에 참여하면서부터 독립노동당을 중심으로 한 당내 좌파세력의 입지는 현저히 축소되었다. 특히 노조진영은 독립노동당의 평화주의적 입장에 대해 노골적인 의혹과 적개심을 보냈다. 전쟁 수행과 연립정부에의 참여로 향한 당의 결연한 의지는 전쟁 내내 견고하게 유지되었다. 정부로서도 전쟁 수행을 위해 노동계급의 협조가 절실하였고 이는 다시 노동계급을 하나의 권력단위로 인식시키는 데 적지 않게 기여했다.

무엇보다 전쟁기간 처음으로 영국은 19세기 자유주의 국가체제를 넘어서서 사회경제문제 전반에 대한 국가개입의 확대를 경험했다. 전전 자유당정부의 복지입법들로 인해 자유방임이 더 이상 자연스러운 현상은 아니었지만, 그것은 근본적으로 분배의 영역에 한했고 생산영역을 넘본 것은 아니었다. 연립정부는 가격설정과 산업징집뿐 아니라 거의 모든 생산영역에 대한 통제, 그리고 수입, 식품, 원료 등과 관련한 광범위한 분배체계를 시도했다. 이제 자유방임 자본주의는 혁명적 좌파운동과 마찬가지로 거의 사망선고를 받은 것처럼 보였다. 전시의 애국주의가 노동운동의 반(反)급진 정서를 일정하게 부추겼던 것도 사실이었다. 그러나 애국주의는 지속적이고 안정된 정서는 아니며, 전쟁의 상황과 지속기간 그리고 노동계급 단체들의 전투적 반전저항의 부침에 따라 변화하기 마련이다.

이런 점에서 전시 노조주의의 성장은 괄목할 만한 것이었다. 노조조직률은 거의 두 배로 뛰었고, 노조가입 여성노동자의 비율도 9%에서 24%로 급증했다. 전시체제는 노동계급의 동질화에도 기여했다. 완전고용으로 일상적 빈곤이 상당 정도 해소되었고, 직종 간 임금격차는 감소하였으며, 여성들이 대거 생산직에 진출하면서 숙련공의 특권은 현저히 줄어들었다. 전시통제의 경험은 노동계급의 기대치를 상승시켰으며, 궁극적으로는 그렇지 않아도 1917년의 러시아혁명으로 고무되어 있던 노동계급의 급진화에 기여했다.

전쟁이 막바지에 접어들면서 영국정치에서 노동당이 차지하는 위상 또한 상당히 제고되었다. 특히 자유당 내부에서 로이드조지 진영과 애스퀴스 진영의 분열이 열어 준 정치공간은 노동당지도부에게는 절호의 기회였다. 1918년의 인민대표법 또한 노동당의 정치적 비중을 늘리는 데 단단히 한몫을 했다. 21세 이상의 모든 남성뿐 아니라 30세 이상의 여성에게도 선거권이 부여되면서 노동 후보의 당선 가능성은 그만큼 증가했다. 당시 노조원의 노동당 가입 증가율은 노조조직율의 그것을 훨씬 웃돌았는데, 이는 노동당의 재정을 큰 폭으로 증가시키면서 노조대표의 의회 지분 확대를 위한 요구를 강화시켰다. 노동당이 조직개편과 이념정립을 위한 작업에 착수한 것은 이러한 상황에서였다(Winter 1974, Ch 8).

그리하여 1918년은 노동당사 전체를 통틀어 가장 중요한 해였다. 노동당은 1월의 전당대회를 통해서 최초로 당헌을 채택했고, 당 이념의 정립과 조직개편을 단행했다. 당의 중장기 정책을 처음으로 내놓

기도 했다. 특히 "생산, 분배, 교환수단의 공동소유"를 통한 사회주의 건설을 노동당의 목표로 천명한 당헌의 유명한 조항IV는 노동당의 정신과 이념을 상징적으로 대변해 주는 것이었다. 그것은 토니 블레어 당수에 의해 1995년 폐기될 때까지, 80년 가까이 노동당원의 당증(黨證)에 또렷이 인쇄된 유일한 조항이었다. 그리고 당이 발간한 수많은 공식적·비공식적 문건을 통해 당목표로서 거듭 확인되고 천명될 것이었다.

> 육체노동자와 두뇌노동자들이 그들의 노력에 상응하는 충분한 과실을 획득하고 그 과실의 가장 공정한 배분을 확보하는 것은 생산, 분배, 그리고 교환수단의 공공소유와 모든 산업과 서비스에 대한 가능한 최선의 인민에 의한 관리와 통제체제의 기초 위에서만 가능하다(Labour Party Jan. 1918, 140).

노동당은 사회주의적 당헌과 더불어 「노동당과 신사회질서」라는 정책강령을 채택했다(Craig ed. 1975, 3-4, 11-12, 19-20, 24-25 참조). 그것은 노동당의 중장기정책에 관한 최초의 일관되고 종합적인 표출이었으며, 차후 노동당이 펴 보일 정책행위를 위한 규준과 골격을 제공한 것이었다. 그것은 비록 구체적 정책지침으로서는 많은 면에서 모호하고 또 제한된 성격을 지닌 것이었지만, "생산수단의 공공소유를 기초로 한 산업의 과학적인 재조직"을 통하여 영국사회의 권력배분의 근원적 변화를 노동당 정책의 궁극적 목표로서 선언했다. 당헌의 조항IV가 천명했던 바를 재차 확인한 것이다(Labour Party 1918, 12). 새 당헌과 「노동당과 신사회질서」가 두 명의 열정적인 페이비언 즉, 당 의장이면서 집행위원회(NEC) 의장이었던 헨더슨과 역시 NEC위원이던 시드니 웨브에 의해 주도되었다는 점 또한 주목할 만한 일이었다. 노동운동사가인 G. D. H. 코울에 따르면, 이 문건들은 기본적으로 "페이비언 철학과 페이비언 정책의 표현"으로서 차후 노동당의 (개혁적) 정책 지향과 관련하여 어떤 효시적 의의를 지닌 것이었다. 또한 노동당은 당조직을 대대적으로 개편했다. 정책과 지도부 선출에서 전통적으로 이념적 온건성을 지향해 온 노조의 영향력을 확대하는 한편, 독립노동당과 같은 당내 좌파의 입지를 현저히 축소시키며 지방조직을 선거체제에 맞추어 새롭게 정비했다. 요컨대 노동당은 제1차 세계대전 종전과 더불어 마침내 사회주의적 성격의 당헌과 최초의 포괄적 정책강령을 채택했지만, 그것은 당내 정치에서 노조진영의 전반적인 부상과 당내 좌파의 상대적 침체 속에서 진행된 것이었다. 차후에 이 두 문건의 성격과 정책적 적용을 둘러싸고 당내의 강/온 진영 간의 허다한 갈등이 예고되었다.

종전 후 2년이 지나면서 탈규제와 조직노동의 직접행동의 위협이 주는 긴장 사이에서 곡예를 하던 로이드조지 정부는 서서히 19세기식 자유주의의 전면적 복귀를 허용하고 있었다. 1922년 10월 로이드조지가 권력에서 물러날 즈음, 전시통제는 사실상 대부분 해제된 뒤였다. 노동당으로서도 전시집산주의의 방어는 더 이상 주 관심사가 아니었다. 노동당은 1919년 8월의 지방선거와 보궐선거 그리고 1922년 총선거에서 약진을 보였다. 노동운동 전반에는 의회주의에 대한 신념이 서서히 강화되고 있었다. 노동당은 어느새 자본주의 체제의 '위대한' 대체정당으로 부쩍 성장해 있었다. 창당 이후 처음으로 정부를 구성할 수도 있다는 자신감에 들떴던 시기가 또한 이 시절이었다.

그러나 노동당은 아직 원내 의석 총 63석의 어림없는 제3당에 불과했다. 이런 점에서 1922년 12월의 총선은 노동당사에서 결정적인 전기를 형성하는 것이었다. 142석을 획득한 노동당은, 최악의 당내 분열로 인해 두 체제로 나뉘어 선거를 치른 자유당을 제치고, 345석을 얻은 보수당에 이어 마침내 제2당의 위치에 올라섰다. 1923년 12월에 또 한 차례 총선이 있었다. 당시에는 자유-보호무역에 대한 논쟁이 가장 치열한 정치 쟁점이었다. 보수당의 스탠리 볼드윈 총리가 자신의 보호관세 정책에 대한 재신임을 묻기 위해 의회를 해산했던 것이다. 노동당은 191석을 얻었다. 1918년 선거에서의 63석과 1922년의 142석에 비하면 장족의 발전이었다. 그것은 보수당—보수당은 과반수에 훨씬 못 미치는 258석을 획득했다—의 재집권을 목전에서 위협할 수 있는 수치였다.

노동당은 자유당의 지지를 조건으로 한 소수정부였지만, 마침내 집권당이 되었다. 창당 23년 만의 개가였다. 이로써 보수당에 대항하는 반(反)보호관세를 위한 전선이 결성된 셈이었다. 맥도널드(James Ramsay MacDonald)가 최초의 노동당 수상이 되었다. 그는 빈한한 부모의 사생아로 태어나 지방의 기숙학교에서 학생교사로서 받았던 교육이 유일한 학교경험이었던 인물이었다. 노동당 창당에 적극 참여하여 곧 당수로 선출되었고, 1906년에 처음으로 의회에 진출했다. 제1차 세계대전이 발발하자 영국의 참전에 반대하여 당수직을 사임했고, 1918년에 의석을 잃었다. 그러나 1922년 총선에서 다시 의회진출에 성공하면서 또 다시 당수가 된 입지전적 인물이었다.

1923년의 노동당 선거강령은 당이 당시까지 발간한 모든 문건들 가운데 가장 '비사회주의적'인 것으로 평가될 정도로 온건한 것이었다. 「노동당과 신사회질서」의 제안들은 대부분 자취를 감추었다. 국유화 대상 산업의 목록은 사라졌고, 심지어는 언술과 수사 수준에서도 사회주의는 거론되지 않았다. 5년 후의 제2차 노동당정부가 그럴 것처럼, 맥도널드 정부는 1년도 안 되는 짧은 집권 기간 동안 사회주의자들에게 말할 수 없는 실망을 안겨 주었다. 노동당정부가 들어섰을 때, 사람들은 저축은 징발되고 혁명적 상황이 발생할 것으로 예측하며 공황상태에 빠지기도 했다. 그러나 그것은 완전한 기우였다.

맥도널드는 내각을 온건주의자 일색으로 채웠다. 노동당정부의 정책 과정은 재무장관 스노든(Philip Snowden)과 식민장관 토마스(J. H. Thomas)와 같은 대표적 우파 각료들이 독점적으로 주도해 나갔다. 당내 최대 계보인 노조진영이 사회주의적 이념이나 정책에 관해 철저히 무관심한 상황에서 맥도널드를 중심으로 한 의회지도부가 사회주의 실천과 관련해서 지레 어떤 의지나 의사를 보일 것으로 기대하기란 쉬운 일이 아니었다. 예상외로 빨리 다가온 집권의 기회 앞에서 이들의 최대 관심은 오히려 노동당이 계급혁명의 정당 혹은 "무책임한 선동가의 정당"이라는 세간의 의구심을 일소하고, 자유당이나 보수당과 마찬가지의 통치능력을 갖춘 정당임을 내외에 과시하는 데 있었다.

당지도부가 "지나치게 조심스러운" 태도를 견지하는 한, "사회주의적 실험"은 이미 물건너간 것이나 다름없었다. 실제로 노동당은 집권 9개월 동안 국가권력의 동원을 필요로 하는 일체의 급진 정책을 완전히 포기했다. 예컨대 철도, 광물, 전력 등 산업의 국유화 혹은 국가통제는 노동당의 소수정부를 지탱해 주던 자유당의 오랜 공약 가운데 하나였지만 노동당은 이러한 정책을 시도조차 하지 않았다. 노동당 집권을 방치했던 보수당의 자신감이 전혀 근거 없는 것이 아니었음이 드러났던 것이다.

당시 자유–보호무역과 더불어 가장 첨예했던 정치쟁점은 실업이었다. 노동당 집권 시에 실업률은 12%, 실업자 수는 140만이라는 사상 유례없는 규모에 달했었다. 실업문제를 앞에 놓고 통상 좌파정부가 선택할 수 있는 대안은 두 가지 정도일 것이다. 하나는 조세 등 재정수단을 동원하여 실업급부를 올리는 일이며, 다른 하나는 대규모 공공사업이나 특정 산업의 국유화를 통해서 구체적으로 일자리를 제공하는 일일 것이다. 그러나 실업문제와 관련하여 노동당정부가 취했던 유일한 정책은 실업급부 수혜를 위한 유예기간 3주를 폐지하고 급부율과 아동수당을 약간 증가시킨 것이 전부였다. 일자리 창출과 관련해서는 아무런 조치도 취하지 않았다. 노동당정부의 이런 행태는 자유당으로부터도 비난을 받았다. 로이드조지조차 "그들은 순한 양처럼 왔는데… 나갈 때는 사자가 될까? 누가 알랴. 단지 나로서는 그들의 순화(馴化)가 충격적일 따름이다"라고 평가할 정도였다.

만일 어떤 정부가, 절박한 실업과 노동문제에 직면하여—조세제도이든 국가계획이든 혹은 공공소유를 통한 공공부문의 확대든—국가권력을 활용하기를 포기한다면, 그 정부를 사회주의는커녕, 개혁정치와 연결시키는 것은 사실상 불가능한 일이 될 것이다. 제1차 노동당정부가 취했던 개혁입법이라면 1924년에 도입된 위틀리 주택법이 유일했다. 지방정부에 연간 9백만 파운드를 제공하여, 오로지 대여용의 공영주택(council house)을 짓도록 한 것이었다.

1924년 10월 총선에서 최초의 노동당정부가 붕괴하고 볼드윈이 이끄는 보수당이 집권했다. 노조운동은 극도로 취약한 상황에 놓여 있었고, 재무장관 처칠이 1925년 예산안을 통해 금본위로 복귀할 것을 선언하면서—달러 대 파운드 가치를 전전의 비율로 복귀시켰다—영국경제는 침체의 길을 걷고 있었다(Mowat 1971, 263-271). 금본위제로의 복귀는 무엇보다 석탄 수출에 심대한 타격을 입혔다. 1백만 광부들이 직장폐쇄의 상황에 몰리면서 위기감이 고조되고 있었다.

1926년의 총파업은 이러한 배경에서 발생하였다. 볼드윈 수상은 총파업을 "의회에 대한 도전이며 무정부와 국가 파괴를 이끄는 행위"로 즉각 규정하였고 파업 분쇄를 위한 전면적인 공세에 돌입할 것을 선언했다. 노동당수 맥도널드는 파업이 시작되기 이전부터 총파업과 공산주의를 동류로 취급한 바 있었다. 그러나 이러한 태도는 정도 차이는 있을지언정, 당시 노조운동 지도부 대부분의 정서를 반영한 것이었다. 총파업이 시작된 지 9일 만에 TUC 집행위원회는 총파업의 종결을 돌연 선언했다. 어려운 여건 속에서 파업을 끌고 가던 노동자들은 하나같이 경악했고 분노했고 좌절했다(Cliff and Gluckstein 1996, 135-142). 극심한 빈곤과 경찰 박해 그리고 대체노동과 기업노조주의의 위협 등에 시달리던 광부들이 마침내 작업장에 복귀한 것은 파업시작 6개월 만인 1926년 11월의 일이었다. 1926년의 총파업은 영국 노동운동사에서 가장 굴욕적인 패배로 기록될 것이었다.

이 시점을 노조운동 탄압을 위한 호기로 활용하기로 작정한 볼드윈 정부의 조치는 신속하고도 단호하면서도 철저했다. 총파업 이듬해에 통과된 노동조합법(Trades Disputes and Trade Union Act)은 특히 가혹했다. 동법은 모든 정치적 파업과 동정파업(제3자 개입)을 불법화했을 뿐 아니라 공무원 노조의 TUC 가입을 금지했고, 정치기금과 관련하여 종래의 자동승인(contract in)은 선택조항(contract out)으로 대체되었다. 노동운동이 입을 타격은 불문가지였다. 노조의 대자본 협상능력이 결정적으로 약화됐을 뿐 아니라, 무엇보다 새 법은 정치적 측면, 즉 노조와 노동당과의 관계에서 그 위력을 가장 확실하게 보여주었다. 노동당은 당원과 재정의 양면에서 심각한 타격을 입었다. 당원은 불과 2년도 채 안 되어 30%나 감소했고, 당 재정은 거의 반(半)으로 줄었다(Pinto-Duschinsky 1981, 73, 76).

새 노동조합법은 정치적 노동운동에 대한 보수당정부의 승리를 극명하게 상징해 주고 있었다. 노동당정치에서 급진진영의 몰락 또한 두드러졌다. 무엇보다 당내 좌파를 대표하던 독립노동당의 정책적 위상이 급속히 추락했다. 총파업 실패 이후 분열과 패배주의에 시달리던 노조운동은 때마침 깊어가던 불황과 더불어 더욱 위축되었다.

이러한 상황을 반영하듯, 1929년에 총선이 있었지만 노동당의 선거강령은 탄광국유화 제안을 제외하면 사회주의적으로 불릴 만한 아무런 내용도 담고 있지 않았다. 그러나 총선 결과가 노동당에 던져 준 의미는 결코 작은 것이 아니었다. 노동당은 마침내 처음으로 제1당으로 부상했거니와 창당 30년 만의 쾌거였다. 노동당이 획득한 288석은 보수당의 260석 보다 28석이나 많았으며 자유당보다는 물경 229석이나 앞섰다. 노동당은 59석을 획득한 자유당에 의존하여 소수정부를 구성했다.

새 내각의 성향은 제1차 내각 때보다 더욱 우경화되었다. 무엇보다 맥도널드는 자유무역과 금본위제 그리고 균형예산에 거의 병적일 정도의 집착을 보이던 필립 스노든을 다시 재무장관에 앉힘으로써 차후 경제정책의 향방을 충분히 예고해 주었다(Snowden 1934, 760). 따라서 당내 좌파의 중심세력이었던 독립노동당이 1932년 마침내 노동당 탈퇴를 결정했을 때, 당 지도부는 그것을 오히려 만시지탄의 일로 환영했다. 케어 하디가 독립노동당을 이끌고 노동운동의 대타협을 일궈내며 노동당을 창당했던 때가 불과 30년 전임을 상기하면 참으로 무상한 세월이었다.

"아래와 외부로부터의 압력이 부재한 가운데," 정부정책은 맥도널드를 중심으로 한 내각이 거의 독점적으로 주도해 갔다(Pimlott 1985,

194-195; Skidelsky 1975, 182). 특히 재무장관과 경제 전문가로서 스노든의 정책적 역할은 거의 전횡에 가까웠다. 대외문제에 집착하던 맥도널드가 경제정책을 스노든에게 전적으로 의존하던 상황에서, 그의 보수적 금융노선은 곧 정부 경제정책의 대강을 설정해 주었다. 따라서 자유무역중심의 경제국제주의와 균형예산을 고집하는 스노든에게, 예컨대 금본위 폐지나 파운드 평가 절하 혹은 적자재정과 공공사업을 통한 총수요관리 등 실업에 관한 일체의 의미 있는 정책—예컨대 케인스주의적 처방—을 기대하는 것은 애초에 불가능한 일이었다(Bullock 1960, 425-439; Lloyd 1977, 171).

1929년 노동당이 통산 2번째의 정부를 구성하였을 때, 이미 취약해 있던 영국경제는 대공황으로 인해 걷잡을 수 없이 악화되었다. 대공황의 여파는 거의 전 산업부문에 미쳤으나 석탄, 조선, 섬유, 철강 같은 이른바 핵심 수출부문에 가해진 타격은 실로 막대했다. 최대 경제 현안은 수많은 사람들에게 무자비한 고통을 가져다주던 실업이었다. 그러나 실업에 대한 노동당정부의 대책은 수요 창출이나 산업의 근본적 재조직과는 처음부터 거리가 멀었다. 정부는 경제정책의 최우선 과제를 균형예산과 파운드의 가치안정에 둠으로써 여타 정당들과의 차별화를 '실험'하는 일엔 애초부터 관심이 없었다.

노동당의 정책노선은 이른바 '재무부 견해'(Treasury view)의 완벽한 답습이었다(Addison 1975, 32). 실업에 대한 당과 정부의 인식은 여전히 세계 경제의 회복을 통한 국내제조업의 부흥에 초점이 맞춰졌고, 실업문제의 해결은 곧 "침체된 수출산업의 회생"이라는 문제로 환원되었다(Labour Party 1929, 82). 노동당은 시장의 역기능으로 황폐된 경제상황을 앞에 놓고 새로운 개혁정책을 '실험'하기보다는 "이미 실험이 끝난" 정통 '재무부 견해'를 답습함으로써, 5년 전과 마찬가지로 스스로의 존재 이유를 부인했던 것이다.

균형예산과 통화안정을 완강히 고수하던 노동당 정부에게 대규모 공공사업은 처음부터 대안이 아니었다. 오히려 실업급부를 포함한 공공지출이 급격히 삭감되었고 상황은 악화되었다. 실업은 계속 증가하여 집권 시 10% 실업률, 1백만 실업자였던 것이 1931년 중반 노동당정부가 붕괴될 즈음에는 23%의 실업률, 3백만에 가까운 실업자 수에 육박하고 있었다(Aldcroft 1973, 147). 이즈음 모즐리(Oswald Mosley)가 유명한 '모즐리 메모랜덤'을 통해 실업에 대한 몇 가지 급진적 대안을 제시했다. 골자는 수입규제, 대규모 공공사업, 복지확충, 금융에 대한 국가통제 강화 등이었다. 그러나 기본적으로 '과소소비론'에 근거한 이런 정책 제안들이 이미 두 차례의 예산안에서 명료하게 확인된 자유무역, 균형예산, 금본위제 등을 핵심으로 하는 스노든의 정통 경제노선과 융화할 수 없음은 너무나 명백했다(Scanlon 1932, 186-190). 자신의 공들인 제안이, 보수당이나 자유당이 아닌 노동당정부의 내각에 의해 일고의 가치도 없는 것으로서 거부되자, 모슬리는 "내가 처음 노동당에 들어온 것 자체가 오판이었다"는 탄식을 남긴 채 노동당을 탈당했다. 노동당정부가 급진적 정책을 실험할 최후의 가능성이 이로써 사라졌다(Coates 1975, 26).

이러한 상황에서 노동당정부는 외부 금융자본의 압력에 굴복하여 실업급부의 10% 삭감이라는, 당시의 노조운동으로서는 도저히 받아들일 수 없는 무리수를 강행하기에 이른다. 실업률 22.5%, 실업자 수 280만에 달할 정도로 심각한 상황에서 실업급부의 삭감은 노조주의의 존립 자체를 위협하는 것이었다. 즉각 내각이 사임했고 제2차 노동당정부는 2년의 짧은 일생을 마쳤다. 맥도널드가 누구와의 상의도 없이 거국정부의 수상으로 다시 등장했을 때, 노동당은 경악했다.

노동당은 즉각 거국내각에 참여한 맥도널드, 스노든, 토머스, 생키 등을 당에서 축출했지만, 노동당 사상 최대의 위기로 기록되는 이 '배반'의 드라마를 계기로 노동당은 급속히 쇠락의 길을 걷게 된다.

1930년 노동당정부는 그린우드 주택법을 도입했다. 지금까지의 주택법은 주로 중간계급과 상층 노동계급을 대상으로 한 것이었고, 빈민가 정화는 거의 이루어지지 않았다. 이제 새 법으로 공영주택건설을 위한 정부보조금이 재개됐고, 빈민가 정화가 가속화되었다. 그러나 1931－1934년의 금융위기로 법 집행이 잠정 중단되었다가 최악의 불황이 지나면서 다시 시작됐고, 1939년에 이르면 70만 호 이상의 주택이 건설되어 빈민가 거주자들의 이주를 가능하게 만들었다. 그 외에 같은 해에 도입된 탄광법으로 광부의 근로시간은 8시간에서 7.5시간으로 단축됐다. 제2차 맥도널드 내각이 추진했던 사회입법은 이것이 전부였다. 정부는 1927년의 노동조합법을 폐지하려 했지만 자유당의 반대로 실패했다. 졸업 연령을 15세로 높이려는 교육법안은 상원에 의해 거부됐다.

1931년 11월에 총선이 있었다. 볼드윈의 보수당에게 거국정부는 노동당을 고립, 와해시킬 수 있는 최선의 도구였다. 예상했던 대로 노동당은 보수당과 자유당 그리고 소수의 맥도널드 추종자가 연합한 거국정부파와의 힘겨운 싸움을 치렀다. 스노든이 노동당의 선거강령을 "광포한 볼셰비즘"(bolshevism run mad)으로 매도하는 가운데, 노동당은 사상 최악의 선거 패배를 경험하였다. 노동당의 의원 수는 이전 선거에서의 288명에서 52명으로 급락했고, 거국정부 진영은 득표율 67.1%로 압도적인 승리를 거두었다. 맥도널드 제명 이후 당수직을 계승한 허버트 헨더슨을 비롯하여 당지도부 다수가 낙선의 고배를 마셨다. 과거의 각료들 가운데 거국정부에 가담하지 않고 당선

된 사람은 조지 랜즈버리가 유일했다. 그 외에 내각 밖의 하위장관직에 있었던 인물로는 전후에 각각 수상과 재무장관을 역임하게 될 애틀리(Clement Attlee)와 크립스(Stafford Cripps)가 겨우 의원직을 보지했다.

이제 두 차례의 집권경험에 실망한 노동당원들은 1931년 말의 당대회에서 미래 노동당정부는 "명백한 사회주의 입법"을 수행할 의무가 있음을 결의했다. 구체적이고 실천 가능한 정책대안의 부재야말로 1931년 총선에서 당이 대패한 가장 큰 원인으로 지목되었기 때문이었다. 곧 정책 과정의 개편이 뒤따랐다. 예상대로 새로운 정책구조는 일반당원에 대한 당지도부의 책임을 강화하는 데 초점이 두어졌다. 의회노동당을 비롯한 원내조직의 정책적 권한이 축소된 반면 원외조직인 집행위원회(NEC)와 노조진영의 권한이 대폭 증대되었다.

당정책의 활성화를 위해서 수많은 비공식적 연구단체들이 원외에 생겨났다. 그들은 독립노동당의 탈당 이후 생겨난 좌파세력의 공백을 메우는 데 중심적인 역할을 할 터였다. 코울의 「신페이비언 정책국」(New Fabian Research Bureau)과 「사회주의 연구회」(Society for Socialist Inquiry and Propaganda)—얼마 안 있어 독립노동당 소속 잔류의원들과 합하여 「사회주의연맹」(Socialist League)으로 이름을 바꾼다—그리고 「XYZ 클럽」 등 쟁쟁한 좌파단체들이 이때 결성되었다. 이들 단체들은 좌파 성향의 지식인 활동가들에 의해 주도되었는데, 20년대 맥도널드와 스노든의 개량주의를 도리 없이 수용했던 당내의 젊은 사회주의자들이 이제 이 조직들을 통해서 본격적으로 목소리를 내기 시작했다.

마르크스주의의 정연한 이론가였던 스트레이치(John Strachey)와 크립스, 애틀리, 돌턴(Hugh Dalton) 등이 차세대를 끌어갈 대표적인 인물들이었다. 사회주의에 대한 새로운 관심은 대학생들의 좌편향적 정치의식의 발전에도 많은 기여를 하였다. 특히 30년대 초중반 무렵의 옥스퍼드에는 1차 대전 이후 생디칼리슴에서 페이비언주의로 개종한 코울—그는 "전간시절 옥스포드 사회주의의 대부"로 불렸다—의 영향하에, 젊은 재사들이 학생 혹은 강사로서 좌파정치에의 야심을 키우고 있었다. 해럴드 윌슨(Harold Wilson), 휴 게이츠켈(Hugh Gaitskell), 이반 더빈(Evan Durbin), 더글라스 제이(Douglas Jay), 리처드 크로스만(Richard Crossman), 프랑크 파케넘(Frank Pakenham), 패트릭 고든 워커(Patrick Gordon Walker), 크리스토퍼 메이휴(Christopher Mayhew), 데니스 힐리(Denis Healey), 그리고 로이 젠킨스(Roy Jenkins) 등이 이른바 코울 사단(Cole's Disciples)에 직간접적으로 편입되어 있었다. 이들이야말로 바로 제2차 세계대전 종전 이후 사반세기 동안 노동당정치를 전면에서 주도할 찬란한 이름들이었다. 이들은 위기의 의미와 교훈뿐 아니라 다양한 정책대안을 부지런히 탐구했고, 그 결과물들을 노동당에 제시했다. 1930년대 노동당 정책의 급진화는 이들 실천적 지식인들의 활동에 전적으로 빚진 것이라 보아도 무방했다(Durbin 1985).

1934년 노동당은 당시까지 노동당이 발간한 정책문건 가운데 가장 사회주의적인 것으로 평가되는 중장기 정책문건인 「사회주의와 평화를 위하여」를 발간하였다. 그것은 전간기간 당대회가 인준한 모든 공식적 정책표출 가운데 가장 급진적이고 포괄적인 정책진술이었다. 그것은 "경제구조의 근본적 개편만이 사회주의로의 길"임을 선언하는 것으로 시작하여 국유화에 대한 당의 사회주의적 신념을 거듭해서 확인해 나갔다. 이제 유권자는 "근본에서 부패해 있는 자본주의 사회의 상부구조를 헛되이 미봉하느냐 혹은 사회주의로의 급속한 전진을 할 것인가"를 선택해야 하는 기로에 서 있으며, "생산수단의 사유화에 근거한 사회와 그것의 공공소유에 기초한 사회 사이의 중간지대는 없음"을 자각해야 할 것이라고 촉구했다. 이어서 동력산업과 교통부문뿐 아니라 농업용 토지와 철강산업 그리고 전 금융업이 국가소유로 이전될 것과 기계, 조선, 섬유, 화학, 보험 등 산업이 급진적으로 재조직될 필요성이 역설되었다. 가장 특기할 만한 점은 마침내 노동당이 전 은행과 철강과 같은 제조업의 국유화를 공약으로 내걸었다는 점이다. 이 공약이 그대로 실천된다면 영국의 국유산업은 총 노동력 가운데 거의 20%에 달하는 인구를 고용하게 됨으로써 서구국가들 가운데 단연 가장 많은 국유산업을 보유한 국가가 될 것이었다 (Labour Party 1934, 5, 14-22, 26).

「사회주의와 평화를 위하여」는 노동당의 1935년 선거강령과 이후 발간한 일련의 정책문건들의 기초로 작용하게 될 뿐 아니라, 다음 장에서 보게 되겠지만, 그것이 제안한 급진적 내용의 대부분은 1945년의 노동당 정부에 의해서 충실히 정책화될 것이었다.

노동당은 1932년 이후의 보궐선거를 통해 서서히 의석수를 회복해 갔고 1934년에는 런던시의회를 장악하는 등 지방정부에 급속히 진출하였다. 그러나 과거의 지위를 만회하기에는 아직 갈 길이 멀었다. 1920년대까지 영국정치가 '마지못해' 유지하던 3당 체제는 30년대에 들어서면 보수/노동의 양당체제로 사실상 굳어졌다.

특히 1935년의 총선은 자유당 몰락의 최후 조종이었다. 1922년 총선 이래 제3당의 지위에서 벗어나지 못하던 자유당은 6.4%의 지지율과 21석을 얻어 이제 그 퇴조는 돌이킬 수 없는 것이 되었다 (Pearce and Stewart 1992, 227). 동 총선에서 노동당은 4년 전에 비해 3배의 의석을 확보함으로써 실지 회복에 어느 정도 성공할 수 있었지만, 432석을 얻은 보수당에 비해 노동당의 의석수는 그 1/3에 해당하는 154석에 불과했다.

사실 1922년 보수당이 로이드조지 연합정부와 결별한 이후 제2차 세계대전 발발까지 영국정치는 줄곧 보수당의 독무대였다. 1920년대 두 차례 등장했던 노동당의 소수정부도 실은 보수당의 적극적 방조 내지는 묵인 아래 가능했었다. 1930년대 초 실업자 수가 3백만을 넘어설 때에도 아직 절반 이상의 노동자들은 정례적으로 보수당을 지지했었다. 노동계급의 보수당 지지가 단순히 문화적 현상만은 아니었다. 앞장에서도 보았지만, 예컨대 볼드윈, 처칠 그리고 체임벌린의 온정주의적 사회개혁으로 인하여 제2차 세계대전 발발 직전의 영국 사회보장체계는 다른 선진국들과 비교하여 결코 손색이 없는 수준이었다. 요컨대 유권자들에게 보수당은 아직 통치의 자격과 권위를 지닌 가장 '자연스러운' 지배 정당이었고, 이런 사정은 전쟁 발발 시까지 큰 변화를 보이지 않았다. 영국정치에서 보수당 아성이 균열을 보이기 시작한 것은 제2차 세계대전을 겪으면서부터이다.

대륙의 파시즘이 부상하면서 영국정치는 점차 국제문제에 초점이 맞추어졌다. 1934년에는 소련이 국제연맹에 가입하였고, 1936년에는 프랑스에서 인민전선 정부가 승리를 거두었으며 같은 해에 발발한 스페인 내란으로 인해 평화주의적 고립주의는 그야말로 완전히 고립되었다. 노동당이 재무장을 반대하지 않는다는 공식입장을 채택한 것이 이즈음이었다. 1938년 9월의 뮌헨 위기 직후에는 보수당의 반(反)유화주의자들과 함께 공동전선을 모색하기에 이르렀다. 1939년 3월 히틀러의 프라하 침공을 계기로 이미 네빌 체임벌린 수상은 유화정책을 포기했었다. 노동당은 전쟁 내각에서 각료직이 보장된다면 전시경제에 협력할 것임을 제안하였다. 1914년 무조건적으로 전쟁에 협력했던 것과는 대조적이었다.

1940년 5월 처칠이 체임벌린을 계승하여 수상이 되면서 노동당은 처칠의 거국정부에 전면적으로 참여했다. 다음 장에서 보게 되겠지만, 제1차 세계대전이 최초의 노동당정부를 만드는 데 중요한 역할을 했던 것처럼, 제2차 세계대전 직후 노동당이 최초의 다수정부를 구성할 수 있었던 것도 거의 전쟁의 덕이었다. 전시내각의 핵심 각료로서 국내정치를 책임졌던 노동당지도부의 경험은 전후 노동당정부의 개혁정치를 위해 결정적인 기여를 할 것이었다.

노동당은 1918년 "생산, 교환, 분배의 공공소유"를 당목표(당헌 조항IV)로 채택함으로써 스스로 사회주의 정당임을 내외에 천명했었다. 당헌은 두 사람의 페이비언, 곧 허버트 헨더슨과 시드니 웨브가 주도하여 만들어진 것이었다. 그리고 당헌이 규정한 국가개입사상은 「노동당과 신사회질서」(1918)나 「사회주의와 평화를 위하여」(1934) 같은 노동당의 중장기 정책프로그램에 적극적으로 반영되었다. 마침내 노동당은 비록 소수정부였지만 전간기간 두 차례나 정부를 구성함으로써 당헌과 당의 프로그램이 명시한 국가개입의 이념과 정책을 실천에 옮길 수 있는 호기를 갖게 되었다. 그러나 스스로 페이비언협회에 속했으면서 이 두 번 모두 노동당정부를 이끌었던 맥도널드와 그의 내각은 수권의 능력을 과시하는 데 급급하여 개혁정치로 불릴 만한 것은 어떤 것도—그것이 국유화든, 국가복지든, 사회입법이든, 혹은 재정정책이든 금융정책의 수준에서든—시도조차 하지 않았다.

짧은 집권기간과 소수정부의 지위 그리고 대공황과 같은 경제위기가 불리한 요인으로 작용했을 것이다. 그러나 이러한 알리바이는 설득력이 없었다. 우선 노동당정부의 실적은 사회주의를 표방한 정당으로서는 물론이고, 앞장에서 논의했던 바, 전전의 자유당정부는 물론이고 전간기간의 보수당정부가 성취한 것들과도 비교조차 무색할 정도로 부실하고 취약했다. 또한 대량 실업을 동반하는 불황의 상황이란 오히려 국가개입주의를 실험할 수 있는 호조건이 아니던가. 이 경우, 짧은 집권이란 정책 실패의 원인이라기보다는 그것의 결과라는 측면이 더 강한 것이었다. 요컨대 전간시절 노동당정치에서 페이비언 국가개입주의는, 비록 이념과 언술 수준에서는 다양하게 표출되었지만 막상 정부의 정책적 실천을 견인하는 데는 아무런 기여도 하지 못했다.[6] 전간시절 노동당과 국가복지는 무관한 듯 보였다.

6) 페이비언 국가개입주의의 성격에 관해서는 다음의 제4장 2.에서 다시 한번 요약되었다.

제 II 부

합의정치의 부침:
제2차 세계대전 이후의 국가복지

제 4 장

노동당정치와 수정주의

1. 전쟁과 전후의 합의정치

2. 수정주의

3. 노동당정치와 국가복지

제 4 장 노동당정치와 수정주의

1. 전쟁과 전후의 합의정치

제2차 세계대전과 전시 계획은 보수당의 집산주의적 경도를 더욱 심화시키는 계기가 되었다. 1943년 봄에 이르면 보수당이 주도하던 전시내각은 사회보장, 가족수당, 교육, 의료, 완전고용, 케인스 예산기법 등 종전을 대비한 유례없이 방대한 개혁 프로그램들을 사실상 마무리했다. 전후 영국 복지체계의 기틀이 될 「베버리지보고서」도 같은 해의 보수당 전당대회에서 거의 기본 골격의 수정 없이 통과되었다.

1945년의 총선에서 노동, 보수 양당은 개혁과 재건을 나란히 공약으로 내세웠다. 이는 이미 전후 정치를 위한 "방대한 새 중간지대"가 형성되기 시작했음을 알리는 것이었다. 동 총선에서 압도적 의석수로 출범한 애틀리(Clement Attlee) 노동당정부가 추진한 국유화와 복지입법들은 사실상 모두 전시내각에 의해서 그 대강이 결정된 것들이었다(Addison 1975; Morgan 1982). 전후에도 전시라는 집산주의적 경험의 '공유'는 보수당 보수주의의 일국주의(One-Nationism) 전통 그리고 국가에 의한 경제관리사상을 당 내부로부터 간단없이 환기시켰다.

보수당이 1946년 전당대회에서 출범시켰던 「산업정책위원회」는 그 이듬해 유명한 「산업헌장」(Industrial Charter)을 공포했다. 거기에서 보수당은 당시 경제와 사회정책 부문에서 활발히 국가개입을 확대해 나가던 애틀리 정부의 노선을 그대로 이어갈 것임을 대외적으로 선언했다. 실제로 「산업헌장」이 토대가 됐던 1949년 보수당 정책강령(*The Right Road for Britain*)은 노동당정부가 국유화시켰던 기존의 국유산업들이 대부분 유지될 것과, 완전고용과 복지정책 또한 변함없이 계승되리라는 점을 강조했다. 이로써 보수당은 노동당과의 전후 '합의'정치를 본격적으로 발진시키는 한편, 유권자들에게는 보수당이 자유방임을 거부하고 국가계획을 보다 명시적으로 수용했음을 약속한 셈이었다. 종전 이후 20여 년간 실천될 영국 보수주의의 대강이 마련된 것이다.

국가개입에 대한 보수당 내의 열정은 디즈레일리의 유산을 계승한다는 취지의 '일국'(One Nation) 그룹이 1950년에 소장의원들을 중심으로 결성되었을 때 절정에 달했다. 특히 이들은 보수당의 복지정책이 인도주의적·무계급적·효율적으로 정립돼야 한다고 주창했다. 보수당 원로 정치인 에이머리(Leo Amery)가, "영국의 보수주의는 산업의 지도와 통제에 대한 구(舊)자유당 식의 반대를 하거나 노동당정부가 추진했던 국유화 조치들을 거부할 의사가 없다. 영국의 보수주의는 견제되지 않은 자유방임은 오히려 자유와 개체성을 파괴할 수 있다는 점을 늘 인식해 왔다"고 예외적으로 입장을 밝힌 것도 그 즈음이었다(Garner and Kelly 1993, 80). 1950년대 초에는 보수적 주간지 「이코노미스트」도 이러한 흐름을 거들었다. 당시 처칠 보수당정부의 재무장관이던 버틀러(Rab Butler)와 노동당 예비내각의 재무장관인 게이츠켈(Hugh Gaitskell)의 이름을 조합한 버츠켈리즘(Butkellism)이라는 조어를 통해 이미 본격적인 시동 중에 있던 전후 합의정치의 풍경을 묘사했던 것이다.

1951년부터 1963년까지 3차례의 연속적 총선 승리를 통해 13년의 장기집권을 일궈냈던 보수당은 애틀리 노동당정부(1945－1951)가 정초를 마련했던 혼합경제의 개입주의적 정책구도를 사실상 그대로 계승했다. 국유화와 복지입법뿐 아니라 케인스주의적 관리경제 등 노동당이 발의했던 정책들은 거의 예외 없이 유지됐다(Kavanagh and Morris 1989). 예컨대 헤럴드 맥밀런 수상은 재임 시(1957－1963) 재무장관을 3번씩이나 교체하면서까지 케인스주의적 팽창정책을 밀고 나감으로써 디즈레일리 이래 영국 보수주의에 흐르던 구토리주의의 도도한 전통을 이어갔다. 그는 이미 1956년에 자신이 이든(Anthony Eden) 정부의 재무장관으로 있으면서 주도했던 정부백서를 통해 임금과 물가 억제를 위한 정부, 기업, 노조의 3자 협상의 필요성을 역설한 바 있었고, 수상으로 있던 1962년에는 유명한 국가경제개발위원회(Neddy)를 창설하여 영국식 신코포라티즘을 선도하기도 했다.[1)]

전후 합의정치의 배경에는 "영광스런 30년"으로 불리던 전무후무한 경제 호황이 자리 잡고 있었다. 그러나 보수당으로서는 19세기의 디즈레일리와 전간시절 볼드윈과 맥밀런의 보수주의를 통해 면면히 이어져 오던 '합의' 지향의 역사를 결코 간과할 수 없었을 터였다.

전후 영국정치에서의 '합의'에 관해서는 이미 상당한 양의 연구가

1) 이러한 점에서 전후의 합의란 정책의 내용뿐 아니라 과정도 어느 정도 포괄하는 개념으로 보는 편이 옳다. 따라서 60년대 중반 이후 합의의 균열이란 또한 코포라티즘적 정책관행의 일정한 훼손을 동반하는 것이었다(Low 1991, Chs. 6-7).

축적되었으므로 여기서는 이에 관한 상세한 논의는 생략한다. 그것은 대체로 보수, 노동정치의 이념과 정책실천에서 제조업 생산부문의 공부문화를 일정하게 수용한 위에, 완전고용과 케인스주의적 총수요관리, 국가복지체계, 그리고 임금과 가격결정에서 코포라티즘을 용인하는 혼합경제가 주된 기조를 이룬 것으로 요약될 수 있다(예: Mackintosh 1977; Beer 1982; Kavanagh and Morris 1989; Gamble 1990).

전후의 합의정치는 60년대 말과 70년대 초를 거치며 일종의 재조정기간을 갖는다. 그리고 그것은 제임스 캘러한 노동당 수상이 1976년 말 당대회에서 불황타개책으로서의 케인스주의를 공식적으로 포기하고, "복지국가는 사회주의"라고 매도하던 마거릿 대처가 '불만의 겨울'(winter of discontent)을 거치며 1979년 집권하여 영국정치에서 본격적인 신(Neo)자유주의 시대를 열면서, 일단 막을 내릴 것이다.

2. 수정주의: 새로운 국가개입주의

제2차 세계대전 종전 직후 집권한 애틀리 정부(1945-1951)가 총 12개의 산업을 전격 국가소유로 이전했을 때, 영국은 서방국가들 가운데 가장 큰 고용규모(전 노동력의 20%)의 국유산업을 보유한 나라가 되었다. 그러나 그 한계 또한 뚜렷했다. 우선 당시 국유화된 산업의 대부분은 시민사회가 이미 오랫동안 국유화를 요구해 왔던 산업들이었다. 또한 철강산업을 제외한다면, 만성적 적자와 비효율에 시달리던 사양산업 혹은 공익산업에 한정됐다. 따라서 어차피 합리화나 자본주입을 위한 외부개입이 불가피한 실정이었다. 보상도 후해서 국유화된 산업들은 출발부터 엄청난 채무를 떠안아야 했다. 국유화가 오히려 사부문의 강화를 위해 활용되었다는 비판이 이로부터 제기되었다. 더욱이 공사(public corporation)라는 조직형식은 예산, 인사, 경영에서 정부나 의회의 직접통제를 사실상 면제시켜 주는 것이었다. 그것은 노조참여나 산업민주주의 개념이 원천적으로 사상된, 즉 자본주의의 통제기제가 아닌 경영과 재무구조의 효율성 제고라는 기술공학적 구상의 산물이었다.

예상대로, 애틀리 정부 이후 노동당의 국유화정책은 확대 아닌 공고화(consolidation)에 초점을 맞췄다. 그리고 50년대 당내 수정주의(Revisionism) 열풍이 거세게 불면서, "생산, 분배, 교환수단의 공공소유"를 당의 목표로 선언한 당헌 조항IV의 상징성조차 점차 소실될 위기를 맞았다. 1960년대 이후 노동당정치에서 국유화문제는, 몇몇 한시적 계기를 제외하면, 사실상 '죽은' 이슈였다. 여기에는 '신(新)페이비언'으로 알려진 일단의 당정치인들과 지식인들이 주도했던, 훗날 수정주의로 이름 붙여질 대세가 결정적인 영향을 미쳤다.

우리는 앞의 제3장에서 페이비언주의를 일관되고 통합된 단일의 이데올로기로 규정하는 것이 쉽지 않다는 것을 보았다. 1884년 이래 지금까지 페이비언협회는 단 한 번도 자체의 프로그램을 채택한 적이 없으며 협회의 이름으로 '공식' 페이비언주의라는 것을 대외적으로 표방한 일이 없다. 동 협회가 지금까지 발간한 무수한 출판물들의 내용도 거기에 참여한 페이비언 각자의 사적인 견해로 제시된 것이었다. 페이비언주의가 영국 노동당정책에 미친 영향을 평가하기란 더더욱 쉽지 않다. 노동당정책 과정에의 참여도 협회 차원의 단합된 정치적 행동을 통한 것이 아니라 철저하게 개인적 차원에서 이루어져 왔기 때문이다.

그러면서도 누구나 페이비언주의를 영국 사민주의의 주류 이념으로 들기를 주저하지 않는다.[2)] 많은 경우 페이비언주의는 영국에서 '자생된' 사회주의로서 대륙의 '정통' 사회주의의 안티테제 혹은 대안으로서 제시된다(Lee and Raban 1988, 11). 지금까지 영국 노동당지도부는 그 대부분이 페이비언협회에 직간접적으로 관여한 인물들로 구성되어 왔다.

페이비언들이 구상한 사회주의는 '근본적으로 중립적인' 기존의 국가기구의 지반 위에 구축되는—종종 '페이비언 집산주의'라고도 불리는—'국가사회주의'였다. 국가에 대한 이들의 신뢰는 정치적 민주주의가 자동적으로 국가의 '중립성'을 보장해 주리라는 확신에서 기인했다. 이들에게 정치적 민주주의는 바로 "사회주의의 뿌리"였다(Shaw 1883, 24; Webb 1923, 178). 따라서 19세기에 이미 3차례의 선거법 개정을 통해 대부분의 남성에게 투표권이 확대된 영국에서 사회주의는 "이미 상당한 정도로" 진행되었다.

요컨대 페이비언 집산주의는 상당히 포괄적으로 정의된 것이었다. 실제로 이들의 집산주의는 수도, 가스 등 한정된 공익부문의 지방정부소유를 제외하면, 사경제로의 공공소유 범위의 확장과는 무관한 등록, 인가, 감독, 통제, 조세 등 단순한 국가기능의 확대를 포함하는 개념이었다. 심지어는 주식회사의 발전도 궁극적으로 소유권의 분산소유를 지향한다는 의미에서 집산주의의 일종으로 간주되었다(Webb 1896, 10-11, 42-45).

---

2) 이에 관해선 특히 MacBriar(1962), Wolfe(1975), Pimlott(1984), Lee and Raban (1988)을 유용하게 참조할 수 있음.

페이비언들은 급격한 변혁을 동반하는 집산주의는 "가능하지도, 생각할 수도 없다"고 보았다(Webb 1894, 3). 그들은 국가에 의한 사기업의 강제적 인수보다는 "완벽한 효율과 우월한 고용조건"을 갖춘 경쟁적 국가기업의 창출을 통해 공공영역을 넓혀 나갈 수 있다고 믿었다(Barry 1965, 146; 쇼 외 2006, Besant 논문 참조). 특히 페이비언들은 생산수단의 소유권 이전이 아니라 조세를 포함한 각종 재분배 조치를 통하여 자본주의 사회의 교정이 어느 정도 가능하며, 사회주의의 핵심 내용인 '기회의 균등'이 웬만큼 확보되리라고 믿었다(Shaw 1890, 3; Cole 1943, 32). 이러한 목적이 달성되는 한, 국유산업 중심의 경제체제보다 사경제와 공경제가 공존하는 혼합체제가 훨씬 바람직했다(쇼 외 2006, Wallas 논문 참조).

당연히 페이비언들에게 국가관료체제의 확대는 집산주의의 실현을 위해 불가피하고 바람직했다. 전문적 국가관료는 사회주의 영국의 실질적 지배자가 되어야 했다. 공기업의 경영도 가능하면 사기업에서 충원된 전문가의 손에 맡겨야 하며, 전문적 국가관료를 대중선거로 충원하는 것이 '최악의 방법'인 것처럼, 공기업의 경영에 '노동자의 참여'를 보장한다는 개념은 마땅히 거부돼야 했다(Dahl 1947, 877). 이른바 페이비언 엘리트주의는 '노동자 참여' 혹은 '경제민주주의' 등의 개념이 틈입할 여지를 처음부터 봉쇄했던 것이다.

생산수단의 소유 여부에 근거한 계급대립 개념을 이론적으로 허용치 않았던 페이비언들이 그들의 '설득', '침투', '타협'의 원리에 충실하여 새로운 독립된 노동자정당의 창당에는 소극적이었거나 무관심했다는 점은 이미 언급한 바와 같다. 사실상 그들은 노동당 창당 훨씬 이전부터 창당 이후 10여 년에 이르는 기간 동안 자유당 개혁정책의 개발에 깊이 관여했었다.[3] 페이비언의 이러한 계급협력 전략은 그 자신이 페이비언으로서 양 대전 사이 두 차례나 노동당정부를 이끌었던 맥도널드의 유명한 '사회유기체론'에서 정교하게 정리되었다(Barker 1972, 67-93).[4]

2차 대전 이전의 노동당 사회주의는, 자본주의적 모순의 근원이 생산수단의 소유 여부가 상품생산 과정에서 노동력이 창출하는 가치의 분배를 왜곡시키는 데 있다는 정통 마르크스주의의 이론적 인식에 기본적으로 공감했다. 따라서 자본주의 사회가 필연적으로 안게 되는 본질적이고 적대적인 모순으로서의 계급모순은 생산수단의 사회화를 통해서만 극복될 수 있다는 입장을 옹호했다. 1918년에 제정된 당헌(조항IV)이나 전간기간 노동당의 대표적 중장기 정책프로그램이었던 「노동당과 신사회질서」(1918) 그리고 「사회주의와 평화를 위하여」(1934)가 드러내 준 바가 바로 그랬다. 그럼에도 불구하고 노동당정부는 그러한 이론적 관심의 정책적 실천—예컨대, 산업의 국유화 등을 성취하기 위한 입법적 노력 등—에서 지극히 소극적이었다. 즉 전간시절 노동당의 정치행태는 정책실천을 이론으로 끌어올리거나 아니면 이론을 정책적 실천으로 끌어내리기보다는 이론과 실천 사이의 이분법적 분리가 주는 긴장에 항시적으로 노출되어 있었다. 그러나 수정주의로 불리는 노동당의 전후 사민주의는 자본주의의 왜곡된 분배구조가 생산영역에서의 모순에 기인한다는 인식의 틀 자체에 수정을 가했거니와, 분배문제를 생산영역과 분리된 독자적이고 중심적인 분석 대상으로 올려놓았다.

비록 수정주의가 국가활동의 주 영역을 생산수단의 소유문제로부터 '이미 생산된 것들'의 (재)분배 쪽으로 현저하게 이전시키긴 했지

3) 초기 페이비언들의 자유당과의 관계에 관해서는 McBriar(1962, 234-279)를 참조
4) 전간기간 노동당정부의 정책행태에 관한 제3장의 논의 참조

만, 여전히 경제에의 국가개입주의를 그것의 주된 내용으로 간주하고 있다는 점에서 본질적으로 페이비언주의와 그 맥을 같이한 것이었다. 단지 그것은 1930년대 대공황 이후 자본주의의 변화에 대한 새로운 인식을 토대로 전전의—예컨대 『페이비언사회주의논집』에 나타난—페이비언주의에 인식론적 '수정'을 가한 것이라고 볼 수 있다. 노동당 수정주의에 이론적·실천적으로 개입했던 사람들이 종종 '신페이비언주의자'로 불리는 이유가 여기에 있다.

1950년대의 호황과 더불어 노동계급의 소멸과 이데올로기의 종언 등 담론이 무성한 가운데 노동당정치는 수정주의자들에 의해, 특히 애틀리 후임으로 당수에 오른 휴 게이츠켈과 수정주의의 이론적 대부로 알려진 크로슬랜드(Tony Crosland) 등에 의해 주도되었다. 제임스 캘러한 전 노동당 수상의 정치보좌관을 지냈던 립세이는 "〔60년대와 70년대〕 노동당정부를 이끌었던 지도부의 대부분은 자신들을 '수정주의자'라고 간주했다"고 기록한 바 있다(Lipsey 1981, 22). 전후 노동당정치에서 수정주의의 현시적·잠재적 영향력은, 20세기 말 토니 블레어 노동당정부의 '제3의 길'이 제시되기 전까지, 자본주의나 사회주의를 재정의하거나 새롭게 분석하려는 주류적 시도가 일체 없었다는 데에서 드러난다(Leonard ed. 1999).

수정주의는 1930년대 활동하던 이반 더빈, 휴 게이츠켈, 더글러스 제이 등 옥스퍼드 출신 노동당 지식인들의 주장이 영국이 전무후무한 경제적 번영을 구가하던 1950년대 상황에 맞게 이론적으로 재정비된 것이었다. 그것은 크로스만(Richard Crossman) 등 스스로 페이비언의 계승자로 자처하는 학자, 정치인들이 펴낸 1952년의 『신페이비언 논집』(*New Fabian Essays*), 노동당의 1951년 총선 패배 직후 일단의 독일 출신 당지식인들에 의해서 결성된 「사회주의동맹」(Socialist

Union)이 1956년에 출간한 『20세기 사회주의』(*Twentieth Century Socialism*), 그리고 같은 해 크로슬랜드가 저술한 『사회주의의 장래』(*The Future of Socialism*)를 통해 다양하지만 비교적 일관된 체계로서 제시되었다.

특히 『사회주의의 장래』는 이러한 이론적 정지작업의 절정을 보여준 것이었다. 그것은 "전후 영국 사민주의의 이념 형성에 가장 중대한 영향을 끼친 단일의 저술"로서 차후 노동당 정부정책에 근간을 제공할 것이었다. 다음은 수정주의에 관한 가장 체계적인 이론적 천착을 시도했을 뿐 아니라 전후 노동당의 정책실천에 깊이 관여했던 인물들을 중심으로 수정주의의 실체를 들여다본 것이다(Foote 1985; Durbin 1985; Haseler 1969). 전후 영국 노동당의 국가복지사상이 수정주의에 직접적으로 닿아 있음은 물론이다.

수정주의는 자본주의 사회에 대한 전통적인 사회주의적 개념의 과격한 재정의에서 시작한다. 이 입장에 의하면, 고전적 사회주의의 자본주의 붕괴론은 노동궁핍화와 계급극분론이라는 비현실적이고 그릇된 가정에 입각해 있기 때문에 실패할 수밖에 없었다. 오히려 전후 서구사회가 실제로 보인 것은 자본주의의 불가피한 붕괴가 아니라 "불가피한 변형"이었다.

크로슬랜드에 의하면, 이와 같은 자본주의의 변형은 기본적으로 상호 밀접하게 연관된 몇 가지 현상들, 즉 자본주의에 대한 비자본계급의 점증하는 정치적 압력, 과감한 변화의 필요성에 대한 자본가의 인식, 그리고 생산수단의 소유와 통제의 분리를 가져온 기술발전 등의 결과였다. 변형된 자본주의하에서 노동계급은 완전고용과 높은 생활수준, 그리고 복지국가가 제공하는 다양한 이익을 향유하게 되었다. 그리고 과거 생산수단 소유자들이 누리던 권력은 새로운 경영자 계층에게로 이전되었다(Crosland 1952, 34-44).

크로슬랜드는 과거의 자본주의체제와 확연히 구별되는 것으로서의 이러한 신질서를 '국가주의'(statism)로 명명했다. "자본주의로부터의 가장 근본적인 변화는 자유방임으로부터 국가통제로의 변화"이기 때문이다. 자본주의의 국가주의에로의 변화가 가져다준 가장 중요한 결과는 "첨예하게 대립되는 두 개의 동질적인 사회계급"이라는 고전적 마르크스주의 개념의 퇴장이다. 그에 의하면,

> 마르크스주의가 의미하는 생산수단의 통제라는 의미에서의 경제력은 구자본가와 신경영자, 국가기구, 주식소유자, 공사의 집행부, 그리고 조직노동자 등으로 분산되었다… 이러한 통제의 분산으로 인하여 과거 자본계급이 그리도 오래도록 했던 것처럼 이제는 어떤 단일 계급도 생산수단에 대해서 전적으로 우월한 소유관계를 주장할 수 없다. 그 결과 사회적으로는 중간집단들이 급속히 확산되면서 복잡한 계급구조를 형성하였다. 정치권력은 좌우세력이 번갈아 교체하여 정권을 잡게 되면서 균형을 이루고, 결국 지배계급은 단일하게 규정할 수 없는 개념이 되었으며, 계급투쟁은 모호한 개념으로 되었다.

이러한 상황에서 신체계는 고전적 사회주의에 기대어 자본주의 사회를 분석했던 사람들의 "엄청난 심리적 재적응"을 요구했다. 다시 말하면, 자본주의의 급격한 변화는 자본주의에 대한 사회주의적 개념의 변화를 가져왔을 뿐 아니라 사회주의 자체에 대한 새로운 정의를 요구했다. 크로슬랜드는 이를 다음과 같이 요약한다(Crosland 1963〔1956〕, 22).

전전에 있었던 사회주의에 관한 대부분의 논의는, 경제가 급속한 속도로 금 경제력의 전혀 다른 분배구도를 가지게 되었다는 사실에 의해서 이미 진부한 것이 되었다. 이러한 두 가지 근본적인 변화는 사회주의의 입장에 관한 완전한 재평가를 요구한다… 〔종전 이후〕 빈곤의 절대량은 급격히 축소되었고… 사회적 서비스의 공여는 큰 폭으로 확대되었다. 전시에 달성되었던 소득의 균등화는 전후에도 그대로 이어지고 있으며, 완전고용은 지금까지 성공적으로 유지되고 있다.

비슷한 맥락에서 1950년대 또 하나의 대표적 수정주의 지식인 단체였던 「사회주의동맹」의 가장 적극적인 구성원이었던 플랜더스(A. Flanders)와 힌덴(R. Hinden)의 지적에 따르면, "한때 사회주의 이념을 지배하여 왔던 구경제체제에 대한 단순한 개념은 시간의 흐름과 더불어 의심할 바 없이 사라져 갔으며, 그것을 지탱해 온 이론들도 새로운 상황들에 의해서 강하게 도전받게 되었다."(Socialist Union 1956, 15, 124-125) 따라서 "생산수단의 완전한 공공소유의 실현이 약속된 땅으로의 통로라는 이론들은 더 이상 설득력을 지니지 못하며, 사회주의란 것이 생산수단의 공공소유와 전적으로 동일시되어 왔다는 사실은 공공소유에 대한 신뢰의 상실은 곧 사회주의 자체에 대한 신뢰의 상실을 의미함을 말해준다." 요컨대 "1914년 이전의 전통적 자본주의가 보였던 대부분의 근본적인 특성들이 상당한 정도로 완화되었거나 완전히 변형된" 상황에서 사회주의에 대한 전통적인 정의들은 더 이상 수용될 수 없다는 것이다.

이러한 입장은 페이비언으로서 1955년 이후 노동당 당수였으며, 현실정치에서 수정주의의 가장 열정적인 전도사였던 휴 게이츠켈에 의해서도 여러 차례 표명되었다. 그는 "소유 없는 통제와 통제 없는 소유의 가능성”이 사회주의 이론가와 저술가들에 의해서 간단없이 제시되어 왔음을 환기했다. “국가는 단일산업 전체는 말할 것도 없고 한 기업체에 관한 세세한 통제를 행사하지 않으면서도 제조업, 상업, 그리고 농업 자산의 사실상의 소유주가 될 수 있는데” 이러한 통제는 주식소유와 조세 등 국유화가 아닌 다양한 수단들에 의해 효과적으로 행사될 수 있다고 누누이 강조했다. 소유와 통제가 더 이상 동의어가 되지 못하는 상황에서는 생산수단의 공공소유는 그 자체가 목적이 될 수 없을 뿐 아니라 경제통제를 위한 필요조건도 될 수 없다는 것이다(Haseler 1969, 84; Gaitskell 1956, 34).

수정주의자들은 사회주의 제1원리로서의 생산수단의 공공소유를 부인하면서 사회주의의 다른 원칙과 목표를 제시한다. 그들은 ‘평등’이야말로 사회주의가 실현해야 할 가장 중요한 가치이며 궁극적인 목표라고 제시했다. 특히 크로슬랜드에게 “사회주의는 평등에 관한 것”이었으며, 수정주의의 고전으로 간주되는 그의 방대한 『사회주의의 장래』는 내용의 거의 반에 해당하는 부분을 “평등을 추구하여”라는 소제목의 논의로 채우고 있다. 이러한 입장은 1950년대 이후 대부분의 노동당지도부에 의해서 광범위하게 공유되었다(Jenkins 1952; Gaitskell 1970).

여기서 특히 주목할 것은 그들이 제시한 바, “계급 없는 사회”로서의 평등개념이 비경제적인 용어로 정의되었다는 것이다. 크로슬랜드는 서구사회가 아직 계급적 분화를 특징으로 하고 있다는 점을 인정했지만, 그의 계급개념은 “생산력과 기존의 생산관계의 내부 모순에 기초해 있는 마르크스의 계급갈등”을 부인하면서 시작됐다. 다시 말하면 그는 계급분석의 초점을 생산수단의 소유 여부를 둘러싼 생산의 영역으로부터 개인이 위치하는 객관적·주관적·사회경제적 지위의 영역으로 이전시켰다.

이제 새로운 사회주의가 직면한 과제는 객관적 계급구분의 해소가 아니었다. 그것은 국가주의하에서 소비행태의 동질화와 더불어 "이미 눈에 띄게 약화되어 갔기" 때문이다. 오히려 문제는 지위에 대한 주관적 인식, 곧 "불평등한 사회에 대한 뿌리 깊은 인식의 지속"이었다. 이때 불평등에 대한 주관적 인식은 주로 우월감, 열등감 등의 감정에 관련된 인간관계의 문제이며, 여기에서 생산수단의 소유문제는 그것이 지위의 문제를 해소하는 데 기여하지 않는 한, 무의미한 것으로 치부되었다.

요컨대 국가의 경제통제능력이 현격히 강화된 국가주의 아래에서 중요한 것은 다양한 소득이전정책을 통한 "이미 생산된 것들"의 보다 정당한 '분배'이며, 고전적 사회주의에서 일차적 중요성을 띠었던, 불평등의 근원으로서의 생산수단의 소유 여부는 이제 분배문제의 해결을 위한 "지극히 부차적인 수단"으로 되었다는 것이다. 수정주의자들에게 자본주의는 하나의 "끊임없이 확장되고, 노동계급의 생활수준 또한 지속적으로 향상되는" 불가역의 진행 과정이었다. 그들의 사회주의는 이러한 변화하는 자본주의에 대한 대응이었고, 오늘과 내일의 구체적인 정책의 문제였다. 사회주의를 위한 입법의 대종으로서 '복지'가 주목받는 것은 당연했다(Crosland 1963〔1956〕, 62-63, 118, 120; Gaitskell 1970).

노동당의 수정주의적 사민주의는, 스스로를 고전적 사회주의의 재정의에 토대를 둔 이념적 울타리 안에 위치시킴으로, "지향해야 할 목적가치로서의 사회주의"의 실현이라는 부담으로부터 벗어날 수 있었다. 전간시절의 노동당 사민주의가 이론과 정책실천 간의 이원론적 긴장에서 벗어나지 못했다면, 전후의 수정주의는 마침내 이론을 정책의 차원으로 끌어내림으로 이 둘을 일관되고 통합된 지평 위에서 사고할 수 있게 만들었다. 다음에 보게 되듯이, 제2차 세계대전 이후의 영국 노동당의 국가개입정책과 80년대 이후 제기되기 시작한 이른바 복지국가위기론에 대한 노동당정치의 대응도 이러한 맥락에서 이해돼야 한다.

전후의 사회경제적 혼란이 점차 가라앉으면서, 서유럽 경제는 곧 전무후무한 번영기에 접어들었다. 완전고용, 대중적 풍요, 경영혁명으로 인해 고전적 사회주의가 상정하던 자본주의의 작동원리 자체가 변화했다는 인식이 팽배하면서, 수정주의는 하나의 운동으로서 영국 노동당지도부와 지식인에 의해 주도되었다. 또한 그것은 거대 노조의 지도부에 의해서 광범위한 지지를 획득했으며 차후 노동운동의 정책적 실천에 중대한 경계를 설정해 주었다.

이미 언급된 대로 이러한 '최소강령적 합의'에 입각한 전후 노동당의 복지정책은 사회임금을 통한 재분배를 통해서 시장경제가 파생시킬 최악의 효과를 완화하는 데 중점을 둔 것이다. 따라서 여기에서 자본주의적 생산과 소유관계에 대한 본질적인 도전은 고려되지 않는다. 오히려 수정주의로 대변된 전후 영국의 사민주의는 주된 관심을 '생산에서 분배로' 이전시키면서 생산관계의 근본적 변화를 동반하는 사회주의 이행이라는 부담으로부터 벗어날 수 있었다. 그것은 진보를 위한 강하고 자비로운 국가를 신뢰하면서도, 국유화는 그 자체로 중요하기보다는 평등이나 사회정의와 같은 사회주의의 새로운 가치들을 달성하는 수단에 불과하다고 단정한다. 좌파 비판자들이 보기에 분명히 이는 영국 노동당 사민주의가 사회주의 이행과 관련하여 갖는 근본적인 이데올로기적 한계를 적시해 준 것이었다.

어쨌든 이제 국가는 혼합경제의 관리를 통해서 완전고용과 지속적 성장을 달성할 수 있을 것으로 기대됐다. 생산과 분배개념이 분리되고, 생산은 시장에 맡기되 '이미 생산된 것'의 재분배를 위해 국가가 개입한다는 혼합경제 사상이 부상하면서, 사회주의는 더 이상 신화가 아닌 현실이었다. 이론(변혁)과 실천(계급타협)이 모호하게 동거하던 2차 대전 이전의 상황과는 달리, 전후에는 전자가 후자에 적응하는 방식으로 변화했던 것이다.

3. 노동당정치와 국가복지

(1) 합의의 정초-애틀리 노동당정부

제2차 세계대전은 노동당을 다시 현실정치의 전면으로 끌어들였다. 내각의 내각으로 불리던 전쟁내각은 5명의 각료로 구성됐는데, 노동당수로 클레멘트 애틀리가, 부수상으로 그린우드(Arthur Greenwood)가 무임소장관으로 거기에 참여했다. 거국정부 전체를 놓고 보면, 노동당의 어네스트 베빈, 허버트 모리슨, 휴 돌턴 등이 8개의 각료직을 포함한 총 16개의 대소 관직을 떠맡았다. 이 숫자는 1943년 4월에 이르면 10명의 각료를 포함한 총 24명으로, 그리고 종전에 이를 즈음엔 다시 27명으로 늘어났다. 소수정부의 집권경험이 있었던 과거의 당 지도부마저 대부분 1931년의 국민정부로 대거 이탈하거나 정계를 떠난 이후 전쟁 발발 직전까지, 노동당지도부의 통치경험은 사실상 전무했다고 볼 수 있었다. 전쟁 발발 당시, 노동당의 집권 가능성 또한 암담하기 그지없었다. 그러나 제1차 세계대전이 그랬던 것처럼, 제2차 세계대전 또한 노동당의 운명을 일거에 바꿔 놓았다. 특히, 다음에 보듯, 거국정부에 참여했던 당 지도부의 통치경험은 노동당의 향후 진로에 각별한 영향을 미칠 것이었으니, 그들이야말로 종전 후 노동당정부의 개혁정책을 전면에서 주도할 인물들이었던 것이다.

처칠 수상이 전쟁 등 대외문제에 골몰해 있을 때 국내정치는 애틀리를 비롯한 노동당 소속 각료들에 의해 주도되었다. 1942년 11월의 엘 알라메인 전투를 계기로 전쟁이 연합군의 승리로 종결되리라는 기대가 싹트기 시작했다. 자연스럽게 관심이 국내문제로 옮겨가면서, 전후 재건이야말로 정치인, 정당, 정부관료들 사이의 가장 중요한 쟁점으로 떠올랐다.

종전을 위한 개혁구상이 초당적으로 진행되었다. 자유당의 케인스와 윌리엄 베버리지가 각각 재무부와 노동부에서 빛나는 두뇌로 국사를 위해 헌신하고 있었다(스키델스키 2009). 베버리지는 전쟁이 격화되면서 중앙정부에 의한 통제와 계획의 열렬한 주창자로 변해 있었다. 전후 사회보장에 관한 「베버리지보고서」가 전격적으로 공개된 것도 바로 엘 알라메인 승리 직후였다. 베버리지는 결핍, 질병, 무지, 불결, 태만을 재건에 장애가 되는 5대 거악(giants)으로 지목했다. 대공황에 대한 아픈 기억이 생생하고 전쟁으로 인해 물자 부족에 시달리던 영국민에게 그의 보고서는 가뭄의 단비로 다가왔다.

베버리지는 하루아침에 '인민의 윌리엄'(People's William)이 되었다. 무엇보다 「베버리지보고서」는 영국정치에서 마침내 "방대한 새 중간지대"가 형성되기 시작했음을 알리는 신호탄이었다. 동 보고서를 기반으로 하여 1943년 봄까지 사회보장, 가족수당, 교육, 의료, 실업, 국가계획 등의 분야에서 전후 구상의 괄목할 만한 진전이 있었다.

노동당 편에서도 전쟁을 정치적 호기로 적극 활용하였다. 실제로 전쟁기간은 영국 노동운동의 양 날개인 노동당과 노조운동이 처음으로 영국정치의 내부자로 부상했던 시기이기도 했다. 복지분야를 포함한 전후 구상을 위한 방대한 개혁프로그램이 노동운동의 적극적 참여로 마무리될 수 있었던 것도 이러한 상황에서였다. 특히 노동당은 전시정부에의 동등한 참여에서 기인한 "고양된" 지위를 십분 활용하여 노조의 권익과 경제계획, 사회정의 등 노동당의 전통적 관심사들을 의회를 통해 간단없이 선전했다. 전후 재건을 위해 창설된 일련의 위원회들에도 노동당과 노조운동의 많은 사람들이 직간접적으로 관여했다.

특히 국내정책에 대한 노동당의 영향력은 내각의 소위원회 활동에서 가장 두드러졌다. 부총리인 애틀리는 동시에 식량정책위원회와 국내정책소위의 위원장이었고, 무임소장관인 그린우드는 경제정책소위와 생산위원회의 위원장직을 겸임했다. 1944년 처칠 수상이 전후 재건을 위한 광범위한 조사와 구상을 위해 10인 재건위원회를 내각에 설치했을 때는, 전후 노동당정부를 끌어갈 애틀리, 베빈, 그리고 모리슨이 모두 거기에 참여했다. 재건위원회가 발간한 백서 세 편에는, 「베버리지보고서」가 제안했던 바, 사회보험과 의료개혁 그리고 고용정책과 가족수당에 관한 핵심 구상들이 처음으로 전후 재건을 위한 정책으로 공식화되었다.

전쟁기간 노조 조직률도 30%에서 40%로 급증했다. "노조운동이 이처럼 정치적·산업적 내부자가 되었던 일은 과거에 없었다."(Morgan 1984, 28) TUC가 전쟁기간 조성된 급진적 정서에 편승하여 혹은 그것을 반영하여, 전후 재건에 관한 좌편향적 처방을 담은 사회주의 문건을 펴낸 것 또한 1944년의 일이었다. 유명한 「전후 재건에 관한 임시보고서」가 그것이었다. TUC 총회에서 거의 만장일치로 통과된 이 보고서는 "영국산업의 대대적인 재건"을 위해 "연료, 동력, 교통 등" 기간산업의 모든 주요 부문에 대한 국유화가 필수적임을 선언하고 있었다. TUC가 국유화 같은 이념적 문제에 대해 통상적으로 보였던 소극성 혹은 무관심에 비춰 보면 이러한 발전은 획기적인 것이었다. TUC 보고서는 「베버리지보고서」와 더불어 종전 이전에 이미 전후를 대비한 방대한 개혁프로그램들이 사실상 일단락됐음을 보여주었다.

종전이 다가올수록, 러시아의 참전과 뒤이은 막대한 희생이 알려지면서 사회주의에 대한 호의적 여론이 형성되고 있었다. 전쟁이 주는 동질화 혹은 평등화 효과로 인해 급진개혁에 대한 국민적 공감대 또한 확대되어 갔다. 전쟁이 사회 진보의 산파가 돼야 한다는 것이었다. 대공황에 대한 참담했던 기억과 새로운 희망 사이에서 랄프 밀리밴드가 "인민적 급진주의"로 명명했던 바, "전후 영국사회의 대규모적이고 보다 근본적인 변화에 대한 열망"이 싹트기 시작했고, 이것은 곧 유권자의 좌편향을 부추겼다(Miliband 1972, ch. ix).

한 조사에 의하면, 1942년 말에 벌써 영국 성인의 40%가 전쟁 시작 이후 자신들의 정치적 견해를 사회주의에 긍정적인 방향으로 전환하였다. 이러한 변화는 정부의 경제개입에 대한 호의적인 여론으로 뒷받침되었다. 실제로 「베버리지보고서」가 공개된 다음에는 종전과 더불어 실시될 총선과 관련된 여론조사들이 다양하게 진행되었거니와, 여론의 추세는 전후 정부주도의 전면적 개혁에 대한 국민적 열망을 일관되게 반영하고 있었다. 이 조사들은 변함없이 노동당의 승리를 예측하고 있었다. 노동당을 지지하는 여론은 1943년 6월 38%에서 1945년 5월에는 45%로 증가한 반면, 같은 기간 보수당의 그것은 31%에서 33%로 큰 변화가 없었다. 요컨대 자본주의는 효율적으로 관리될 수 있다는 사상이야말로 전쟁이 확인시켜 준 놀라운 발견이었고, 이러한 변화의 가장 큰 수혜자는 노동당이었던 것이다.

전쟁종결을 목전에 두고 1945년 7월에 총선이 있었다. 72%의 높은 투표율을 보인 선거였다. 총선 결과, 애틀리의 노동당은 전쟁영웅 처칠이 이끄는 보수당을 제치고 압도적으로 제1당이 되었다. 영국정치 사상 최초의 독자적 노동당정부가 탄생한 것이다. 애틀리의 조각은 전후정치에 대한 전쟁의 영향을 여실히 보여주었다.

내각의 거의 모든 요직이 전시정부에 참여했던 인사들로 채워졌다. 새 정부의 수상, 부수상, 외무장관, 재무장관으로는 전시내각에서 부수상, 내무장관, 노동장관, 산업장관을 지냈던 애틀리, 베빈, 모리슨, 돌턴이 각각 취임했다. 이미 언급한 대로, 앞의 3인은 모두 1944년 처칠이 전후 재건을 위해 내각에 설치했던 재건위원회의 핵심 구성원들이기도 했다. 이들 4인은 돌턴 이후 재무장관직을 계승한 스태포드 크립스와 더불어 '빅 파이브'로 불리면서 전후 노동당정치를 전면에서 주도해 나갈 것이었다. 15개의 핵심적 정무직 역시 하나같이 전시정부에 참여했던 인물들이 채웠다.

노조진영의 정부 참여 또한 두드러졌다. 20명의 각료 가운데 외무장관 베빈과 보건장관 베번(Nye Bevan)을 포함하여 물경 9명이 노조지도부로부터 충원되었다. 1927년의 노동조합법에 의해 정치활동이 현저히 제약받아 온 노조운동을 생각하면 괄목상대할 일이었다(Butler and Butler 1986, 155). 애틀리 정부는 출범과 더불어 노동쟁의법(1946)을 통과시켜 동정파업과 클로즈드 숍을 다시 합법화시킴으로써 1927년의 노동조합법을 원점으로 돌렸다. 실제로 노동당정부는 집권 내내 노조지도부의 전폭적인 지지를 받았다. 당시 노조 3인방으로 불리던 운수노조의 아더 디킨, 공무원노조의 톰 윌리엄슨,

그리고 광부노조의 윌 로더는 거의 모든 정책에서 정부의 입장을 지지했다. 노동당 전당대회에서 '블록투표'를 통해 이들 3인이 좌우하던 표는 250만, 전체 재적 표의 거의 반에 해당하는 규모였다.

무엇보다 애틀리 정부는 국유화와 복지관련 법안들을 신속하게 통과시킴으로 전후 개혁에 대한 국민적 열망에 부응코자 했다. 노동당정부가 집권 6년 동안 국유화한 12개 산업의 고용 규모는 전 노동력의 20%에 달했다. 이로써 영국은 서방국가들 가운데 가장 방대한 국유산업을 보유한 나라가 되었다. 국유화와 더불어 노동당정부가 추진한 개혁 가운데 가장 괄목할 만한 것은 역시 집권 첫해부터 입법화되기 시작했던 일련의 복지관련 법안들이다.

가족수당법이 1945년, 국민보험법이 1946년, 그리고 국민의료법, 산업재해법, 국민부조법이 모두 1948년에 제정됐다. 이로써 베버리지의 5개 거악 모두에 대한 이모저모의 공략이, 완전하진 않지만, 일단락되었고 영국은 세계에서 가장 선진된 복지체계를 갖게 되었다는 평가를 듣게 되었다. 그 가운데 핵심적인 것들을 살펴보면 다음과 같다.

① 국민의료체계(National Health Service)

애틀리 노동당정부의 사회개혁 중 백미로 꼽힌다. 거의 전적으로 웨일즈 광부 출신의 자수성가한 보건장관 나이 베번(Aneurin Bevan)의 작품이었다. 노동당 좌파의 수장이었던 베번은 엄청난 독서가, 유창한 연설가, 난공불락의 논객으로서 처칠에 맞설 수 있는 몇 안 되는 정치인 가운데 하나로 평가받던 인물이었다. 무엇보다 그에겐 국가의료체계에 대한 의료계의 거센 반발을 헤쳐 나갈 비전과 용기가 있었다. 1948년 7월 5일부터 영국의 모든 사람은 일반의, 전문의, 치과의로부터 병원과 안과처치의, 안경, 틀니, 의약품과 조산, 출산, 아동복지서비스에 이르기까지 다양한 무료 서비스를 받을 수 있게 되었다.

재원의 대부분은 일반 조세로부터 왔고, 일부는 국민보험기여금으로 충당했다. 베번은 전국적으로 동일한 의료기준을 적용하기 위해 병원의 국유화가 불가피하다고 보았다. 의료적 목적을 위해 잉글랜드와 웨일즈는 14개, 스코틀랜드는 5개로 권역화되었고, 각 권역마다 지역병원청을 두었다. 장관이 임명하는 청장은 일반 정책을 관장하고, 병원경영의 일상적 세부 업무는 지방관리위원회—잉글랜드와 웨일즈에 각각 388개, 스코틀랜드에 84개가 있었다—가 담당하도록 했다. 특히 가정의들로부터의 반발이 가장 격렬했다. 그들은 정부로부터 봉급을 받는다는 개념을 혐오했고, 직업적 독립성이 침해되고 의사로서의 위신이 관료의 지위로 격하된다는 이유로 반대했다. 1948년 2월에는 영국의사협회 소속 의사 90%가 새 의료체계에 대한 보이콧을 선언했다. 베반은 봉급이 아니라 진료환자의 수에 따라 보수를 받도록 함으로써 의사들의 반발을 무마시키는 데 성공했다. 1948년 7월 5일, 마침내 법안이 도입되었을 때, 일반의의 90%가 거기에 동참했다.

더욱 심각한 문제는 예상을 훨씬 초과한 비용이었다. 구체제에서 월 7백만을 밑돌던 처방 건수는, 1948년에는 거의 2배로 뛰었고, 1951년에 이르면 3배 가까이 불어났다. 첫해에만 물경 5백만 개의 안경이 배포되었다. 틀니 요구도 2배로 늘어났다. 1951년 한국전쟁을 위한 비용이 급증하면서 마침내 내각은 성인의 경우 틀니와 안경에 대해 비용의 절반을 부담시키기로 결의했다. 이는 완전한 무료의

료라는 베번의 원칙을 정면에서 거스르는 결정이었고, 거기에 항의하여 베번은 각료직을 사임했다. 그리고 사임은 베번의 향후 정치 역정, 그리하여 당내 좌파의 영향력이 쇠락하기 시작한 단초가 되었다.

그러나 NHS는 혁신적인 만큼 또한 성공적이었다. "병원과 의사사무실 앞에 늘어선 빈자들의 줄은 걸인의 그것이 아니라 권리의식을 지닌 시민들의 그것이었다. 영국이 전쟁에서 치른 희생으로부터 얻은 단 하나의 국내적 이익이 있다면 그것은 '이용하는 순간' 제공되는 무료 의료서비스였다."(Lowe 2009, 574) 실제로 노동계급의 건강은 놀라울 정도로 개선되었고 영국민 대부분의 삶의 질은 눈에 띄게 향상되었다.

NHS는 지불능력이 아닌 필요의 원칙에 입각하여 포괄적인 무료 의료서비스를 제공하고, 또한 당시 지방정부 관할이거나 민간이 경영하던 산만한 병원체계를 단일의 국가체계로 통합하려는 취지에서 출범했다. 그것의 도입 과정은 엄청난 정치적 소동을 동반한 것이었으니, 특히 막강한 압력단체인 영국의사협회(British Medical Association)의 반대 로비는 질기고 완강했다(Pelling 1984, 102-106). 거기에는 보수당의 '베번 죽이기'라는 정치적 의도도 적지 않게 작용했을 터였다. NHS가 때때로 사회주의의 승리를 상징하는 것으로 간주되는 것은, 혁신적 내용 때문이 아니라 도입 과정에 얽힌 그러한 갈등들 때문이었다.

어쨌든 1948년 7월의 NHS 출범은 베번 개인의 소신과 열정의 개가였다. 거의 전적으로 베번 개인의 혜안과 노력의 산물이었던 NHS는, 수많은 문제들을 야기했고 끊임없이 논란을 불러일으켰으면서도 오늘날까지 영국민이 가장 자랑하는 제도로 남아 있다.

② 국민보험법(National Insurance Act)과 국민부조법(National Assistance Act)

국민보험법은 모법인 1911년 법을 모든 성인에게 확대한 것이다.[5] 그것은 강제적 기여원칙에 입각한 것이었다. 노동자, 고용주, 정부가 매주당 기여를 하고, 개인은 질병급부와 실업급부, 60세 이상의 여성과 65세 이상의 남성은 노령연금(개인 주당 26실링, 부부 주당 42실링), 과부연금과 고아연금, 출산수당, 장례보조금을 얻을 자격을 취득한다. 급부 액수는 베버리지가 기대했던 것보다 활수했지만, 급부기간을 실업발생 이후 1년으로 한정함으로써 실업이 지속되는 한 실업급부가 지속돼야 한다는 베버리지의 원래 구상에서는 후퇴한 것이었다. 국민보험법은 전 국민을 대상으로 한 것이었지만, 처음으로 보험을 가입한 사람들이 완전한 연금수급자격을 획득하려면 10년을 기다려야 했다. 또한 수만 명에 달하는 노인들이 1908년에 도입된 비기여연금(주당 10실링으로 올랐지만, 여전히 불충분했다)을 유일한 소득원으로 하고 있었다. 수감자 부인, 미혼모, 시각/청각장애자, 지체장애자도 국민보험법의 혜택에서 제외됐다.

국민부조법은 국민보험법이 커버하지 못한 허점들(loopholes)을 메우기 위해 고안되었다. 그것은 국민보험법의 혜택에서 제외된 사람들을 위한 비기여 국가보조제도였다. 부조신청자들은 국민부조청을 통해 부조신청을 해야 했는데, 가계조사를 통과해야 했지만 추가 구호자금은 정부가 일반 조세로부터 조달할 것이었다. 대상자에게는 현금급부뿐 아니라 필요에 따라 서비스도 제공됐다. 이로써 빈곤은 더 이상 지방정부의 관할이 아니었지만, 노약자와 장애자에게 가사와 여타

5) 앞의 제3장 2.를 참조할 것.

복지서비스를 제공할 의무는 지방정부에 주어졌다. 국민보험법에 국민부조법이 더해지면서 영국은 매우 획기적인 사회보장체제를 갖게 되었고, 보수당조차 이 두 법안을 반대하지 않았다.

이 두 법은 "최소 수준의 보편적 급부를 통한 빈곤의 추방"이라는 베버리지 식의 온정주의 원칙을 충실히 반영한 것이었다. 자유당원이었던 베버리지가 구상한 최소생계비란 절망적인 빈곤상태를 염두에 둔 개념이었다. 급부의 주된 목적도 "혹독한 최소"에 따른 최저생계비의 확보에 있었다(Wilson and Wilson 1993, 352-371).

그러나 빈곤을 시공에 상대적인 개념으로 파악할 때 이러한 최소주의 원칙이 지닌 문제점은 분명해진다. 무엇보다 국민보험의 대상을 정기적 기여능력이 있는 피용자에게 한정함으로써, 실업조차 원천적으로 사치인 절대빈곤층은 제외될 수밖에 없었다. 물론 국민부조법이 수혜자격이 없는 저소득층을 위해 제정되었지만, 동법이 정한 공공부조의 규모도 자의로 책정된 최저생계비 수준을 넘을 수 없다는 점에서 근본적으로 취약하기는 마찬가지였다. 더욱이 국민부조법의 시행에는 수혜자를 '위축시키는'(stigmatizing) 가계조사가 엄격히 병행되었기 때문에 보편적 사회권으로서의 복지개념과는 거리가 멀었다(Bryson 1992, 80).

요컨대 노동당은 이 두 법안들을 통해서 복지는 기본적으로 개인적 책무라는 베버리지의 자유주의적 잔여원리를 영국 복지의 기본원리로서 확인한 것이다. 이러한 원리는 영국 복지체계의 향후 전개에서 중요한 지침 혹은 한계를 제공할 것이었다.

③ 산업재해법(National Insurance Industrial Injuries Act)

산업재해법은 과거의 노동자보상법을 크게 개선한 것이다. 예전에는 재해가 직업 상 발생했는지를 증명하는 일이 매우 힘들고 비용이 많이 들었으며, 또 고용주가 전 비용을 부담해야 했기 때문에 적절한 보상을 받는 것이 쉽지 않았다. 새 법은 국가와 더불어 노동자와 고용주도 의무적으로 주당 기여금을 납부하도록 했으며, 그렇게 형성되는 기금은 상해를 입은 노동자에게는 보상을 그리고 장애를 당한 노동자에게는 연금을 제공하도록 만들었다.

(2) 합의의 균열 - 윌슨과 캘러한의 노동당정부

1951년 이후 보수당은 3차례 연속적 총선 승리로 1964년까지 집권했다. 이 기간 보수당정치는 애틀리 노동당정부의 개혁입법(주로 국유화와 복지관련 입법들)을 거의 수정 없이 계승했다. 보수당정부의 경제관리정책은 스톱고(Stop-Go)의 반복적 순환에 기조를 둔 것이었다. 자본의 국제화는 가속화되는데, 완전고용과 복지 공여로 인해 국내 총수요 규모는 폭발적으로 증가하고 있었다. 점차 영국경제는 국제분업체제에 효율적인 대응력을 상실해 갔다. 스톱고 순환이란 이러한 구조적 취약성에 대한 일종의 '영국식' 대응이었다. 스톱단계에선 인플레 증가와 국제수지, 외환위기 등으로 드러난 위기상황의 해소를 위해 파운드의 평가 절하보다는 전반적 긴축을 선호한다. 고단계란 디플레 정책이 고용과 복지지출의 일정 수준을 위협하면 다시 리플레 정책으로 회귀하는 것을 말한다.[6]

6) 이러한 순환은 영국의 매우 특이한 현상인데 그 이유는 물론 19세기 이래 영국

따라서 노동당이 집권할 즈음에는 스톱고의 반복적 순환이 누적시킨 인플레율과 파운드의 위기가 이미 상당한 정도로 심화된 다음이었다. 1964년 13년 만에 정권을 잡은 노동당은 처음부터 파운드의 평가 절하를 정책적 고려에서 제외시키고, 공공지출 삭감과 조세 증가 그리고 임금동결을 주 내용으로 하는 전면적 긴축정책을 택했다. 1967년에 마침내 평가 절하를 수용했지만 그 효과를 뒷받침하기 위해 사회지출의 막대한 삭감을 동시에 추진했다. 이러한 초디플레 정책은 반복적으로 지속되던 소득정책을 통한 임금동결 조치들과 맞물려 노동계급의 불만을 가중시켰다. 실업자 수도 전후 최초로 50만에 이르고 있었다.

반면에 성장의 위기가 복지지출의 확대와 완전고용으로 인해 노동조합의 힘이 과도하게 증가했기 때문이라는 인식도 만만치 않았다. 60년대 말부터 노동운동의 지도부와 일반조합원과 평당원 사이의 갈등이 심화됐으며, 종전 이후 지속되던 노조와 당과의 밀월은 점차 과거의 것이 되었다. 1970년 비공식적 파업의 빈도가 급속히 증가하는 와중에 윌슨 노동당정부는 6년에 걸친 연속 2차례 집권의 막을 내렸다.

윌슨-캘러한 노동당정부(1974-1979)는 스태그플레이션이 심화되는 상황에서 등장했다. 5년여의 집권기간 동안 노동당의 경제정책은 인플레 억제를 통한 안정정책을 기조로 하여, 케인스주의의 공식적 포기로 이어지는 몇 가지 조치들로 특징지어졌다. 1975년 윌슨 정부의 데니스 힐리 재무장관은 실업률이 점고되는 상황에서도 재정

의 금융자본(the City)이 누려왔던 독점적 지위와 직접적인 관계가 있다. 영국의 금융자본이 국제경제 거래에서의 지불수단으로서 파운드의 가치유지에 보인 거의 편집적인 집착은 유명하다.

적자의 축소에 우선순위를 둔 예산을 공포함으로써 완전고용의 정책 목표에서 이탈하기 시작했다.

1976년 캘러한 정부는 각종 사회복지프로그램에 대한 과격한 지출규제를 조건으로 "굴욕적인" IMF의 차관 공여를 받아들였다. 노동당정부는 일련의 사회협약(Social Contract)을 통해 노조진영을 코포라티즘 기제에 묶어 두었고, 이로써 정책 과정에 대한 노조세력의 관여를 최소화시킬 수 있었다.[7] 노동당정부가 윌슨 수상이 실업의 "아버지요 어머니"라고 불렀던 인플레의 억제에 정책의 제1순위를 두고, 당시 서구의 어느 사민정당에서도 볼 수 없는 가혹한 긴축재정의 기조 위에 실업률의 급속한 증가를 방치할 수 있었던 것도 이러한 배경하에서였다.

이러한 정책 기조는 캘러한 수상이 1976년 당대회에서 "불황의 타개책으로 케인스주의라는 대안은 더 이상 존재치 않는다"고 선언함으로써 절정에 달했다.[8] 이 선언의 정신은 향후 예산편성에서 지속

7) 원래 '사회협약'은 70년대 초 히드 보수당 집권 시에 당과 노동조합 간에 체결된 협약으로서 차기 노동당정부가 자발적인 소득정책에 대한 조합의 협력을 약속받는 대신 당시의 히드 정부가 노조의 파업 권한을 제한하기 위하여 입법화시켰던 「노사관계법」(Industrial Relations Act)을 폐지함으로써 작업장에서의 노조 권한을 회복하고 연금생활자, 실업자, 그리고 저소득계층을 위한 다양한 정책적 고려를 반대급부로 약속한 것을 그 주요 내용으로 했다. 사회협약의 구체적 내용과 그것의 실천 혹은 변질에 관하여는 Coates(1980, 82-85)를 참고할 것. 노동당지도부는 몇 가지 입법적 조치와 정치적 제스처를 통해서 이미 보수당정부의 강경정책으로 취약해 있던 노조를 사회협약에 묶어둘 수 있었다. 특히 노조가 노동당 퇴진 바로 전해인 1978년까지 3차에 걸친 자발적 임금억제정책을 수용하면서 노동당의 집권 자체를 위태롭게 만들 쟁의활동을 일체 자제하였다는 사실이 이를 말해준다(고세훈 1990, 166-168).

8) 대처 정권을 탄생시킨 1979년 선거에서 보수당 선거강령은 정부지출의 규제와 통화공급의 조절을 통한 인플레 억제와 직접세의 삭감과 노조의 힘을 제한함으로써 투자유인을 확보한다는 공급측 경제학에 입각한 정책을 공약하였다. 다소 기이한 것은 이 강령의 주 내용이 1976년 캘러한의 당대회 연설의 그것과 큰

적으로 반영되었고, 긴축적 통화주의가 정책관행의 주요 원칙으로 자리 잡는 계기가 되었다. 그러나 실업의 격증, 성장의 전망으로 뒷받침되지 않는 반복적인 임금억제정책, 그리고 복지지출의 과격한 삭감은 단기적이고 협소한 경제주의적 이해관계 추구에 익숙해 있던 노조운동의 인내의 한계를 넘어서는 것이었다. 결국 캘러한이 무리하게 추진했던 4번째 소득정책은 공공분야 종사자들의 파업으로 얼룩진 '불만의 겨울'(Winter of Discontent, 1978−1979)을 가져왔고, 노동당은 대처의 보수당에 권력을 이양해야 했다.9)

복지체제를 위요한 수정주의적 합의는 1960년대 말 이후 윌슨, 캘러한 노동당정부를 거치면서 서서히 균열의 조짐을 보이고 있었다. 특히 1950년대 복지지출의 규모가 팽창하면서 지출규모에 대한 통제방안이 새로운 관심을 끌게 되었다. 해럴드 맥밀런 보수당정부는 보험기금에 대한 정부기여금의 상한선을 하향조정하기 시작했다. 베버리지가 원래 구상했던 상한선 33%는 지속적으로 낮아져 70년대 초에 이르면 전 기여금의 14%로 떨어졌다. 또한 맥밀런 정부는 베버리지의 최소평등주의 원칙이 팽창하는 중산층과 부유한 노동계층의 요구를 적절히 수용하지 못한다는 평가를 받아들였다. 그 결과 1959년에 국민보험법이 개정되었고 소득연계 기여와 그에 따른 급부제가 도입되었다. 즉 정률기본연금을 보충하기 위하여 임금연계 연금제를 보조제도로서 허용함으로써 급부의 차등화를 시도한 것이었다. 또한 동법은 개인의 선택에 따라 사적 직업보험에 가입하는 것을 허용하였는

차이를 보이지 않고 있다는 점이다(Kavanagh and Morris 1989, 42, 47).

9) 1978년에 파업으로 잃은 노동일수와 산업분쟁에 개입된 노동자의 연인원이 각각 9,306,000와 939,000이었던 것이 1979년에는 각각 29,474,000와 2,080,000으로 1년 사이에 전자의 경우 200% 이상 그리고 후자의 경우 100% 이상의 급격한 증가를 보였다(Butler and Butler 1986, 373).

데, 직업보험과 관련하여 고용주에게 세금보조를 해주기로 결정했다. 이로써 소득에 따른 급부의 편차가 더욱 증가되고 베버리지 식 합의가 제도화시켰던 강한 평등주의적 정신과 수직적 소득분배의 원리는 서서히 침식되기 시작했다.

베버리지 원칙이 본격적으로 수정되기 시작한 것은 60년대 이른바 '빈곤의 재발견' 혹은 저변계급(underclass)의 성장이 사회문제로 되면서부터였다. 1960년대와 1970년대 초 사이에 영국에서 절대빈곤층에 속한 인구는 130만에서 260만에 이르렀고 이는 전 인구의 2.3%-4.6%에 이르는 수치였다. 1966년 윌슨 노동당정부가 사회보장법을 통과시킨 것은 이러한 맥락이었다. 동법은 실업과 질병보험의 기여부분(기본연금)에서 일정 수준까지 소득연계제도를 도입했고, 또한 사회부조를 위한 보충급부, 즉 특별한 상황에 따른 정부부조의 지급을 새로운 조항으로 채택하였다.

국민부조(National Assistance)가 보충급부(Supplementary Benefit)로 이름을 바꾸는 등, 수혜의 오점(stigma)를 줄이려는 몇몇 시도들도 있었다. 이로써 가계조사 소득부조 신청자는 1965년 5.4%에서 1970년 7.7%로 증가하였다. 이러한 변화는 소득이전과 관련해서는 긍정적이었지만, 가계조사 국민부조의 점진적 소멸을 기대했던 베버리지의 원래 구상과는 점점 멀어지는 것이었다.

영국 사회보장체계가 베버리지의 원칙과 마침내 결별한 것은 윌슨 노동당정부가 1975년 새로운 사회보장법을 제정하여 국가소득연계연금제(the State Earnings Related Pension Scheme, SERPS)를 도입하면서부터였다. 이로써 정률원칙에 의한 기본연금은 완전히 폐지되고 모든 보험은 (기여와 급부 모두에서) 소득연계의 원칙을 채택하였다. SERPS는 개인연금과 직업연금의 여력이 없는 국가연금 가입자들에게도 퇴직급부를 과거의 소득과 전적으로 연계시킴으로써 직업과 임금수준에 따른 소득차별화를 항구화시킨 효과를 낳았다.

베버리지가 구상한 주요 원칙들, 즉 급부의 적절성, 보편성, 포괄성 등이 사실상 포기된 것이다. 반면에 보조급부제도였던 사회부조(즉 보충급부)는 소멸은커녕 그 비중이 점차 증대되었다. 보충급부의 청구자가 증가할수록 급부의 절차는 복잡해지고 급부조건은 더욱 까다로워졌으며, 그에 따라 복지체계의 탈상품화 효과는 줄어들었다. 당시 급부자격이 있는 신청자의 절반 이상이 보충급부의 청구를 아예 포기했다는 사실은 그것이 수혜자의 심리를 얼마나 위축시켰는지를 명료하게 보여준다. 윌슨 행정부는 여기에서 더 나아가 선거공약과는 반대로 공공지출의 전면적 삭감을 결의하고 지출의 현금 상한선을 설정하였다.

합의의 균열, 곧 복지국가의 구체적 축소는 윌슨 뒤의 캘러한 정부에서도 계속되었다. 앞에서 언급했듯이, 캘러한은 정부를 이양받자마자 IMF가 차관의 조건으로 제시한 공공지출의 삭감을 "굴욕적으로" 수용했고, 마침내 1976년에 20억 파운드의 공공지출 삭감에 동의했다. 캘러한 정부가 1978년 보충급부제를 전면적으로 재검토하고 '표적'(targeting)급부, 즉 보충급부 제공에서 가계조사를 한층 강화하기로 결정한 것도 복지에 대한 노동당정부의 입장 변화를 보여주는 대목이었다. 베버리지의 보편적 보험원리에 입각한 평등주의 사상은, 대처에 의한 신보수적 정책이 본격화되기 이전에 이미 노동당정부에 의해서 그 원래의 정신에서 현저히 후퇴한 것이다.

1960년대와 70년대 노동당정부의 경제정책은 완전고용의 포기와 임금억제, 그리고 복지지출의 과격한 삭감 등 케인스주의의 점진적 해체를 주 내용으로 하는 것이었다. 즉 영국 노동당정치는 서유럽 사민주의의 주 내용인 완전고용과 복지급여를 하나의 목적 (혹은 노동의 탈상품화와 노동진영의 연대를 위한 수단)으로 간주하고 여타의 정책적 대안들을 모색하기보다는, 축적의 위기로 간주된 상황 앞에서 언제나 철회될 수 있는 부차적 수단들의 하나로서 취급했다. 특히 노동당의 복지정책은 경제정책과 별개로 존재하면서 언제나 후자가 설정하는 조건에 의해서 지배되었다. 예컨대 케인스주의적 경제관리정책이 완전고용, 물가안정, 지속적인 성장, 그리고 국제수지의 안정 등을 확보하는 데 실패하면, 복지국가적 합의자체에 '원인무효'가 발생한 것으로 간주된다. 임금인상이 이윤율을 통해서 혹은 인플레의 형식으로 소비자에게 과도하게 부담을 전가시킴으로 자본축적의 논리자체가 영향을 받게 되는 경우에는, 지속적인 성장으로 갈등의 소지가 완화되지 않는 한, 합의와 타협은 대립과 갈등으로 변하게 된다. 윌슨-캘러한 노동당정부 시절에 균열을 보이기 시작하던 전후 30여 년의 복지국가적 합의체제는 대처주의의 등장으로 파국을 맞게 되었다.

제 5 장

보수당정치와 시장자유주의의 부상

1. 대처 등장의 역사적 맥락
2. 대처주의의 논리와 실천
3. 대처주의와 반국가복지의 정치
4. 대처와 대처주의－평가

제5장 보수당정치와 시장자유주의의 부상: 대처주의

대처리즘은 보수당의 온정주의, 구토리주의, 일국보수주의 전통을, 그리하여 전후 합의정치의 보수적 토대를 내용에서 과격하고 방법에서 급작스럽게 무너뜨렸다. 신(Neo)자유주의로 요약되는 대처의 사회경제정책은 자유시장적 자본주의에 대한, 거의 종교적 근본주의에 가까운 집착에서 비롯되었고 또 그렇게 실천되었다. 그것은 그간의 좌, 우 합의정치에 대한 통렬한 비판을 담은 우익적 대안으로서, 전통적 보수주의—거대 담론에 회의하며 현실정치에 대해 실용적이고, 연속성을 신뢰하며, 계급 대립적 접근보다는 사회적 약자에 대한 온정주의적 배려를 중시했던—와의 차별화를 분명히 했다. 대처는 전통적 보수당정치뿐 아니라 전후 영국정치에서 당연시해 온 가정들을 전면적이고도 신속하게 붕괴시켰다.

다음은 위에서 논했던바, 대처리즘을 영국 보수당 보수주의 '정치'의 맥락 속에 위치 지움으로써, 대처리즘이 등장하게 된 정치상황과 그것의 신자유주의적 특성과 논리를 살펴본 것이다. 이를 통해서 대처주의의 반복지사상과 반복지정치를 부각시키고자 한다.

1. 대처 등장의 역사적 맥락

(1) 대처의 등장

전후 보수당 정치사에서 어쩌면 대처의 등장 자체가 전통적 보수주의로부터의 이탈을 예고한 것이었다. 식료품상의 딸이었던 대처가 보수당 당수직을 거머쥘 수 있었던 데에는 당수 선출을 위요한 보수당 당내 제도의 급변이 자리하고 있었다.

보수당은 1965년이 되기까지 당수 선출을 위한 별도의 절차를 가지고 있지 않았다. 그때까지 보수당의 당수직은, 야당 시에는 전직 수상이 자연스럽게 떠맡거나, 전직 수상이 사망한 경우에는 양원의 두 지도자들이 공동으로 당수의 직을 운영하거나 혹은 공석으로 남겨두었었다. 모든 보수당 당수는 사망하거나 정치적 상황과 자신의 처지—스캔들, 건강, 가족 등과 관련된—에 대한 스스로의 판단에 따라 물러났고, 새 당수는 원로들(소위 'Magic Circle')의 일련의 막후 협의에 의해 ('선출'된 것이 아니라) '출현'(emerging)했다.[1] 당수로 되는 데에는 수상의 경험과 정치적 경륜 그리고 개인적 권위 등의 요인들이 중요하게 작용하지만, 그 자격에 대한 판단은 전적으로 원로 정치인들의 몫이었다.

보수당이 현직 의원들이 참여한 공개경선에 의해 당수 선출을 시작한 것은 1965년부터였다. 그리고 1974년 이후는 현직 당수 그리고 심지어는 현직 수상도 의회보수당에 의해서 퇴진할 수 있을 정도로 그

---

1) 'Magic Circle'은 1964년 영국의 우익 주간지인 *Spectator*를 통해 맥클로드(Ian Macleod)가 전년도 흄(Alec Douglas Home)이 당수(수상)가 되는 과정을 논의하다 만든 조어이다.

과정은 '개방적'으로 변모하였다. 이것은 당 원로에 대한 보수당의 전통적 '존경'(deference)이 쇠퇴하고 있는 증거이며, 이제 당수선출 과정에서 그들의 영향력이란 초선의원과 다름없이 한 표를 넘을 수 없었다. 대처는 1974년에 있었던 현직 당수를 당권도전을 통해 퇴진시킨 최초의 인물이었지만 그녀 또한 수상재임 시 두 차례(1989년과 1990년)나 당권도전을 받았다. 그녀는 결국 두 번째 도전에서 퇴출당했다. 이는 개인적 사정에 의한 사임이나 선거 패배와 무관한, 순수한 당내 반발에 의해서 교체된 최초의 영국 수상이라는 불명예였다.

당수선출의 민주화가 가져온 가장 주목할 만한 변화는 선출된 당수의 사회경제적 배경과 관련해서이다. 2차 대전 종전 이후 보수당 수상들은 당수선출 과정의 민주화를 기점으로 그 이전에 4명(처칠, 이든, 맥밀런, 흄) 그 이후에 4명(히드, 대처, 메이저 그리고 2010년 5월 총선을 통해 수상에 오른 캐머런)으로 나뉜다.[2] 양자는 우선 수상이 되기 전의 의회와 정부(내각) 경력에서 현격한 차이를 보인다. 처칠, 이든, 맥밀런, 흄은 수상이 되기 전에 이미 각각 38년, 34년, 30년, 27년의 원내 경험을 가지고 있었던데 반해, 히드와 대처의 그것은 각각 20년 그리고 메이저와 캐머런은 각각 11년과 9년에 불과했다. 전자의 수상들이 모두 20대에 정치를 시작했었고, 후자의 4인의 수상들은 모두 30대 중반이 지나서야 의회에 진입하였다는 사실 또한 양자 간의 정치적 경륜의 차이를 말해준다.

이 점은 다시 후자의 정치적 위상이 가문이나 학연 등 귀속적 특성이 아닌 주로 개인의 입지전적 노력에 빚지고 있음을 어느 정도 암

2) 1997년 5월 총선 참패 이후 메이저는 헤이그(William Hague)로 대체되었지만, 약관 37세의 헤이그가 현대사에 기록된 최연소 보수당 당수로서 선출될 수 있었던 것 또한 당내 민주화의 '덕'(혹은 '탓')이었다.

시해 주기도 한다(Shell 1995, 13). 양자는 각료경력에서도 현저한 차별성을 보인다. 전자의 경우, 수상이 되는 길은 예외 없이 화려하고 오랜 각료의 경험을 동반했다. 그러나 히드는 의회경력의 대부분을 몇몇 하위 정부부서에서의 짧은 경험을 제외하면, 정부업무와는 직접적으로 관계가 없는 원내 총무실에서 보냈다. 대처의 경우도 히드 내각에서 (정치적으로 크게 부각되지 않는) 교육과학장관을 지낸 것이 각료경력의 전부였다. 메이저는 재무, 외무 등 핵심적 각료직을 두루 거친 것이 사실이나 그것은 후견인이었던 대처의 특별한 배려에 의해 지극히 짧은 기간(각각 1년 전후)에 걸친 일이었다. 캐머런은 2010년 5월 총선을 통해 수상이 되기까지 그늘(예비) 내각의 교육부장관을 지낸 것이 프론트 벤처로서의 주된 경험이었다.

무엇보다 전자와 후자를 나누는 가장 두드러진 차이는 수상 개인의 사회경제적 배경이다. 전자의 수상들이 전통적 귀족 가문을 배경으로 한 명문 사립학교(public school) 출신의 이른바 '大公들'(grandees)이었던 데 반해, 후자에 속한 4인의 출신과 배경은 전혀 달랐다. 히드는 목수를 아버지로 둔, 보수당 사상 최초로 공립학교(grammar school) 출신의 당수였으며, 대처 역시 공립학교 출신으로 식료품상의 딸이었고, 메이저는 아버지의 실직으로 인해 일찍부터 직업전선에 뛰어들어야 했던 고등학교 중퇴자였다. 캐머런이 명문 사립고(이튼)와 옥스퍼드를 나온 것은 사실이지만 그의 아버지는 주식 브로커였다. 물론 이러한 점들은 보수당 정치인들의 사회경제적 배경이 60년대를 거치면서 급속히 변화하고 있다는 사실을 일정하게 반영하는 것이기도 하다.[3)]

3) 예컨대 전후기 각료들의 사회경제적 배경의 평균적 특징을 비교해 보면, 우선 세습작위를 가진 조부를 둔 각료의 비율은 전기의 26%가 후기에 17%로 낮아

그러나 만일 당수선출 과정의 민주화가 진행되지 않았다면 누구도 이들의 당수 가능성을 감히 상상하지 못했을 것이다. 요컨대 이들은 전통적 보수당정치에서 일종의 '외부자'(outsiders)였고, 다음에 논의되겠지만, 이 점이야말로 이들의 정치적 성쇠, 그리고 전후의 개입주의적 합의정치로부터 보수당의 이탈 정도와 밀접하게 관련되어 있다. 이는 보수당정치가 '일국토리이즘'(One Nation Toryism)에서 소위 '이국대처리즘'(Two Nation Thatcherism)으로 전화되는 것과 관련하여 매우 중요한 시사를 던져 준다.

(2) 히드의 'U-turn'

1965년 원내 보수당에 의한 당수 선출과 당권도전의 제도화는 향후 보수당의 정책변화와 관련하여 매우 중요한 시사점을 던진다. 보수당의 경우 당수(집권 시 수상)가 지닌 막강한 권력에 비추어 더욱 그러하다. 60년대 말 영국사회가 합의와 복지를 점차 부담스러워 할 때, 원내 보수당에서는 시장자유주의자들의 요구가 급속히 증가하고 있었고, 이러한 요구들은 당이 발간한 정책문건들에서 반영되었다. 1965년 보수당정치의 외부자였던 히드가 당수에 선출되었다. 그 직후 보수당이 제시한 정책문건(Putting Britain Right Ahead)은 케인스주의로부터의, 그리하여 보수당 편에서는 전통적 토리이즘으로부터의 이탈을 보여준 거의 첫 번째 공식문건이었고, 60년대 말 보수당 정책논의의 출발점이 되었다(Gamble 1990, 35). 1970년의 유명한

졌고, 사립학교 출신자는 전기의 93%에서 후기 79%로 줄었다. 특히 대표적 사립학교인 이튼(Eton) 출신의 비율은 전기에는 48%에 달했으나 후기에는 19%로 현저히 감소된 모습을 보였다(Butler and Butler 1994, 66).

셀스던 파크 당대회는 이러한 시장자유주의적 요구와 경향의 절정을 보여준 것이었다(Campbell 1993, 264-265). 차후 이러한 정책적 입장은 다양한 계기에서 반복적으로 천명되었다. 실제로 1970년 총선을 통해 집권한 히드 정부는, 전후 사반세기에 걸친 복지국가적 합의로부터의 이반을 담론과 행동 모두에서 시도했던 최초의 정부였다.

첫 번째 예산안은 히드가 야당시절 5년 동안 준비하였던 급진적 내용, 즉 감세와 복지 등 공공지출의 축소를 주 내용으로 했다. 히드는 또한 해럴드 윌슨 노동당정부가 출범시킨 산업재건위원회(IRC)를 폐지함으로써 사양산업들의 구제를 포기하였다. 1971년에 도입된 「산업관계법」(IRA)은 60년대 말부터 급속히 증가하기 시작한 비합법 파업(wildcat strikes)에 대한 단호한 대응이었다. 그것은 '불공정 산업관행'이라는 새로운 범주의 범죄항목을 설정함으로써 노조운동을 특별히 자극했다. 무엇보다 불법파업뿐 아니라 그것에 동조하는 일체의 활동을 그 범주로 분류하여 처벌하도록 규정하였는데, 이에 불응하는 경우는 모두 '감금'이라는 극단적인 처벌의 대상이 되었다. 결국 대대적인 불복운동이 전개되었고, IRA는 실패로 끝나고 말았다(Clegg 1976, 453-454).

그러나 히드 정부의 '급진주의'는 처음부터 명백한 한계를 지닌 것이었다. 그것은 조각에서 먼저 나타났다. 보수당 사상 최초로 '선출'된 당수였던 히드는 조각 시에 당 원로들을 배려한다는 기존의 관행에서 자유롭지 못했다. 정치적으로 가장 비중 있는 각료직들(이른바 '빅 스리'로 불리는 재무, 외무, 내무장관)이—히드의 시장자유주의가 아직 낯선—기존의 원로 정치인들에게 배정됐다. 이러한 사실은 히드 내각의 향후 정책행태가 토리 식 보수주의로부터 과연 얼마나 이탈할 수 있을지에 대한 의구심을 낳게 하기에 충분했다.

실제로 탈(脫)합의를 천명하며 출범했던 히드 정부 집권 첫해에 벌써 과거 사반세기 동안 합의에 익숙해 왔던 여론과 언론 그리고 잠복되어 있던 노동조합의 불만이 표출되기 되었다. 히드의 '실험'에 제동이 걸리기 시작한 것이다. 내각의 노련한 각료들은 히드의 노선에 대해 지속적으로 유보와 우려의 태도를 취했다. 그들은 소득정책의 필요성을 끈질기게 역설했고, 노조이반을 우려하여 IRA의 도입에 반대했으며, 쇠퇴 혹은 도산산업의 구제를 위한 정부개입의 필요성을 공공연히 주장했다(Campbell 1993, 309-310). 히드 정부는, 출범한 지 1년도 안 돼서, 셀스던 공약으로부터 전면적인 후퇴를 감행했다.

정책의 초점은 성장의 회복과 사회적 혼란의 수습으로 점차 옮겨갔고, 자유시장원리는 그것을 위해 "선택적으로만" 적용되기 시작했다. 변동환율이 도입되었고 팽창정책을 위한 리플레체제가 준비되었으며 소득정책이 부활했다. 대규모 조세감면과 공공지출 삭감의 구상도 결국 용두사미에 그치고 말았다. 감세보다는 세제개혁에 역점이 두어졌으며, 공공지출도 성장을 위한 수요창출을 고려하여 처음부터 계획된 증가율의 1% 미만을 감소하는 정도에서 구상되었다. 1974년 히드가 물러날 무렵에 이르면, 공공지출의 수준은 유례없이 치솟아 있었을 뿐 아니라, 관료의 숫자는 40만이나 더 증가하였다. 히드가 당 원로들의 반대를 무릅쓰고 도입했던 IRA는 노조의 협력을 절실히 필요로 할 때 오히려 노동운동을 이반시켰고, 결국 훗날 히드 정권의 퇴진에 결정적인 계기로 작용했다.[4)]

---

4) 동법이 통과된 다음 해인 1972년 광부노조(NUM)는 1926년 총파업 이래 최초의 전국적 파업을 감행했다. 1966년 파업에 비해 파업 참가자와 노동손실 일수는 각각 3배와 10배로 증가하였다(Blackaby 1978, 567). 파업이 갈수록 격화되면서 히드는 "누가 영국을 지배하는가?"의 구호로 하원을 해산하지만 1974년에만 두 차례나 총선에서 패하였다. 이 책 제4장에서 언급했듯이, IRA는 1974년

산업정책과 관련한 정부의 개입은 더욱 두드러졌다. 쇠퇴산업에 대한 보조금 철회는 처음부터 매우 선택적이고 비일관적으로 진행됐다. 항공과 중공업 등 몇몇 파산부문에 대한 재정보조는 지속됐고 실업구제를 위한 보조금 지급은 증가했다. 과거 노동당정부가 국유화한 산업들에 대한 재민영화는 추진되지 않았으며, 오히려 롤스로이스 항공과 조선업(Upper Clyde)이 국유화되었다. 1972년의 산업법은 과거 노동당정부가 무색할 정도의 경제개입권을 정부의 해당 부서에 부여했다.

통화주의적 노선이 전반적으로 무시된 것도 히드 경제정책의 특징 가운데 하나이다. 팽창정책으로 인한 인플레율이 1974－1975년의 기간 동안 26%를 넘어설 정도였지만, 통화량의 증가는 그로 인한 수요창출과 경기팽창에 비하면 큰 문제가 될 수 없다는 케인스 식 가정이 여전히 유효하였다. 리플레정책은 이윤, 투자, 생산 그리고 그에 비례한 수요를 창출시킴으로써 장기적으로 인플레를 방지해 준다고 본 것이다. 히드 정부는 시장지향적 정치를 장담하며 출범했었다. 그러나 집권 후 얼마 되지 않아서 정책의 대전환, 즉 케인스주의로의 전격적 회항(回航)을 결행했던 것이다.

보수당은 히드라는 전통적 보수당정치에서는 지극히 예외적인 인물을 당수로 선출시켰지만, 사반세기의 정치적 합의는 여전히 유효했으며 그로부터의 이탈은 아직 시기상조임이 분명해졌다. 조각에서 나타난 보수당의 권력구조는 과거의 관례를 크게 벗어나지 않았으며, 노조 등 시민사회로부터의 반발은 영국사회가 탈합의를 시도하기에는 아직 덜 준비되었음을 보여주었다. 히드 시절의 보수당은 아직

윌슨 노동당이 집권하면서 즉각 폐기됐다.

'보수적'이었고, 따라서 히드의 초기 '이탈'은 권력구조의 재편이 전제되거나 동반되지 않은, 준비 안 된 이탈이었다.

정책의 급전은 오히려 혼란과 분열을 가중시켰다. 어쩌면 1974년 2차례나 보수당이 연속해서 총선에서 패배한 것은 '성급한 이탈'과 이탈의 '조급한 번복'이 가져온 결과였다. 보수당 정치사에서 히드는 명백히 과도기적 인물이었다. 그는 한편으로 디즈레일리 이후 보수당 내에 이어져 온 도도한 온정적 보수주의와 볼드윈과 맥밀런 이래의 합의정치적 기조, 그리고 다른 한편으로, 다음에 보듯, 대처가 언술과 실천 양면에서 추진하게 될 시장자유적 보수주의와 대립정치적 기조 사이의 역사적 전환점에 서 있었다. 보수당정치에서 또 한 사람의 외부자였던 대처가 본격적인 이탈을 감행하기까지, 보수당정치의 신자유주의적 전환은 아직 때가 아니었다.

2. 대처주의의 논리와 실천

(1) 대처의 정책행태

1975년, 보수당이 두 차례나 연이어 선거에서 패배한 이듬해, 전통의 보수당정치에서 개성, 사회경제적 배경, 이념적 지향 등 모든 면에서 외부자였던 마거릿 대처가 당수로 선출되었다. 이는 물론, 앞 절에서 논의한 바, 당수선출 과정의 민주화 때문에 가능할 수 있었다. 일단 당권도전에서 성공한 대처는 당내 민주화가 위임한 전권을 십분 활용하여 '선출된 독재자'로서의 행보를 이어갈 것이었다. 영국정치 최초의 여성당수였던 대처는 영국정치가 아직 IMF 구제금융의 여진에서 헤어나지 못하고, 공공노조의 잇단 파업으로 얼룩진 '불만의 겨울'의 여파가 생생하던 1979년 봄에, 영국정치 최초의 여성수상으로 등장했다.

대처하에서 정책 과정은 수상 중심의 보다 사인화된 체제로 변모해 갔다. 수상관저의 '정책단'(Policy Unit) 규모가 확대되었고, 당내외에 우후죽순처럼 생겨난 우익 씽크탱크들이 대처의 노선을 정당화하거나 선전하는 데 적극 활용되었다(Hayes 1994, 26). 또한 대처는 각료회의나 공식적 내각위원회보다는 비공식적 회합이나 사안에 따른 특별회의를 정책도구로 선호하였다. 예컨대 대처가 집권 직후 조직한 '목요조찬모임'은 당일 소집될 주례 내각회의를 선제하기 위한 "내부자들"의 사전 비밀회합이었다.

당연히 내각의 이른바 '공동책임의 원리'는 점차 유명무실해졌다(Giddings 1995, 41). 정치에서의 합의를 곧 배반과 타협의 다른 이름으로 인식하던 대처에게 (내각의) 집단적 견해란 개념은 어울리지 않았다. 모든 위원회의 존폐와 인적 구성이 전적으로 수상 개인의 의사에 달려있고, 수상이 주요 위원회의 위원장을 독식하는 것이 가능하다면, 공동책임의 원리란 수상의 정책 권한을 사후적으로 정당화시키는 기제에 불과할 것이다.[5] 대처의 주요 경제정책은 완고한 통화론자들(일명 'dries'로 불리는 강경파)이 주축을 이루고 대처 자신이 의장을 맡았던 내각의 경제소위('E'Committee)에서 결정되었다.

내각은 그녀의 통화주의적 신념과 신자유주의적 이데올로기의 선전장으로 전락했다. 대처가 전체 각료회의를 통해 경제정책을 심도

5) "(내각에서) 논쟁으로 시간을 허비할 생각이 없다"는 것이 처음부터 그녀의 입장이었다(Young 1990, 149).

있게 다룬 적은 거의 없었으니, 전체 각료회의는 과거에 비해 훨씬 낮은 빈도(주당 1회)로 소집되었다. 70년대 보수당의 고참 정치인 해일셤 경(Quintin Hogg)은 '선출된 독재'(elective dictatorship)의 위험을 경고한 바 있었지만, 실제로 대처의 집권 내내 정부의 핵심적 경제정책을 주도한 곳은 재무장관관저(다우닝가 11번지)가 아니라 수상관저(다우닝가 10번지)였다.[6] "좋은 가문의 영국신사들"인 내각의 중진각료들 대부분은 강하고 단호한 대처의 정책적 입장을 마주할 때마다, 반발하거나 사임하기보다는 그저 침묵함으로써 결과적으로 대처의 입지를 강화시켰다(Gilmour 1992, 40-41). 영국정부 역사에서 내각이 대처와 소수의 측근들에 의해 이처럼 무시된 것은 처음이었다.[7]

---

6) 정책 과정에서 지속적으로 소외되던 온건파('wets')들이 할 수 있는 일이란 기껏 내각의 분열을 미리 막아서 대처 정부의 몰락을 방지하는 일이었다. 그 상황에서 야당이던 노동당이라도 단결해서 대안을 제시할 수 있었다면, 보수당 내 온건파의 위상과 영향력 또한 훨씬 강화되었을 것이다. 그러나 노동당은 1930년대 이래 최초의 분당을 겪을 정도로 내부 분열에 찢겨있었고, 정책대안은 언감생심이었다. 요컨대 노동당의 강경좌파(Hard Left)는 보수당의 극단적 우파의 입지를 강화시키는 데 결정적인 기여를 했던 것이다(Seyd 1987 참조).

7) 대처도 이따금 온건파를 각료로 임명하기도 했다. 특히 대처의 최초 내각은 총 22명의 각료 가운데 18명이 히드 행정부에서 각료를 지낸 경험을 가지고 있었으며, 그들 대부분이 '사립학교와 토지'로 대표되는 전통적 토리 가문 출신이었다. 그러나 이러한 고려는, 훗날 대처가 고백한바, "말썽쟁이는 오히려 안으로 수용하는 것이 낫다"라는 전략적 고려에서 취해진 일이었다(Thatcher 1993, 418). 대처에 의한 권력구조의 개편이 본격적으로 모습을 드러낸 것은 포클랜드 전쟁 승리 직후에 치러진 1983년의 선거에서 압승하면서부터이다. 제2차 대처정부의 조각의 기본원칙은 "우리"("One of us")와 "그들"("They")의 편가르기에 입각했던바, 이를 통하여 기존 내각 구성원의 대대적인 개편이 이루어졌다. 이제 온건파(wets)가 주축을 이루는 구세대는 거의 완전히 거세되었고 내각은 대처를 추종하는 강경파(dries)로 대부분 채워졌다. 하우(Geoffrey Howe)가 외무부로 자리를 옮겼고, 그보다 더욱 강경한 통화론자인 로슨(Nigel Lawson)과 브리탄(Leon Brittan)이 각각 재무부와 내무부 장관으로 승진, 발탁되었다. 재무부, 외무부, 국방부 등 핵심 부서의 차관직을 비롯한 주요 하위부처(junior

(2) 대처주의의 논리와 전개

대처하의 사인화된 정책 과정은 전후 복지국가적 합의로부터의 전면적이고 과격한 이탈을 구조적으로 용인해 주었다. 합의정치(consensus politics)로부터 히드 정부의 이탈은 실패한 실험(U-turn)으로 끝났으나, 대처는 자신의 이른바 소신정치(conviction politics)를 단호하고도 신속하게 실천에 옮겼다. 전후의 합의는 물론 노－자 그리고 보수당과 노동당 간의 비공식적 '양해와 배려'라는 형식을 취한 것이었다. 합의의 내용은, 특히 경제부문과 관련하여, 국가의 광범위한 개입을 허용하는 혼합경제, 완전고용, 방대한 복지프로그램, 공공부문의 역할, 케인스 식 수요관리기법 등에 대한 진지한 신뢰를 바탕으로 한 것이었다. 거기에서 국가의 적극적 역할은 자본주의가 배태하는 해악을 교정하기 위한 것일 뿐 아니라 자본주의의 효율적 운영을 위해서도 필요한 것으로 간주되었었다.

대처 사회경제정책의 핵심에는 케인스 식 총수요관리 정책의 포기와 복지를 포함한 공공지출의 삭감, 감세, 통화량 조절, 민영화, 탈규

---

ministries)에도 대처주의자들이 대폭 기용되었다. 내각은 그녀의 "완전한 도구"가 되었다(Jenkins 1988, 175). 기존의 정책단(Policy Unit)이 보강되고 통화론자들이 대거 유입된 것도 이때였다. "그들"에 대한 무자비한 숙청과 "우리"만으로 진용을 갖춘 내각에서 회의를 주재하는 대처에 대해, 그녀의 내각 운용 스타일이 '동년배 중 제1인자'(primus inter pares)의 전통적 수상의 모습이라기보다는 오히려 미국식 대통령에 가깝다는 비판이 설득적일 수밖에 없었다. "당분간 우리는 내각정부가 아닌 대처가 군주처럼 운영하는 대통령식 정부형태를 가지게 되었다."(Hennessy 1986, 99) 보수당 전통에서 대처의 내각 운영방식이 갖는 파격성에 대해 A. 킹은 다음과 같이 진술한다. "대처는 보통의 수상과는 달리, 〔각료회의의〕 시작부터 자신의 입장을 명백히 밝힌다. 그녀는 자신이 동의하지 않는 각료의 발언 중에 끼어들어서 자신의 주장을 끝까지 고수했다. 대부분의 수상들과는 달리 그녀는 내각토론을 단지 주재하는 것이 아니라 적극적으로 개입했고, 대부분의 내각토론 자체를 지배했다."(King 1985, 117)

제, 투자유인 확보를 통한 공급측 경제학 강조, 관료와 노조 권한의 감축 등 경제와 사회(복지)로부터 국가의 전면적 후퇴가 있었다.[8] 완전고용은 더 이상 정부의 공식적 정책목표가 아니었으며, 공공소유는 말할 것도 없고 가격이나 임금에 대한 정부의 법적 개입도 시장적 질서를 왜곡하는 것으로 간주되었다. 70년대에만 3개의 정권이 노동조합의 파업에 의해 직간접적으로 몰락한 것을 경험한 대처에게 노동조합의 법적 권리는 대폭 축소되어야 했으며, 노사관계의 정치화는 종식되어야 했다.

다음은 대처리즘의 반(反)복지주의적 정책의 실상을 살피기 이전에, 그것의 환경과 구조를 제공했던 통화주의, 민영화, 반노조주의, 법과 질서의 정치 등 전형적인 신(neo)자유주의적 정책 기조를 먼저 들여다 본 것이다.

① 통화주의(Monetarism) - 대처 보수당의 경제정책 조감(鳥瞰)[9]

자유시장적 자본주의에 대한 대처의 신뢰는 무엇보다 통화주의와 공급 측 경제학을 기조로 한 경제정책에서 명료하게 드러났다.[10] 저

---

8) 통상 대처프로젝트의 핵심은 신우익(New Right), 즉 신자유주의와 사회적 권위주의의 신보수주의로 요약된다. 전자는 "시장, 자유, 선택, 제한정부, 복지비판" 등을, 그리고 후자는 "국가권위주의, 민족주의, 전통, 사회적 규율, 문화적 인종주의" 등을 주된 내용으로 한다. 여기서는 주로 대처주의의 신자유주의적 측면에 논의를 한정할 것이다. 80년대 이후 영국에서 우익의 이론과 실천에 관해서는 Hayes(1994)가 탁월하게 정리하고 있다.

9) 이 절(節)의 내용은 Hutton(1995), Gilmour(1992), Young(1990), Smith(1987)에 주로 의존했다.

10) 케인스 좌파인 칼도의 관찰에 따르면, "1979년 5월 대처가 권좌에 올랐을 때 그녀의 정부는 거의 콘스탄틴 황제가 기독교를 국교로 선언할 때 취했던 엄숙함을 가지고 '통화주의적 신조'를 공식적으로 채택했다."(Kaldor 1985, xiv).

인플레와 저실업 그리고 지속적 성장은 통화공급을 통제하고 공공지출의 억제를 통한 균형예산을 실현함으로써 성취될 수 있다는 것이 통화주의의 기본 가정이다. 대처 시대 전반부의 경제정책은 통화주의에 대한 거의 병적인 집착으로 점철되었다. 특히 대처는 통화공급과 인플레와의 인과적 관계를 경직적으로 사고했다. "인플레는 항상 어디에서나 화폐적 현상"이라는 프리드먼(Milton Freedman)의 단언은 그녀에게는 종교적 계명 혹은 자연과학적 법칙 이상의 위력을 지닌 것이었다.[11)]

시장은 근본적으로 자기 규제적이기 때문에 자동(균형)메커니즘이 스스로 작동할 수 있도록 방임되어야 한다. 따라서 정부의 할 일이란, 예컨대 예산의 균형을 추구함으로써 가능하면 시장에의 개입 소지를 줄이는 것이다. 물론 통화주의의 단순하고 낙관적인 메시지는 복잡한 현실 세계에서 제대로 검증된 일이 없었다. 그러나 통화주의를 하나의 신앙 혹은 도그마의 차원으로 승격시킨 대처에게 이 점은 중요한 것이 아니었다.

대처 정부의 첫 번째 예산은 시장에 대한 맹목적 숭앙이 얼마나 심각한 폐해를 낳을 수 있는지를 극명하게 보여준 사례에 속한다. 제프리 하우 재무장관이 주도한 첫 번째 예산의 주 내용은 긴축적 통화정책과 공공지출의 삭감이었다. 통화량 증가의 목표치는 -11%로 설정되었고, 대출이자율은 12%에서 14%로 인상되었다. 15억 파운드의 정부지출 삭감을 위해서 소득세의 최고세율과 최저세율은 각각 83%에서 60% 그리고 33%에서 30%로 낮춰졌다. 부가가치세는

11) 길모어는 훗날 "불행히도 대처의 통화주의는, 마르크스주의와 마찬가지로 이론으로서 죽음보다 더욱 비참한 운명, 즉 그것이 실천에 옮겨졌다는 운명을 맞게 되었다"고 통탄했다(Gilmour 1992, 18).

8%에서 15%로 거의 2배로 인상되었는데, 하우는 이것이 가격 인상에 대한 합리적 기대를 유발해서 인플레 압박을 오히려 제거할 것이라고 장담하였다.

이러한 통화적 · 재정적 긴축에도 불구하고 대처 집권 첫해에 인플레는 10%에서 22%로, 실업자수는 130만에서 200만으로 급속히 불어났다(Derbyshire 1988, 83). 반인플레를 위한 예산이 오히려 인플레를 2배 이상 상승시키는 결과를 낳은 것이다. 1979년 10월 환율통제에서 해방된 파운드는 석유통화로서 그 가치가 치솟고 있었다. 대처 집권 시 $2를 약간 상회하던 파운드는 집권 이듬해 말에는 $2.45로 급등했다. 이란혁명의 여파로 국제유가가 폭등하고, 뒤이은 세계적 불황이 불을 보듯 명확해진 상황에서, 통화주의 도그마에 따른 이자율의 인상이 국내 수출산업에 미치는 영향은 자명했다. 그러나 통화주의가 가정한 것과는 달리, 통화량의 공급통제는 사실상 불가능했다. 그 와중에 제조업은 다중의 압박—인위적 고파운드, 고이자율, 고유가와 고임금—속에서 헤어나지 못했다. 1980년에만 제조업 산출은 15% 하락했고, 실업은 130만에서 200만 이상으로 증가했으며, 국내총생산은 2.2%나 떨어졌다(Smith 1987, 87-90).

통화주의 도그마는 집권 이듬해인 1980년 3월 재무부가 발표한 중기재정전략(MTFS)에서 절정에 달했다. MTFS는 가격과 임금을 결정하던 코포라티스트적 관행과의 급격한 단절을 보인 것이었다. 핵심은 반인플레를 위한 통화량의 성장을 억제하는 데 있었다. 정부가 할 일은 통화공급과 재정적자폭(Public Sector Borrowing Requirements, PSBR)의 목표수치를 향후 4년간 점진적으로 하향조정하는 일이었다. 이러한 전략은 통화량은 정부가 좌우할 수 있고 통화량의 변화가 궁극적으로 가격 수준을 결정한다는 가정에 입각한 것이었다. 문제는 통화량과 PSBR의 통제가 이론처럼 그렇게 쉽지 않다는 데 있었다. 실제로 그 후 4년간 이 두 목표수치는 어느 것도 달성되지 못했다. 오히려 첫 3년간 통화량은 각각 74%, 37%, 23%나 목표수치를 초과하여 증가했다(Smith 1987, 93, 표1).

사실 영국의 공공지출 수준이 그리스를 제외하면 EC 국가들 가운데 최하위인 상황에서, 인플레를 잡기 위해 PSBR을 삭감한다는 구상은 설득력이 없었다. 더욱이 높은 PSBR이 통화공급을 확대할 것이라는 가정 또한 근거가 취약했다. 케인스 좌파인 칼도 경(Lord Kaldor)뿐 아니라, 심지어는 프리드먼조차 하원위원회 증언을 통해 통화량증가와 PSBR 규모가 무관하다고 말했었다(Gilmour 1992, 28). 반면에 직접세를 낮추고 간접세를 증가함으로써 PSBR을 낮추려는 시도는 오히려 인플레를 악화시키는 결과를 빚었다.

정부가 지출을 줄이면 그것은 간접적으로 정부수입의 저락을 가져오게 되고, 실업이 증가하여 세수가 감소하면 이전의 지출삭감 효과는 상쇄된다. 따라서 PSBR 초과상황에는 변함이 없게 된다. 요컨대 대처의 통화주의적 집착으로 인해 처음부터 PSBR을 활용하여 경제안정을 도모한다는 개념은 들어설 여지가 없었다. 만일 영란은행이 금융부문에 쏟아 부었던 수십억 파운드마저 없었더라면, 금융체제는 대처 집권 초에 벌써 심각한 위기에 몰리고 불황은 더욱 심화되었을 것이었다.

기업의 도산이 속출하고 실업이 (월평균 10만의 규모로) 증가되는 상황에서도 대처는 통화주의라는 도그마를 완강히 고집했다. 1981년 예산안은 인플레 억제라는 명분하에 재차 50억 파운드(GDP의 7%)라는 전무후무한 지출삭감을 핵심 내용으로 한 것이었다. 케인스주의적 합의에 대한 가장 노골적이고 전면적인 공격이었다. 그것은 전적으로 비밀리에 추진된 "대처의 작품"이었다(Harris 1988, 149). 대처가 처음으로 이국보수주의(Two-Nation Conservatism)를 우려하는 각료들의 '반란'에 부딪친 것도 이때였다. 대처에게 남아 있는 선택은 정책을 철회하든가 내각을 개편하는 일이었다. 예상대로 대처는 후자를 택했다. 대처는 이른바 온건파(wets)로 분류되는 각료들을 해임하거나 강등시키는 일에 본격적이고도 주도면밀하게 착수했다.[12] 대처가 과거 히드의 정책전환(U-turns)에 빗대어 "여인은 돌아서지 않는다"("The Lady's not for turning")라는 유명한 말로 타협이 아닌 "소신의 정치"를 새삼 강조한 것도 바로 이 무렵이었다(Critchley 1994, 72).

내각의 새 진용은 이전과는 다른 유형의, 곧 전통적 보수주의가 낯선, 보다 젊고 "자수성가한" 신중산층 출신들로 채워졌다. 다음 해에 대처가 공공지출을 25억 파운드나 삭감하고, 탈규제와 민영화 그리고 노조관련법의 개정을 통한 노조운동의 억압을 본격적으로 진행시킬 수 있었던 것도, 이러한 권력구조의 개편을 배경으로 한 것이었다(Giddings 1995, 58-62). 대처의 극단적 통화주의, 즉 통화목표에 대한 편집적 집착과 복지 등 공공지출의 광포한 삭감은 적지 않은 경제사회적 비용을 동반했다. 무엇보다 제조업이 유사 이래 가장 급속

12) 당 원로이며 당 의장이었던 소니크로프트(Lord Thorneycroft)를 비롯하여 길모어(Ian Gilmour), 카알라일(Mark Carlisle), 솜즈(Christopher Soames), 프라이어(Jim Prior) 등 온건진용의 거두들이 일거에 각료직에서 해임되었고, 그들을 대신해서 파킨슨(Cecil Parkinson), 테빗(Norman Tebbit), 조지프(Keith Joseph), 로슨(Nigel Lawson) 등 강경 통화론자들이 새롭게 등용되거나 승진 이동되었다(Howe 1994, 222-225). 영국 전역으로부터 경제학자 364명이 디플레정책이 결코 경기회복을 가져오지 못할 것이라는 내용의 집단적 항의 성명을 발표한 것도 이때였다. 어쨌든 첫 번째 내각은 대처가 불편해 했던 최초의 그리고 최후의 내각이 되었다.

하게 소멸해 갔거니와, 제조업의 20-25%가 도산했던 것이 이 무렵이었다. 공급측 경제전략이 오히려 공급을 극도로 위축시켰던 것이다.

1981년 중반, 이미 실업은 집권 당시와 비교하여 2배(300만)로 뛰었고 맨체스터, 브릭스톤, 리버풀을 포함한 거의 30개 도시에서 폭동이 이어졌다. 통화량과 PSBR에 대한 과잉된 집착으로 얼룩진 대처의 첫 번째 임기 동안(1979-1982), 통화량 공급은 오히려 연평균 13%씩 증가했고, 실업은 폭등하였으며, 제조업은 파탄의 조짐을 보였다. 이때 소실된 영국의 경제기반은 대처가 물러날 때까지도 복구되지 못할 것이었다.

이즈음 정부는 인플레와의 전쟁에서 어느 정도 '성공'을 일궈냈다. 1979년 국내총생산의 4.4%였던 재정적자 폭은 1982년에는 2.6%의 흑자로 돌아섰고 1983년 인플레는 4.6%로 감소하였다. 그러나 그것은 통화주의의 가정과는 달리 통화공급을 감소했기 때문이 아니었다. 오히려 집권 이후 1982년까지 통화증가율은 때론 연 15%를 웃돌았다. 만일 통화주의의 예측이 맞았다면, 1982-1983년의 기간 동안 인플레는 16%, 1983-1984년에는 11%, 1984-1985년에는 8%에 이르러야 정상일 것이었다. 그러나 1983-1988년의 기간에도 통화량 증가는 연평균 14.7%에 달했기 때문에, 이론이 맞는다면, 인플레는 2자리 수가 되어야 했지만, 인플레 평균은 4.7%에 머무르는 데 그쳤다(Gilmour 1992, 62-63). 통화주의가 가정하는 통화량 증가와 인플레와의 체계적 관계 설정이, 통화주의의 가정과는 달리, 현실 경제에서 얼마나 어려운 것인지가 단적으로 드러났던 것이다.

이 시기 인플레를 낮추는 데 결정적인 역할을 했던 것은 오히려 실업과 저환율이었다. 세계 경제가 심각한 불황에 빠져들면서 상품가격 자체가 폭락하던 상황에서, 영국경제의 불황(고실업)이 인플레 저락에 매우 중요한 요인으로 작용했던 것이다. 또한 낮은 환율로 수요가 외국으로 빠져나가면서 무역수지가 일종의 반인플레적 안전밸브의 역할을 했다. 1980년대 대처 집권 10년 동안 무역적자가 급등했다—수입은 2배로 증가한 반면 수출은 그 반도 안 되는 40%만 증가했다—는 사실이 이 점을 잘 보여준다. 요컨대 통화주의의 두 가지 숭배 대상인 통화공급과 PSBR의 목표수치를 현실이 한참 초과한 상황에서, 인플레 하락이 곧 통화주의 정책의 결과라는 정부의 선전은 전혀 설득력이 없는 것이었다.

한편 대처 정부는 이미 집권 몇 달 후부터 금융자유화의 이름하에 환율과 은행통제의 완화를 적극적으로 추진해 오고 있었다. 환율통제는 은행의 예대(預貸)통제를 통한 신용증가를 억제하는 데 필수적이다. 그러나 일단 환율통제가 사라지면서 금융권은 즉각 신용통제의 폐지를 위한 로비에 착수했고, 환율통제가 폐지된 지 8개월 만인 1980년 6월, 정부는 은행적립금의 한도를 폐지했다. 과거 영란은행은 일반은행의 초과적립금을 거두어들임으로써 은행의 대출 역량을 제약할 수 있었다. 이제 은행들은 주로 자사의 외국 지사들을 통해 국내 소비자에게 무제한적인 대출을 해줄 수 있었다. 2달 후인 1980년 8월에는 또 다른 금융통제, 즉 '준비율 요구'(reserve requirements)가 폐지됐다. 은행들은 대출과 대출을 위한 재정확보 모두에서 자유롭게 되었다. 파운드는 급상승했고 신용팽창과 더불어 통화량 또한 급팽창했다.

이제 영국경제는 향후 15년간 생산과 소비 간의 극도의 불균형으로 시달리게 될 터였다. 고파운드로 생산 역량은 위축됐지만 소비 수준은 최고조에 달했다. 탈규제된 은행제도에서 통화와 신용팽창을 억제하려는 대처 정부의 시도는 10년간의 고이자율과 만성적으로 과잉 평가된 파운드를 남겼다. 1990년대 중반에 이르면, 소비는 국민생산의 65%에 달했으나 수요에 대한 자본저량은 경쟁국들보다 형편없이 낮은 수준에 머물렀다(Hutton 1995, 66).

물론 통화주의 가설에 입각한 통화량 통제전략은 금융체제의 탈규제 정책이 낳은 신용의 급팽창과는 근본적으로 양립이 불가능했다. 대처 정부는 1982년 분할구입의 한도를 폐지하고, 여타 탈규제에도 박차를 가함으로써 소비자신용을 재차 팽창시켰다. 이는 순 수출수요와 투자에 따른 팽창 혹은 리플레가 아닌 전형적인 '선거케인스주의'(electoral Keynesianism, 혹은 political business cycle) 전략이었다. 이러한 소비팽창은, 포클랜드전쟁과 더불어 대처가 1983년의 총선을 승리로 이끄는 데 결정적인 기여를 했다. 동일한 전략이 4년 후인 1987년 선거를 앞두고 더 높은 강도로 반복되었다. 소비가 주도하는 신용팽창은 투자와 수출로 뒷받침되지 않는다면, 거품경제를 낳을 수밖에 없다. 그러나 1979-1981년 기간의 혹독한 통화주의 정책의 결과로 제조업은 이미 극도로 위축되어 있었다. 신용팽창은 주로 가계를 대상으로 한 소비팽창에 기여했을 뿐이었다.

여타의 OECD 국가들이 기술개발과 보조금 등을 늘려나갈 때, 영국정부는 오히려 그것들을 삭감했다. 핍진한 환경 덕에 제조업 생산성이 향상되기도 했지만, 생산량은 꾸준히 감소했다. 이 상황에서 수입품에 대한 수요가 격증한 것은 너무도 당연했다. 국내 제조업이 회복 불능의 상황에 빠져들면서, 북해석유에도 불구하고 1983년에 영국은 제조업부문에서 처음으로 무역적자를 기록했다. 이후 국제수지는 급속도로 악화되어 갔다.

제조업이 전체무역에서 70%, GDP에서 20%를 차지하는 엄연한 현실이 이처럼 무시될 수 있었던 것은, 대처 정부가 얼마나 통화주의라는 도그마에 갇혀 있었던가를 단적으로 말해준다. 1981－1984년의 기간 동안 제조상품의 수입은 1/3 이상 증가한 반면 제조업 생산 증가는 4%에 불과했다. 북해석유는 산업회생을 위해 투자되기보다는 가진 자와 고용된 자, 즉 신용대출을 받을 만한 지위에 있는 자들의 소비적 안락을 위해 주로 활용되었다. 전통적으로 보수적인 상원의 해외무역위원회조차 제조업기반이 확충되지 않고 수입이 통제되지 않으면 북해석유의 유출량이 감소하면서 영국경제는 국제수지위기, 고실업, 불황, 고인플레 등 전면적인 위기상황에 부딪칠 것이라고 경고할 정도였다. GDP에서 서비스부문이 차지하는 비율(63%)이 제조업보다 훨씬 높은 것이 사실이지만, 앞에서 지적한 대로 국제수지에서 서비스부문이 기여할 수 있는 여지에는 명백한 한계가 있다.

그러나 대처주의자들은 금융과 상업의 이해를 제조업의 그것보다 훨씬 중시했고 영국의 장래가 제조업이 아닌 서비스업에 있다고 '종교적으로' 확신했다.[13] 대처주의자들에게 제조업을 살리기 위해 정부가 개입한다는 개념은 저주요 금물이었다. 수많은 경고들이 잇달았지만, 지속적으로 무시됐다. 그 결과 1989년에는 무역적자가 200억 파운드라는 천문학적 규모에 달했다(Gilmour 1992, 69-70).

1987년 총선을 앞두고 대처의 선거케인스주의는 1983년 선거기간에 비해 훨씬 두드러졌다. 첫 두 해의 참담한 실패에도 불구하고, 통화공급의 목표수치 설정은 1986년까지 지속되고 있었다. 그런데 총선은 이러한 통화주의 도그마마저 당분간 목전의 선거 승리의 하위개

13) 제조업이 밀집한 지역이 노동당 유권자가 다수라는 점도 고려됐을 것이다. 그러나 허튼은 이 점을 렌트에 주로 의존하는 영국의 신사자본주의(gentlemanly capitalism) 탓으로 돌렸다(Hutton 1995, 128-129).

념으로 만들었다. 1986년 가을, 로슨(Nigel Lawson) 재무장관은 교육, 의료, 주택에 대한 지출을 100억 파운드 증가시킨다고 발표했다. 그해까지 지속되었던 통화증가액 한도 설정 관행이 돌연 폐기된 것이다. 1986년 예산안은 그간 악의 화신으로 간주했던 공공지출규모의 실질적 증가를 허용함으로써, 사실상 통화주의로부터 전면적인 유턴을 시도했다(Britton 1991, 61, 65). 1980년의 MTFS 이후 대처 정부는, 통화량의 통제야말로 인플레를 낮출 것이라고 낭만적으로 확신하며, 매년 통화공급과 PSBR의 증가목표액을 설정해 오지 않았던가. 처음에 광의의 통화량인 M3를 지표로 택했었던 정부는, 1981년에 이르면 협의의 통화량인 M1으로 지표를 대체했었다. 목표와 현실 간의 지속적인 괴리로 인하여 통화량의 통제방법뿐 아니라 통화량 자체를 정의하는 문제에서도 자신을 잃었던 것이다.

예컨대 1985년 예산은 M3에 근거해서 목표수치를 추정했는데, 통화량은 불과 6개월도 안 돼 목표수치의 2배를 초과했다. 정부는 곧 M0, 즉 사람들의 주머니 속에 있는 지폐와 동전만을 의미하는 가장 좁은 의미의 통화지표로 기준을 바꿨다. 그러나 M0를 통제하는 것은 사실상 불가능하다는 것이 드러나면서 M0는 무의미한 지표로 판명되었다. 실제로 금융의 자유화와 국제화로 인해 통화의 행태를 감독하고 통제하는 것의 어려움은 갈수록 더해 갔다. 통화총량 지표들은 1986년에만 12−20% 증가했다. 그 대부분은 가계대출에서 기인한 것으로서, 개인대출은 1986년 전반기에만 전년도에 비해 26% 상승했다. 반면 대처 정부는 이자율에서 긴축을 유지했기 때문에 소비는 팽창하는데, 투자는 여전히 위축됐다. 1979년 집권 당시보다 제조업 생산은 6% 하락했고, 집권 이후 연평균 성장률은 1% 정도의 낮은 수준이었다(Jenkins 1988, 280-281). 80년대 전체를 통해 개인 부채는 2배, 가계당 부채는 100파운드의 가처분 소득에 대해 1980년의 57파운드에서 1990년의 114파운드로 증가했다. 소비지출은 1982년에 1%, 1983-1985년 평균 3.3%, 1986-1988년 평균 6.3%나 가파르게 상승했고, 이로써 소비산업(외국수입상 등)이 급팽창하였다. 대처의 전 집권기간 동안 영국은 모든 산업국가들 가운데 부채의 증가 속도와 절대 수준에서 단연 선두였다(Hutton 1995, 71-73).

통화량 통제가 실패하고 통화량의 목표액 설정이 포기되면서, 통화주의는 사실상 소멸된 것이나 다름없었다. 이제 대처 정부는 통화주의와 통화목표치 대신 환율 중심의, 이른바 경제현실주의로 전환했다. 환율통제의 도구는 단기이자율이었다. 그러나 통화주의에 의하면, 환율과 통화공급은 동시에 통제될 수 없다. 새 정책은 이자율이 더 이상 통화공급이 아닌 파운드의 수요에 따라 결정될 것임을 암시했다. 이것은 통화주의가 아니었다. 오히려 새 정책은—가격이 통화량 이외의 요인들에 의해 결정될 수 있다는 점을 시사함으로써—통화주의를 정면에서 거부한 셈이 되었다. 가령 환율변화로 수입가가 증가했다면, 가격은 임금이나 생산비가 변화하면서 결정될 수도 있는 것이었다. 통화량 증가가 인플레율을 결정하는 것이 사실이라 하더라도 통화량 증가율을 측정하고 그것을 통제하는 효과적인 방법이 없는 한, 이 가정은 현실적으로 별 효용을 지니지 못한다. 통화주의의 정치적 매력은 통화목표액을 강제로 부과함으로써 정부의 낭비와 오류를 방지할 수 있다는 점이었다. 문제는 목표량이 경직적으로 설정될 경우, 매우 치명적인 경제적 위해가 가해질 수 있다는 것이었다.

그러나 대처 정부는, 선거케인스주의를 제외하면, 케인스주의로의 전향을 완강히 거부했다. 오히려 시장과 자유방임에 대한 신뢰를 교리적으로 고수하고 있었다. 대처는 자신의 경제 치적에 대한 자부심이 대단했다. 1987년 선거를 앞두고는 재무장관의 입을 빌어 "우리는 낮은 인플레, 낮은 공공지출, 지속적 성장, 저조세 등 선순환의 이익을 향유하고 있다"고 장담할 정도였다. 선거유세 중에는 "〔보수당 정부가〕 레임덕(lame duck) 경제를 불독(bulldog) 경제로 전환시켰다"고 자랑하기도 했다. 이 구도에서 완전고용은 더 이상 정부의 목표가 아니었으며, 실업문제는 정부가 개입할 성질의 문제가 아니었다. 실제로 300만 이상이던 실업자 수가 감소하기 시작했고, GDP 성장률은 1987년 4.4%, 1988년 4.7%에 달했는데, 최하위 계층을 제외하면 생활조건은 전후 가장 급속히 개선되고 있었다.

그러나 이것은 선순환이 결코 아니었다. 제1차 대처 내각에서 강제로 퇴출당했던 길모어에 따르면, "〔영국경제라는〕 말(馬)은 과도한 스테로이드가 주입된 상태였다."(Gilmour 1992, 76) 선순환의 외양은 생산으로 뒷받침되지 않은 소비신용의 폭발적 증가가 가져다 준 것이었다. 예컨대 주택자금 대출의 조건이 대폭 완화되면서, 주택공급은 늘지 않았는데도 주택가격은 상승했다. 주택대출금이 주택구입과는 무관한 일반 소비지출에 사용되는 일도 비일비재했다. 1984-1987년 기간, 순 가계대출은 3배로 증가했고, 1987-1989년 기간, 그것은 GDP의 10%에 달할 정도가 되었다. 가계의 가처분소득이 차입으로 보완되었던 것이다. 1986년 중반부터 1988년까지 18개월 동안 집값은 40% 상승했는데, 이는 평균 가계소득의 거의 4.5배 해당하는 수치였다. 대처가 물러나던 1990년에 이르면 국제수지적자는 GDP의 4%로 치솟고 인플레도 다시 10%로 증가했다. 대처 집권 10년 동안 실질 개인자산은 80%, 집값은 90%, 주가는 160%, 실질소득은 25% 증가했지만, 차입은 더욱 가파르게 증가해서 1989년 가계당 순 부채는 10년 전에 비해 2.5배에 달했다.

이런 상황에서는, 소득세 인상을 통한 소비삭감과 저이자율 정책을 통한 투자증진이 명백한 선택이었다. 그러나 불행히도 신용통제나 조세증가는 자유시장 도그마에서는 선택의 대상이 아니었다. 소비 붐의 저지는 순전히 통화적 수단에 의거해야 했다. 실제로 정부는 소비신용을 제어하기 위한 어떤 시도도 하지 않았다. 오히려 1988년에는 소득세를 2% 삭감하고 최고 한계세율을 60%에서 40%로 낮췄다. 소비가 폭발적으로 증가하면서 정부의 경제정책에 대한 대중적 지지는 상승했지만, 제조업 투자는 오히려 0.5% 감소하였다. 1988년 예산 이후 잠시 낮춰진 이자율은 1988년 6월과 1989년 10월 사이에 12차례나 증가하여 결국 15%에 달하고 있었다. 고이자율은 거의 모든 것에 타격을 주었다.

특히 투자에 말할 수 없는 어려움을 주었는데, 고이자율은 파운드 평가절상을 낳았고, 평가절상은 수출뿐 아니라 수출산업에의 투자 자체를 원점으로 돌리는 것이었다. 더욱이 가계부채가 이미 엄청나게 늘어난 상황이었기 때문에, 고이자율은 부채에 허덕이던 가계들에게 심각한 재난을 안겨주었다. 즉 신용폭발은 생산폭발로 이어지지 않았고, 집권 초기에 무자비한 통화주의 정책으로 제조업이 입은 타격은 회복되지 않은 채, 수요와 공급의 격차는 여전히 막대한 규모였다 (Gilmour 1992, 81-82). 1987년부터 제조업에 대한 투자가 조금씩 늘어나긴 했지만, 제조업 공급과 수요의 갭을 메우기에는 이미 시기를 놓친 뒤였다. 영국이 30년대 이후 가장 긴 불황의 터널로 들어선 것은 예견된 수순이었다. 대처의 집권은 이즈음 막을 내렸다. 대처 정부는 자유방임원칙을 파멸에 이르기까지 실험한 셈이었다.

대처의 전 집권 기간 동안 제조업 생산은 연평균 1.2% 정도 증가에 그쳤고, 제조업의 고용감소는 선진국들 가운데 최대 규모였다. 제조업 생산성의 급등에도 불구하고 이것이 투자와 산출증가로 이어지지 않은 이유는 무엇보다 금융가치가 지배적이었기 때문이었다. 즉 과대평가된 환율이 산업 경쟁력을 지속적으로 훼손하는 상황에서도 대처 정부에게 저환율이 인플레에 미치는 영향은 언제나 부차적이었다. 고이자율 또한 언제나 인플레와 관련해서만 중시되었고 그것이 기업활동에 미치는 영향은 관심의 대상 밖이었다.

요컨대 대처 정부의 정책 우선은 언제나 금융에 두어졌다. 집권 내내 고용과 성장의 목표수치는 결코 제시된 적이 없었고, 이는 시장이 알아서 할 일이었다. 제조업 가운데 수출이 호전된 부문은 화학과 항공 등 몇몇 분야에 한정되었으며, 섬유와 기계산업은 아예 포기했다. 당연히 수입은 수출을 훨씬 앞질러 증가했는데, 집권 10년 동안 수출은 18.7% 상승한 데 반해 수입은 56.5%나 늘어났다(Hutton 1995, 77-79). 고용이 130만 증가했지만, 임시직과 비정규 노동이 주를 이뤘으며, 제조업에서 발생한 300만 실업을 상쇄하기에는 역부족이었다. 1979－1993년 기간 연평균 경제성장률 1.6%는, 보수당으로부터 늘 비판과 조롱을 받았던 60년대 윌슨 수상 시절의 그것보다 훨씬 못한 수준이며, 종전 이후 어떤 선진 산업국가의 경우보다도 낮았다. 신자유주의가 강요하는 노동시장 유연화 전략에 따른 성장의 결과물이었다. 확실한 것은 한계세율이 과격하게 축소되고 조세부담이 직접세로부터 간접세로 대폭 이전하면서 계층 간의 소득 격차가 증가했다는 사실이다. 한 조사에 의하면, 1979년 이래 최하위 20%의 실질소득은 3% 감소한 반면, 상위 20%의 그것은 50%나 증가했다(Davies 1995, 295).

이 모든 상황에도 불구하고, 대처 정부의 통화주의에 대한 독선적 신뢰는 변치 않았다. 예컨대 확신에 찬 공격적 공급주의자였던 재무장관 로슨에게 최우선 정책 과제는 여전히 인플레와의 싸움이었다. 그는 1989년의 마지막 예산연설에서도 "인플레는 화폐적 질병이고 따라서 통화정책이 그 치유책이다"라고 단언했다. 시장은 자기 조절적이며 정부개입은 시장기능의 활성화를 보장하기 위한 장애물 제거에 한해야 한다는, 시장에의 열광은 계속됐다. 대처에게 통화주의는 곧 대처리즘이요, 대처리즘은 곧 통화주의였다. 통화주의는 죽었는지 모르지만, 대처리즘 그리고 통화주의에 대한 그녀의 단순한 신념은 결코 죽지 않았다. 이 모든 것이 국민의 전반적 복지 수준과 국가복지에 던지는 함의는 너무나 자명했다.

② 민영화

시장자유에 대한 대처의 믿음은 사부문의 발전 혹은 확대와 직접적으로 연결된다. 대처에게 공부문은 소비의 주체일 뿐이며, 사부문에 기생하는 비효율적인 영역이라는 고전적 자유주의 명제는 자명한 것이었다. 예컨대, 우리는 이미 환율과 은행신용의 탈규제에 관하여 언급했지만, 국유산업의 매각이야말로 대처가 가장 의욕적으로 성취한 눈부신 '업적'이며, 전후 합의체제가 용인했던 국가주의와의 가장 노골적이고 상징적인 단절이었다. 그리고 이것의 배후에는 공기업은 경쟁이라는 채찍에 노출되지 않은 비효율적인 관료집단이며, 공부문의 노사관계는 전투적 노조운동으로 인해 늘 정치적으로 오염돼 있다는 인식이 존재한다.

과거 영국정치에서 국유화는 어떤 이념적 원칙보다는 실용주의적 동기에서 추동된 경우가 많았다.14) 이미 지적한 대로, 최초의 국유화

14) 노동당과 보수당의 국유화정책 그리고 국유산업에 대한 태도에 관해서는 앞의

는 전간시절 보수당에 의해 추진되었으며, 70년대 초 롤스로이스 항공과 조선업이 국유화된 것도 히드 보수당 내각에 의해서였다. 1945년의 애틀리 노동당정부가 실시하였던 광범위한 국유화 조치 또한 이후의 보수당정부들에 의해서 거의 대부분 존치됐다는 점도 상기할 필요가 있다. 국유산업의 민영화가 국가 독점에서 사적 독점으로의 단순한 이전에 불과하며, 시장경제의 고양과는 사실상 무관하다는 주장에도 불구하고, 공사부문의 경계를 재설정하려는 대처의 전면적이고 저돌적인 민영화 추구는 전후의 혼합경제적 합의를 초토화시켰다.

대처가 추진한 민영화는 대체로 3가지 방식이었다. 정부서비스의 외주, 정부활동의 탈규제, 정부 소유기업이나 자산의 민간 매각이 그것들이다(Hayes 1994, 63). 처음의 두 방식은 효율이라는 이름하에 노동비용, 특히 임금을 낮추려는 기도로서 종종 비판을 받아 왔다. 그러나 민영화의 핵심적 내용을 구성하는 기업의 민간 매각도 경쟁을 자극하고 개인에게 선택의 폭을 넓혀주며 물가를 낮추는 데 기여하기보다는 오히려 공공 독점을 사적 독점으로 전화시킴으로 자본에 유리한 환경만을 제공했다는 혹독한 비판을 받았다. 대처 정부는 총 65만 종업원의 17개 거대 산업의 민영화를 성공적으로 추진했다. 민영화로 종업원 주식소유가 3배 이상 그리고 약 100만 명의 새 주주가 탄생했다.

그러나 대처 정부가 민영화를 정당화하면서 외쳤던 '주식소유 민주주의'(share-owning democracy)는 실제론 허상에 가까웠다(Pearce and Steward 1992, 531-532). 여전히 전체 주식의 대부분이 대규모 기관투자가들에 의해 소유되는 한, 소액주주들의 정책결정 권한은 사실상 제로에 가깝다고 보는 편이 옳을 것이다. 더욱이 대부분의 하층

제2장과 제4장을 참조할 것.

계급 사람들에게 종업원 주주제는 여전히 남의 나라 얘기였다. 요컨대 시장원리라는 민영화의 명분은 현실적으론 설득력이 없는 것이었다.

대처 정부의 공기업 매각 방식은 억척스럽고 공격적이었다. 예컨대 민영화의 본격적 시발을 알렸던 1984년 11월의 BT(British Telecom) 매각을 홍보하기 위해 정부가 지출한 돈은 자그마치 760만 파운드에 달했다. 뒤이은 영국가스(British Gas) 매각을 위한 광고비용으로 정부는 다시 2천만 파운드를 쏟아 부었다. 물론 이러한 경비는 국유자산 매각을 통해 대처 정부가 벌어들인 총 9천억 파운드에 비하면 그야말로 조족지혈에 불과한 액수였다. 대처의 대대적인 민영화 계획이 보수당 내 계파를 초월해서 전폭적인 지지를 받았던 것도 그것이 가져다 준 이러한 재정적 효과 때문이었다.

당연히 새롭게 주주가 된 100만 소액주주들 역시 정부의 민영화 조치를 열렬히 환영했다. 토니 벤 등 이미 주변으로 밀려난 소수의 노동당 좌파를 제외하면, 노동당지도부를 포함한 대부분의 노동당원도 그것을 내심 수용하던 상황이었다. 무엇보다 민영화로 가장 덕을 본 사람들은 인수 당사자들이었다. 훗날 블레어 노동당정부가 민영화가 발생시킬 이익(주가 상승)에 대해 일회성으로 부과할 초과이윤세(windfall tax)로 거둬들일 예상세수가 물경 100억 파운드에 달할 정도였다.

대처에겐 사기업이야말로 부의 유일한 창출자였다. 이미 언급한 대로, 그녀는 소득세의 최고 한계세율을 83%에서 40%로 대폭 낮췄을 뿐 아니라 자본이득세와 자본이전세의 기준선(threshold)을 상향조정했고, 기업세 또한 52%에서 35%로 크게 낮췄다. 당연히 사회의 불평등 구조는 훨씬 심화되었다. 급팽창한 고소득층의 소비성향이 고급 수입품에 대한 수요 증가로 이어졌고 결국 영국이 만성적 무역적자에 시달리게 된 주요인의 하나가 되었다.

요컨대 민영화가 증시해 준 대처주의의 본질은 시장적 자유와 경쟁의 원칙을 고양시키는 것이라기보다는 사적 자본에 대한 맹목적 숭앙과 호의에 더 가까웠다. 애틀리의 국유화정책이 형성했던 전후 합의의 한 축은 대처의 대대적 민영화 조치들로 무너졌지만, 그것들이 영국정치에 가져다 준 변화의 파장은 넓고도 멀리 갔다. 무엇보다 대처의 탈국유화 조치들은 영국정치의 새로운 합의, 곧 신자유주의적 합의를 축조하는 데 초석이 될 것이었다.

③ 반노조주의

대처의 자유시장적, 반국가개입적 도그마는 노동시장과 관련하여 가장 혹독하게 적용되었다. 특히 노동시장의 교란자로서 노조운동에 대한 그녀의 적의는 때때로 정책 어젠다의 우선순위를 압도할 정도로 강렬한 것이었다. 노조운동은 과도한 임금인상을 요구함으로써 노동시장을 왜곡시키고, 그로 인해 인플레와 조세증가를 유발시킬 뿐 아니라, 신기술 도입과 생산성 증가를 방해하며 결국 영국경제를 인플레, 낮은 경쟁력, 낮은 생산성, 파운드의 가치절하, 저성장, 그리고 다시 보다 큰 인플레의 악순환에 빠지게 하는 원흉이며, 사회혼란의 원인제공자이고, 영국병의 근원이었다. 과거 3개 정부들—윌슨 노동당 정부(1964－1970), 히드 보수당정부(1970－1974), 윌슨－캘러핸 노동당정부(1974－1979)—이 직간접적으로 노조운동 때문에 위기를 겪거나 침몰했다고 인식하던 대처는, 집권 11년 동안 물경 8개의 (반)노조입법을 통과시킴으로써 영국 노조운동을 사실상 괴멸시켰다. 대처의 이러한 저돌성이 궁극적으로 추구한 것은 노조운동의 단순한 순치가 아니었다. 그녀가 노린 것은 단체협상 자체를 무력화시켜서 그것과 관련이 있는 것들, 예컨대 복지국가, 케인스 경제학, 산업정책, 코포라티즘, 국가개입, 소득정책, 공기업 등에 재기 불능의 타격을 가하는 것이었다.

1990년 대처 퇴임 시에 이르면, 제3자 개입(secondary picketing)은 금지되었고, 클로즈드 숍은 폐지되었으며, 파업을 위한 조합원 비밀투표(80% 찬성)는 의무조항으로 되었고, 단체행동을 이탈하거나 거기에 반하는 조합원의 자유행동이 용인되었으며, 파업으로 인한 손실에 관해서 사용자의 제소가 (1906년 이후) 다시 가능해졌다(Butler and Butler 1994, 356). 특히 조합원의 파업 전 비밀투표는 대처의 각별한 소신이 광범위하고 치열한 "노조반대의 맹위를 뚫고" 쟁취해낸 전과(戰果)였다. 노조의 인정 여부와 단체협약의 준수 여부도 이제 기업의 자율에 맡겨졌다. 사실 이러한 법적 제약 이전에 노조권력은 통화주의의 경직된 강행으로 야기된 유례없이 높은 실업률에 의해 이미 거의 와해 상태에 있었다.

그것은 무엇보다 노조조직율과 파업 빈도에서 현저히 드러났다. 1979−1990년 기간, 노조조직율은 52%에서 42%로 격감했고, 파업은 4,600회에서 630회로 무려 85%, 그리고 파업참가자는 200만 명에서 30만 명으로 역시 85%나 감소했다. 같은 기간 노동조합 수는 46만에서 31만으로 30% 이상 감소했다(Butler and Butler 1994, 375). 단체협상은 더 이상 임금책정의 자연스럽고 당연한 방식이 아니었다. 유연화된 노동시장의 상황에 따라 임금이 이윤 혹은 생산성과 연계되어 정해지는 일이 관례로 자리 잡아 갔다.

대처 정부는 집권 직후인 1980년대 초에 이미 철강산업과 인쇄업의 파업을 연이어 패퇴시킨 바 있었다. 무엇보다 1984−1985년의 광부파업이 참담한 실패로 끝났을 때, 그것은 지난 한 세기 영국의 노조운동을 주도했던 "무적의" 광부노조, 그 찬란한 연대의 역사가 마침내 종식됐다는 사실을 넘어서 영국 노사관계의 풍토 자체가 변화되는 결정적인 계기로 작용했다(Young 1990, 373-378). 사상 초유의 노조 불인정 캠페인이 기업주들에 의해 무자비하게 전개되었던 것도 그즈음이었다. 그 결과 1984－1990년 동안에만 9%의 작업장에서 노조결성이 불허되었고, 노조를 인정한 작업장의 수는 40% 이하로 격감되었다. 이 여세를 타고 대처 정부는 1946년의 공정임금결의안과 전후 저임금 방지를 위해 설립된 수많은 임금협의회(Wages Councils)를 전격 폐지했다(Davies 1995, 293).

노동은 이제 시장에서 사고 팔리는 여타 상품과 다름없었다. 노조운동 내부에선 이른바 신현실주의(New Realism)가 힘을 얻기 시작했고, 유연한 저임부문이 자연스러운 현상으로 수용됐다. 산별단체협약이 사실상 괴멸되면서 임금협상은 오로지 개별기업의 소관으로 이전되었다. 특히 공공부문의 노조운동이 심대한 타격을 받았다. 대처가 그리도 맹렬히 추진했던 민영화의 동기 하나가 공공부문 노조운동의 약화에 있었다는 점을 상기하면, 그리 놀랄 일이 아니었다. 고임금 숙련노조 운동의 핵심 거점이었던 영국철강(British Steel)과 영국통신(British Telecom)은 대처 집권 전반기에 일찌감치 민영화되었고, 지방정부에 대한 재정통제와 외주관행이 증가하면서 공공노조의 권력은 근본적으로 훼손되었다. 대처 집권 시 파업이 급격히 줄어든 것은 일차적으로는 실업의 증가와 노조조직율의 저하에서 기인한 것이었지만, 정부와 보수언론이 줄기차게 부각시킨 파업의 부정적 효과와 그로 인한 여론의 반전도 무시할 수 없는 역할을 했다.

그러나 70년대 파업의 절정기에도 영국 노동자 1천 명당 노동 상실업수는 캐나다, 이탈리아, 미국보다 오히려 낮았다. 대처 집권 직전에 이르면 파업의 빈도는 감소하기 시작해서 선진 산업국들의 평균 수준에 수렴하고 있었다. 그것도 석탄, 자동차, 부두 등 이미 구조조정에 직면해 있거나 산업분쟁의 오랜 역사가 있는 몇몇 산업에 집중되었다. 따라서 대처가 노동운동과 영국병을 단순히 등치시킨 것은 명백한 과장이었다. 또한 대처의 집권기간 동안 생산성이 증가했지만 투자와 산출의 급증은 발생하지 않았는데, 예컨대 1979－1993년의 기간 동안 제조업 투자는 1988년과 1989 두 해를 제외하면 1979년 수준을 밑돌았으며, 1993년의 생산 수준도 1979년에 비해 5%정도 상회하는 수준이었다. 따라서 생산성 향상을 위한 물적, 인적 투자 없이 노조운동에 생산성 문제의 책임을 전적으로 돌리는 것은 설득력이 없었다.

이미 언급한 대로 대처에게 인플레는 곧 통화량 문제였다. 통화주의 논리에 따르면, 노조의 임금인상 요구가 통화량 증가율을 넘어서면, 임금인상을 보장하는 화폐량 확보를 위해 실업이 불가피해진다. 따라서 정부가 미리 통화 증가량의 적정 수준을 설정해 주면, 노조는 거기에 따라 "합리적으로" 임금협상에 임하게 될 것이었다. 그리고 장기적으로 기업가가 번영하면, 기업가의 부는 저임노동자와 실업자에게 다양한 형식으로 '누수'(trickle-down)되기 마련이라는 것이다. 통화론자들은 노동은 합리적으로 행동하거나 (즉 생산성이나 이윤에 걸맞는 임금을 받아들이거나) 실업이라는 자업자득을 거둘 수밖에 없는데, 강한 노조운동은 이 둘을 모두 거부할 것이라고 가정한다. 따라서 대처의 노조공략에는 노동시장의 유연성을 확보하고 통화공급을 조정한다는 신자유주의적 논리가 작용했다.

노조운동에 대한 대중의 관용 아닌 환멸이 증가하는 상황에서 대처의 공세는 정치적으로 유리한 고지를 점할 수 있었다. 예컨대 대처가 파업을 위한 노조원 일반의 비밀투표를 의무화하고 파업의 일탈을 법적으로 용인한 것은 소수의 기업노조 간부들(shop stewards)의 횡포로부터 노조원 개인의 권리를 보장한다는 명분으로 취해진 것이었다. 당연히 노동계급 일반이 적극적으로 그것을 지지했다. 시간이 흐르면서 노조운동 내부에서조차 대처가 추동한 변화들을 기정의 사실로서 체념하거나 혹은 대세로서 수용하는 추세가 역력했다. 어쩌면 전통적 노조운동의 산실이었던 석탄, 철강, 조선 등의 산업들이 쇠락하면서 노조운동이 위축되는 것은 당연한 일일지 모른다.

그러나 대처의 영국에서 노조운동의 쇠락은, 다른 어떤 나라에서도 볼 수 없는, 공격적인 도그마와 치밀한 전투적 전략의 결과였다. OECD 보고에 의하면 대처 퇴임 즈음의 영국은 미국을 제외한 선진 산업국가들 가운데 노조권력의 총합지수가 가장 낮은 국가였다.[15] 노조권력의 쇠락은 과거의 합의를 지탱해 온 가장 중요한 원칙들을 일거에 위태롭게 만들었다. 그것은 노동과 자본 간의 권력균형을 자본 편향적으로 확실하게 이전시킴으로 신자유주의적 시장논리를 실현하는 든든한 지반을 제공했다.

④ 법과 질서의 정치

질서와 안정은 영국 보수주의의 가장 소중한 가치였다. 그러나 전통적 보수주의가 이러한 가치를 주로 온정주의적 배려로 해결하려 했던 데 비해 대처리즘에서는 강제력과 법에 의한 질서유지가 강조되었

15) OECD. 1994(July). *Employment Outlook*. pp. 136-164.

다. 대처의 경제정책은 지역 간, 사회계층 간 긴장과 불평등을 유례없이 증가시켰다. 제조업의 쇠락으로 인해 북부와 중부 잉글랜드, 웨일즈, 스코틀랜드 등 전통적 산업지역과 타 지역과의 편차는 실업률, 평균소득, 주택보급율, 의료 수준 등 거의 모든 경제사회 지표에서 확대되었다(Derbyshire 1988, 182-183).

라운트리재단의 조사보고서에 따르면, 대처 시대 영국사회의 불평등 수준은 종전 이후 가장 심각한 상태였다.[16] 사회적 갈등과 분화가 심화될수록, 그것이 폭력적으로 분출되는 빈도 또한 늘어나기 마련이다. 경제와 관련하여 국가의 전면적 후퇴를 추구했던 대처 정부가 법과 질서의 문제에서는 국가의 전면적 전진배치를 강행했던 이유가 여기에 있다. 사회 결속의 전통적 방식으로서 국가복지의 역할이 퇴조한 반면, 물리적 강제력이 중시된 것이었다.

대처 정부의 국가권위주의로의 경도가 가장 잘 드러난 곳이 공공부문에서의 자원 배분이었다. 대처 정부는 교육, 사회보장, 의료, 주택 등에 대한 지출을 줄이는 한편, 법과 질서에 관계되는 서비스—교도소 증설이나 군대와 경찰의 무장—에 대한 지출을 훨씬 큰 폭으로 늘림으로써 공공지출의 우선순위를 변화시켰다. 영국의 전통적 보수주의에서 법의 중요한 기능은 아직 사회적 약자를 보호하는 데 있었다. 거기에서 보수주의자들은 "평등주의자"(egalitarian)는 아닐지언정 "온정주의자"(paternalist)이기는 했다. 그러나 대처 정부에게 이런 류의 법은—궁극적으로 빈자들에게 누수 될—부 혹은 번영의 창출자들의 권력을 옥죌 뿐이었다. 대처주의자들이 동시에 "권위주의자"(authoritarian)로 불리게 되는 맥락이다.

---

16) *New Statesman & Society,* 28 April, 1995.

이러한 상황하에서 국가 강제력의 개념 자체가 변했다. 특히 경찰의 무장형태는 괄목할 만한 변화를 보였는데, 경찰은 이제 플라스틱 총알이나 최루가스 등 북아일랜드에서 사용하는 폭동진압 장비들로 무장할 수 있도록 허용되었다. 대처 정부는 공공질서의 유지와 관련된 법을 세 가지나 도입함으로써, 경찰력과 사법부의 권한을 대폭 강화시켰다. 이제 경찰은 검문이나 수색 그리고 체포, 구금 등과 관련해서 광범위한 자율권을 행사할 수 있게 되었을 뿐 아니라 사법부의 판결 재량권 또한 그에 걸맞게 급격히 확대되었다. 무엇보다 대처 정권이 제정한 일련의 반노조입법에 기대 경찰과 사법체계는 노사분규에 보다 노골적으로 개입하기 시작했다. 경찰은 파업의 분쇄기구로서 적극 활용되었으며, 사법부는 보석금의 액수를 대폭 올림으로써 노사분규와 관련된 '불법'을 사전에 봉쇄하는 데 일조하였다. 대처 정부하에서 경찰과 사법기관이 권위주의적 행정을 위한 편파적 도구라는 비판을 받았던 이유였다.

질서유지에 대한 대처 정부의 이 같은 집착은 중앙정부의 유례없는 집중화를 동반한 것이었다. 지방정부의 쇠락은, 지방세 상한선의 부과와 지방교부금의 삭감, 런던 등 대도시구의 폐지 등에서 적나라하게 드러났다. 지방정부가 이런 식으로 재조직되면서, 중앙에 대한 지방의 제도적 저항은 눈에 띄게 줄어들었다. 요컨대 대처하에서 경제적으로는 탈중앙화가 눈에 띄게 진척되었지만, 정치적으로는 오히려 중앙화가 강조되었다. 질서유지에 관한 한 중앙정부야말로 가장 많은 정보를 소유하며 판단하는 주체였다(Hayes 1994, 78-80). 그럼에도 불구하고 영국의 대도시에서 폭동과 테러가 끊이지 않았고 대중 소요의 빈도와 범죄율이 지속적으로 상승했다는 것은 하나의 역설이다.

대처하의 국가는 자본주의의 필요에 따른 실용적 혹은 공리주의적 개념이었다. 이미 사라진 19세기의 벤담주의적 자유주의가 신보수의 옷을 입고, 또 신자유주의적 시장주의의 맥락에서 다시 등장한 셈이다.[17] 시장은 자유와 민주주의의 영역으로 신성시되었고, 시장질서를 보호하고 강제하려면 강한 국가가 요구되었다. 시장자본주의가 무제한 용인될수록 사회적 갈등은 증폭되고 더욱 가시적으로 되며, 그럴수록 갈등 해결을 전면에 내건 국가의 권위주의화는 불가피하고도 정당한 것이 된다. 대처의 국가는 "제한된 강한 국가"(limited but strong state)였다. 대처의 신자유주의와 신보수적 권위주의는, 국가는 자본의 필요에 부응하는 실천적 장치라는 좌파의 주장을 오히려 그럴듯한 것으로 만들었다.

3. 대처주의와 반(反)국가복지의 정치

지금까지 논의한 대처주의의 제도적 맥락에서, 복지는 불평등의 완화나 교정을 위한 장치가 아니라 최소생활을 위한 선택적 안전망으로 개념이 축소되었다. 대처주의에서 복지는 탈상품화나 사회 재계층화의 도구이거나 혹은 경제정책 자체를 견인할 수 있는 잠재력을 지닌 영역이 아니었다. 그것은 인적 자원의 질 향상을 통한 생산성 증대나 총수요의 제고를 통한 투자와 고용 확대를 위한 전략적 개념으로 고려되기보다는 신자유주의적 경제정책의 하위개념으로서만 존재했다. 그것은 기본적으로 사부문의 부(富) 창출 역량, 곧 성장의 누수 효과

17) 이 책의 제1장 참조.

에 전적으로 의존하기 때문에 마셜(T. H. Marshall)의 보편적 권리개념으로서의 사회권과는 무관했다. 반국가, 반정치의 신자유주의 논리와 정신은 사적 기관에 의한 복지의 민영화와 시장기준이 중심적 역할을 하는 다원적 복지체제를 자연적으로 선호한다.

반면에 국가 주도의 사민적 복지체계는 개인의 선택 폭, 즉 자유를 줄이고 사부문의 자원을 핍진시키며 인플레 등 국가경제에 악영향을 끼치고, 무엇보다 의존문화를 창출한다는 점에서 부정적으로 인식한다. 실제로 대처 집권 중에 사회보장 급부는 정권의 전면적이고도 체계적인 공략의 대상이었다. 실업급부는 과세대상으로 되면서 실질적인 규모가 감소되었으며, 주택급부는 대폭 삭감되었고, 의료처방비는 인상되었으며, 유아급부는 동결되었고, 연금은 소득이 아닌 인플레에만 연계되도록 하였으며, 보충급부는 소득지지로 대체되었다.

그러나 한때 복지국가를 곧 사회주의로 매도했던 대처도 복지의 양적 규모를 전면적으로 축소할 수는 없었다. 대처 시대 어떤 연도에도 지출의 양적 규모가 실제로 줄어든 적은 없었고, 오히려 그 이전의 윌슨-캘러한 노동당정부 시절보다 빠르게 증가하였다. 대처가 집권하기 직전인 1970년대 후반 국내총생산의 9%가 사회보장을 위해 지출되었는데, 이 수치는 80년대 중반에 이르면 11%로 증가하였고, 80년대 말에는 다시 9.7%로 떨어졌지만, 아직 1970년대 노동당의 집권 당시에 비하면 절대수치는 오히려 늘어난 상태였다(Gould 1993, 117). 의료와 교육부문도 양상은 마찬가지였다(Timmins 1995, 522-523). 여기에는 복지에 대한 광범위한 지지가 유권자들 사이에 존재한다는 점—이른바 복지의 '정치적 불가역성'으로 불리는—이 큰 이유로 작용했을 터였다. 또한 고실업 등 복지공여의 요인들이 대폭 증가하는 상황에서 복지의 절대규모를 삭감하는 것은 현실적으로 불가능한 일이기도 했을 것이다.

따라서 증가된 복지지출 자체가 급부의 양적 증진이나 질적 개선을 의미하는 것은 결코 아니었다. 정부가 교육, 의료, 주택 등 복지를 위해서 더 많은 지출을 했다는 주장과 그런데도 복지 여건은 더욱 악화되었다는 주장이 반드시 상충하는 것은 아니라는 의미이다. 중요한 것은 외형적 수치는 그 배후의 변화의 내용, 즉 대처하에서 복지국가의 축소지향적 재편이 진행됐다는 사실을 적절하게 포착해 주지 못한다는 점이다.

대처는 집권 이후 물경 8개의 복지관련 입법을 통해서 복지급부의 수혜 요건을 강화시켰다(Butler and Butler 1994, 336). 그중 특기할 만한 것은 1986년의 사회보장법이다. 동법은 예산 자체를 통제함으로써 사회부조에 대한 증대되는 요구를 사전에 봉쇄하기 위해 도입되었다. 이로써 정부는 총지출예산의 상한선을 초과하는 급부를 일체 중단시킬 수 있었거니와, 실제로 연간 50만에서 100만에 달하는 공공부조 신청자에 대한 급부동결이 취해졌다. 또한 동법은 위축된 국가복지를 보완하기 위해 사적 개인연금의 비중을 급격히 증대시켰다. 동법을 통해서 대처 정부는 사적 직업연금에의 가입을 고용의 조건으로 만드는 강제규정을 도입했으며, 기업에 과세혜택 형식의 막대한 보조금을 제공함으로써 사적연금으로의 적극적 유인책을 펴 나갔다.

피용자가 사적연금을 선택하는 한, 국가소득연계연금체제(SERPS)에의 가입은 더 이상 강제적이 아니었다. 예상대로 사적연금을 선호하는 추세가 가파르게 상승했다. 1975년 전체 연금 가입자의 29%에 불과하던 직업연금 가입률은 1985년에 이르면 37%로 증가했고, 70년대 말 총연금지출액의 50%를 차지하던 국가연금은 80년대 말에 이르면 43%로 감소했다(Barr and Coulter 1990). SERPS로 대표되던 국가의 역할은 위축되었고, 사적연금의 여력이 있는 부자들의 SERPS에 대한 기여분이 빠져나간 만큼 SERPS의 자금 압박은 가중되었다. 1989년에 이르면 국가연금은 연금생활자 총소득의 반 정도만 책임지고 나머지 반은 개인저축과 개인연금으로 충당되었다(Willets 1987, 267).

SERPS의 규모가 축소되고 사적연금의 비중이 증대되면서 연금생활자들 사이의 소득 격차도 갈수록 벌어졌다. 대처가 물러날 즈음 SERPS 체제하에서 노령연금으로 인한 소득대체율은 평균 성인소득의 18% 정도였는데, 이는 서유럽국가들 가운데 가장 낮은 수준이었다. 그러나 이러한 낮은 연금 수준도 소득 수준이 최하층 20%에 속하는 노년층 전체소득의 89%, 그 다음 20% 소득 범주에 속한 노년층 전체수입의 82%를 차지했다는 사실은 국가연금체계의 빈약성을 다시 한번 드러내 준다(Wilson and Wilson 1993, 369). 오늘날 영국 연금생활자의 20% 이상이 가계조사 보충급부에 의존하고 있다. 요컨대 1986년의 사회보장법으로 노동의 재상품화가 더욱 강요되었고 기존의 계층화는 보다 심화되었다.

급부수혜를 위한 자격 요건도 강화되었다. 무엇보다 파업노동자와 청년실업자의 보충급부 수혜자격에 심대한 제한이 가해졌다. 이미 언급했듯이, 고용과 관련하여 대처 정부가 추진한 조치들이 낳은 가장 심각한 결과는 저임금의 비정규 서비스부문의 고용이 증가한 반면 제조업 종사자의 규모가 현격히 축소되었다는 점이다. 대처 집권 첫해인 1979년에는 전체 노동력의 1/3에 해당하는 약 700만의 노동자가 제조업에 종사했는데, 이 수치는 1993년에 이르면 400만으로 확실하게 추락했다(Nolan 1994, 67). 영국 복지체계의 실질적 수준이 급부의 양과 질 모두에서 현저히 후퇴했음에도 불구하고, 외형적으로 총량적 변화가 두드러지게 드러나지 않았던 이유는 실업 증가 등으로 인해 지출요구가 급격히 증대됐기 때문이었다. 무엇보다 실업급부(Unemployment Benefit)의 내용이 더욱 열악한 상태로 접어들었다.

대처 정부하에서 실업급부의 수준은 여전히 생계비를 심각하게 밑도는 수준에서 제공되었다. 급부는 과세의 대상이었다. 실업 발생 이후 이른바 '대기기간'으로 규정된 처음 3일간은 급부가 지급되지 않는다는 전간시절의 원칙은, 1971년에 히드 정부에 의해 재도입된 이후 변함없이 지속되었고, 지급기간 또한 여전히 최대 1년으로 한정되었다. 그러면서도 실업급부의 자격 요건은 오히려 강화되었다. 자발적으로 직장을 떠난 사람들에게 6개월간의 경과기간 동안 실업급부의 공여를 유보시켰다. 만일 실직이 노동쟁의와 관련하여 발생한 경우에는 아예 전 기간을 급부대상에서 제외시켰다. 또한 실업자들을 정부의 직업훈련소에 강제적으로 참여시켰는데, 실업급부의 신청자가 "적극적으로 구직을 위해 노력하고 있다"는 것을 증명하지 못하면 급부 발생 4주 만에 급부대상에서 제외시켰다. 실업급부의 자격이 없거나 급부기간이 지난 실업자의 경우 엄격한 가계조사를 거친 보충급부(Supplementary Benefit)에 의존할 수밖에 없었다. 대처 집권 중반기에 남성실업자의 62%가 전적으로 보충급부에 의존하고 있었지만, 급부액수는 실업급부의 1/8에 불과한 수준이었다(Keithley 1989, 334-335).

장기 대량실업이 일상화되고 보충급부에 의존하거나 그 이하 수준에서 생활하는 개인—이 숫자는 1974년 510만에서 1985년 940만으로 급격한 증가를 보였는데 그 대부분이 80년대 전반 5년간에 나타났다(Barr and Coulter 1990, 314)—이나 빈곤가계가 급속히 증가되는 상황에서 이러한 조치들이 주는 함의는 분명했다. 경제상황의 악화로 인하여 실업률이 증가 일로에 있을 때에도 실업은 여전히 개인의 문제로 취급되었다. 과거 구빈법의 기본정신을 제공하였던 '열등처우의 원칙'이 한 세기 반이 지나서도 여전히 위력을 발휘하고 있었다. 대처주의하의 실업급부의 목적이 개인의 복지보다는 근로규율의 유지를 통한 자본의 필요를 충족시키는 데 있다는 비판이 이해되는 대목이다. 이러한 상황은 실업 방지와 고용 증진을 위한 미시적 노동시장정책에 대한 전반적인 무관심으로 인하여 더욱 악화되었다.

영국에서 고용서비스가 독립된 기관에 의해 별도로 다뤄지기 시작한 것은 1970년대에 들어와서의 일이었다. 1973년 히드 보수당정부는 인력수급위원회(Manpower Services Commission, MSC)를 설립하여 고용 알선과 실업보상 업무를 마침내 분리시켰다. MSC는 정부, 노조, 기업의 대표들로 구성된 삼자주의적 준정부기관이었다. 70년대 초에 불어닥친 경제 불황으로 실업자 수가 가파르게 증가하면서 MSC의 역할에 대한 기대가 고조되었다. MSC는 다양한 종류의 직업교육안을 마련하였으며, 이러한 계획에 참가한 청년들에게 보충급부 수준에 해당하는 훈련보조금을 지급하였다. 그러나 80년대 초 다시 밀려온 대량실업의 위세 속에서 MSC는 이렇다 할 성과를 거두지 못했다. 여기에는 물론 대처의 반인플레 위주의 정책이 중요한 변수로 작용했다. 노조가 참여한 일체의 삼자주의적 정책 관행을 사회주의적인 것으로 매도했던 대처는 MSC의 역할을 점차 축소시켜 나가는 한편, 훈련 등 고용문제에 관한 최상의 판단자로서 기업가를 전면에 내세우는 정책을 취했다. MSC의 정책적 실효성이 사실상 소멸되면서 그것은 점차 실업자 통제를 위한 정치적 목적을 위해 활용되었다. MSC가 제공한 직업교육은 사용주의 필요를 충족하는 실업자 훈련에 초점이 맞춰졌고, 실업은 경제구조나 정부정책의 결과가 아닌 실업자 자신의 결함의 문제라는 취지의 교육이 반복되었다.

실업급부의 자격조건도 한층 강화되었다. 1988년의 사회보장법은 '청년훈련계획'에 참가하기를 거부하는 청년들에게 실업급부의 자격을 박탈할 것을 규정했다. 1989년의 사회보장법은 "적극적 구직노력"을 보험관리가 인정하지 않거나 3개월 이상 실직된 사람들 가운데 "급료가 너무 박하다"는 이유로 일자리를 거절하는 급부청구자들에게 실업급부 자격을 박탈할 것을 규정하였다(Butler and Butler 1994, 336). 1988년엔 노동진영이 MSC로부터 탈퇴했다. MSC는 즉각 해체됐고, 훈련위원회(Training Commission, TC)라는 새로운 기관으로 대체되었다. 기업 대표만으로 구성된 TC는 고용부장관의 직접적인 통제하에 있으면서 과거 MSC가 추진하려 했던 활동 일체를 포기했다. 영국 전역에는 TC 산하의 '지역훈련 및 기업위원회'(Local Training and Enterprise Councils)가 설치되었고, 위원회가 사용주 주도로 운영되면서 근로의 규율과 기업가정신을 고양하는 작업이 일상적으로 수행되었다.

실업률이 급격히 팽창하는 상황에서 실업급부와 보충급부를 위한 지출이 증대되었지만, 그 배경에는 실업급부를 포함한 여타 급부항목에 대한 규제 강화와 급부의 실질가치의 삭감이라는 현상이 자리 잡고 있었다. 실업급부의 급부 수준은 대처 집권 11년간 20% 이상 감소했고, 그마저도 임금이 아닌 인플레율에만 연계되도록 하였다. 실업급부의 소득대체율, 즉 평균 남성임금에서 실업급부가 차지하는 비율은 홀남성인 경우 1979년 16.3%에서 1992년 12.4%, 기혼남성인 경우 26.2%에서 20.1%로 감소했다. 피용자에 대한 질병급부의 공여는 이미 사용주의 전적인 소관이 되어 있었다. 이 외에도 이민자의 계속주거 요건 등 급부공여에서 인종적 차별을 조장하는 많은 법률들이 통과됐으며, 경찰과 사회보장기관 간의 긴밀한 정보교류를 통하여 이민자의 수혜는 엄정한 법적 통제하에 놓이게 되었다.

국민보험뿐 아니라 보편급여의 거의 모든 항목에서 가계조사 의존도가 심화되었다. 고소득층의 경우, 소득의 증가율 자체가 저소득층의 그것에 비해 훨씬 앞서면서도 소득세 면제 규모는 상대적으로 증가했다. 또한 고소득층 소득의 일정 부분에만 기여금이 할당된다는 점을 고려하면, 기여금의 증가가 저소득층 사람들의 재정적 압박을 가중시키리라는 것은 자명했다. 가계조사 혹은 표적조사(targeting)로 인하여 수혜자의 심리는 더욱 위축되었다. 주택급부와 아동급부의 실질가치 또한 적지 않게 하락되었다(Gould 1993, 118-119).

결국 1970년대 이후 영국 복지체계가 보인 가장 특기할 만한 변화는 복지정책의 기반이 과거의 보편적 공여 원칙에서부터 점차 시장에서의 개별적 공여로 이전하고 있다는 사실이다. 시장기준의 적용이 확대되기 시작한 것은 70년대 중반의 윌슨―캘러한 노동당정부에서였으나, 대처 행정부가 들어서면서부터 시장적 규율의 도입은 보다 노골적으로 시도되었다. 급부와 인플레율 간의 연차 조정은 동결되거나, 연기되거나 혹은 부분적으로만 집행되었고, 급부의 자격 기준과 집행은 훨씬 까다로워지고 복잡해졌다.

물론 대처 시절이라고 신자유주의적 정책만이 전적으로 당대를 지배한 것은 아니었다. 주요 복지기관들은 그 기능과 예산이 삭감되었을지언정 폐지되지 않았다. SERPS는 그 역할이 대폭 축소되었지만 변함없이 존치되었고, NHS를 민영화하려는 기도는 실패했으며, 경쟁을 조장하는 대규모 교육개혁안은 불발로 끝났다. 그러나 적어도 복지정책과 관련해서는 영국 복지체계가 개인과 그 개인이 속한 가족의 시장적 역량에 일차적으로 의존하며, 국가의 역할은 '잔여적' 그것에 불과하다는 점이 점차 분명해졌다. 복지공여와 관련된 국가의 역할 축소와 사부문의 역할 증대는 복지다원주의(welfare pluralism)라는 용어를 만들어 냈으나, 영국에서의 복지다원주의는, 역설적으로 복지공여의 중앙집중화(즉, 지방정부의 지출 권한 삭감)와 더불어 진행되었다(Pinker 1991, 296). 앞에서 지적했듯이, 대처 정부하에서 복지지출의 외형적 수치상의 큰 변화가 없었음에도 불구하고, 급부와 서비스의 실질가치는 급속히 줄어들었고 연금과 각종 복지서비스의 민영화로 인해 사실상 전체 지출의 삭감은 성공적으로 추진된 셈이었다.

대처 이후 사적(시장)보험의 비중이 증대되면서 영국의 사회보험은 기존의 재력(임금소득과 재산소득)이 설정한 계층구조를 항구화시키는 효과를 낳았다. 베버리지는 사회보험의 보조적 제도로서 보충급부를 구상하였고, 시간이 흐르면서—예컨대 완전고용이 달성되면서—보충급부의 역할은 불가피하게 축소될 것으로 보았다. 그러나 축소된 것은 공적 국민보험이었으며 보충급부의 비중은 오히려 늘어갔다. 보충급부제가 가지는 원래의 빈약한 소득대체율에 더하여, 대처 정부가 들어선 이후 공공지출의 삭감이 노골적으로 추진되면서, 급부 대상 선정을 위한 가계조사는 가혹할 정도로 강화되었고 급부청구를 원천적으로 어렵게 만드는 허다한 제도적 장애로 인하여 급부 대상자의 청구의욕은 극도로 위축되었다.

무엇보다 대처 정부에 의한 복지국가의 재편은 시장의 전면적 복원이라는 신자유주의적 정책환경 속에서 시도된 것이었다. 그 결과 복지체계로부터 밀려난 사람들은 시장적 권력 앞에 더욱 무력하게 노출되었다. 한계세율이 지속적으로 낮아지면서도 조세문제와 보험기여와 급부의 문제가 독립된 기관들에 의해 별도로 취급되었기 때문에,

국민경제의 거시적 틀과 통합적으로 연결된 체계적인 복지체계의 발전이 처음부터 불가능했다는 점도 지적될 필요가 있다. 예컨대 대처 정부가 사적 연금제도를 장려하기 위해 도입한 조세감면 제도는 부정적인 소득재분배 효과를 낳을 수밖에 없다. 사적연금의 여력이 있는 사람들이 대체로 고소득층에 속하는 데 반해, 그들이 국가복지에서 이탈한 만큼 정부의 세수감소, 따라서 지출의 재분배 효과는 막대하게 줄어들 것이기 때문이다.

대처 정부하에서 영국의 복지체계는 기존 계층화의 유지 혹은 심화에 기여하고, 급부 대상자의 시장재편입을 강제하는 재상품화 효과를 지닌 것이었다. 그렇지 않아도 국가복지의 계급적 기반이 취약한 영국의 복지체제는, 대처의 신자유주의 전략으로 인해 더욱 취약해진 제도적 유산을 후대에 물려주게 되었다.

4. 대처와 대처주의 – 평가

"우리도 〔그들처럼〕 우리의 정책을 테스트할 수 있는 이데올로기를 가져야 한다." 1975년 대처가 보수당 당수로 선출된 직후에 한 말이다. '대처리즘'에서 보듯이, 대처 이전의 영국 보수당 당수 어느 누구의 이름도 이처럼 이데올로기적 수사로 회자된 적이 없을 뿐 아니라, 보수당의 정서상 아무도 그것을 원치 않았을 것이다. 이데올로기나 형이상학적 도그마야말로 "지금 여기의 정치"를 강조하는 전통적 보수주의가 혐오해 마지않던 것이었다. 그만큼 대처의 정책행태는 대처 개인과 분리해서 생각할 수 없다. 그것의 이데올로기성(性)은 동시에 그 내용과 방식 모두에서 구(舊)토리주의로부터의 과격하고도 급진적인 일탈을 시사하는 것이었다. 그러나 대처의 이데올로기, 그리고 그에 기초한 '신념'의 완고한 정책 기조와 그 실천 방식은 전통의 보수당이 감내하기엔 그 정도가 지나친 것이었다.

대처가 물러날 즈음에 이르면, 대처의 정책행보에 대한 우려와 불만은 이미 돌이킬 수 없을 정도로 심화된 상태였다. 신자유주의 도그마에 입각한 저돌적인 탈(脫)국가 조치들은 도로와 철도 등 기간산업 분야뿐 아니라 복지영역의 낙후와 쇠락을 불가피하게 만들었다. 인플레율, 실업률, 국민총생산과 제조업 산출량 등 거시적 경제지표에서 과거의 '악몽'이 다시 살아나기 시작한 것도 그 즈음이었다.[18] 집권 이후 그녀는 소득세의 최고율은 83%에서 40%로 배 이상 격감시키고 부가가치세를 2배로 늘렸으며, 국민보험 기여액을 상향조정함으로써 조세의 소득이전 효과를 형편없이 위축시켰다. 신자유주의가 기승을 부리던 1975－1990년 기간에 최고 소득세율의 변화는 OECD 평균이 68%에서 50%로 18% 감소한 데 반해 영국의 경우 83%에서 40%로 43%나 줄었다. 이는 OECD 국가들 가운데 가장 많은 감소율이었다(Heidenheimer 외 1990, 211).

전후 영국사회에서 빈부의 상대적 격차가 증가하고 빈곤층의 비율이 눈에 띄게 증가한 것은 80년대 대처 정부가 들어선 이후 두드러지게 나타난 현상이다(Willets 1989, 268). 투자 부실로 인해 제조업 자체가 만성적으로 위축된 상황에서, 대처 정부의 통화주의 경도에

18) 대처 시절에 유권자의 이념적 성향이 오히려 좌편향화했음을 보여주는 연구는 많다. 1983년과 1987년 보수당의 선거 승리는 대처에 대한 지지의 결과라기보다는 노동당의 내분과 유효한 정책대안의 부재에서 기인된 '어부지리'(by default)라는 측면이 다분하다(Gilmour 1992, 334-335).

의해 가장 많은 혜택을 받은 계층은 금융소득자들이었다. 그리고 이들의 방만하고 낭비적인 소비행태로 미루어 볼 때, 빈자로의 '누수' 효과를 기대하기란 불가능했다. 무엇보다 대처가 당 내외의 엄청난 반발을 무릅쓰고 도입했던 인두세(Community Charge 일명 poll tax)는 당적을 초월한 정치인들의 반란뿐 아니라 노동계급은 물론 중산계급이 포함된 대규모 시위와 폭동을 연일 야기했다. 그것은 재산의 과다에 따라 세율이 정해졌던 과거의 재산세를 대체하여 소득이나 부의 규모와 무관하게 지역주민에게 동일한 세율을 부과한 것으로서, 소득분배와 관련하여 그것이 지니는 역진적 함의는 자명한 것이었다. 인두세는 1381년 농민반란으로 폐지된 이후 600여 년이 지난 1987년에 선거 압승을 틈타 다시 도입된 것이었는데, 1991년 메이저(John Major) 정부가 들어서서야 폐지되었다.

돌아보면 대처의 집권 당시 전후의 합의체제는 이미 다양한 경제구조적 요인들에 의해서 압박받고 있었다. 그러한 합의를 뒷받침했던 전통적 토리이즘은 대처 등 시장자유주의자들에게는 이미 충분히 좌경적이었으며 그로부터의 이탈만이 이들에게 남아 있는 유일한 대안처럼 인식되었다.[19] 따라서 처음부터 문제는 이탈 자체가 아니라 이탈의 정도였고, 히드가 전통적 보수주의로부터 '성급한' 이탈로 우왕좌왕하다가 결국 퇴진했다면 대처는 '과도한' 이탈로 실패했다. 어쩌면 대처가 당 내외의 무수한 정치적 저항에도 불구하고, 11년 연속 집권이라는 영국 현대사의 최장수 수상을 역임할 수 있었던 것은 하나의 행운이었다.

대처가 신자유주의적 공세를 좌고우면하지 않고 추진할 수 있었던

19) 여러 계기를 통해서 복지국가를 '사회주의'로 매도했던 대처에서 이러한 모습이 발견된다.

것은 북해석유가 주는 횡재(약 1000억 파운드)와 더불어 방대한 국유자산 매각(9,000억 파운드)을 통해 얻은 재정적 지원의 덕이 컸다. 역사상 어떤 영국정부도 "북해석유와 민영화라는 황금거위를 소유한 적이 없었다."(Davies 1995, 294) 더욱이 대처는 보수당의 당내 민주화 확대와 포클랜드전쟁 그리고 노동당의 좌경화와 만성적 내분이라는 원군을 등에 업고 결정적인 시기마다 정치적 정당성을 확보해 낼 수 있었다. 따라서 크게 보면 대처의 장기 집권은 지금까지 논의했던 바, 정책의 성공/실패와는 직접적으로 관계가 없을지 모른다. 오히려 그녀의 연속 집권으로 정책의 적지 않은 실패가 호도되었을 가능성도 있다.

다우닝가 10번지에서 대처의 말년은 외롭고 고독했다. 대처와의 정책 갈등으로 1986년에는 마이클 헤즐타인 국방장관이, 1989년에는 나이절 로슨 재무장관이, 그리고 1990년에는 제프리 하우 외무장관과 니컬러스 리들리 환경장관이 사임했다. 대처의 핵심적 측근들이 모두 대처를 떠난 것이다. 특히 하우의 사임으로 제1기 대처 내각에 있던 각료는 단 한 사람도 내각에 남아있지 않았다. 더욱이 대처보다 더욱 '대처주의적'으로 평가되었던 리들리의 사임은 대처의 '위임'받은 권력의 행사 방식이 얼마나 경직적이었고 또한 남용되었던가를 단적으로 보여주었다. 정부와 당 내부에서 정치적으로 소외되는 중진들이 늘어가면서 대처가 전투에서 이기고 전쟁에서 패한다는 진단이 무성했다.

자신에 대한 지지기반이 정부와 당의 내부로부터 침식되면서, "선출된 독재자" 대처의 실권은 돌연히 찾아왔다. 헤즐타인이 대처에 대한 당권도전을 공개적으로 선언한 지 3주 후에, 그녀는 15년 전 자신을 당수로 선출했던 바로 그 절차에 의해서 퇴진하였다.[20] 그리하여 그녀는 1940년 네빌 체임벌린 이래 반세기 영국사에서 "총선 패배나 건강상의 이유와 무관하게 강제로 퇴진당한 유일한 수상"이 되었다(Giddings 1995, 68). 그러나 만일 보수당 내부에서 대처의 신임이 물어지지 않았다면 아마 영국의 유권자가 보수당에 엄청난 대가를 물으며, 요구하였을 것이었다.

---

20) 1차 투표에서 과반수 +15% 획득에 실패한 대처는 당 중진들의 권고와 당의 분열에 대한 우려로 인하여 2차 투표를 포기하였다. 사실상 그녀가 지명한 존 메이저가 차기 수상으로 선출되었다.

제 6 장

신자유주의와 '제3의 길'

제 6 장 신(Neo)자유주의와 '제3의 길'

1. 노동당정치와 국가주의의 퇴조

1980년 노동당 내 우익계열에 속했던 캘러한 수상이 사임했다. 캘러한 정부의 실정과 선거 패배를 둘러싼 격렬한 책임공방이 일었고, 그 와중에 베테랑 좌파인 마이클 풋(Michael Foot)이 당수직을 이어받았다. 이제 적어도 향후 몇 년간 당 정치는 좌파에 의해 주도될 것이었다. 당 정치의 급진화는 당의 지도부 선출 과정과 정책결정 과정을 보다 민주화하여 일반당원에 대한 지도부의 책임성을 높이자는 쪽으로 당내 여론을 몰아갔다.

그때까지 당수와 부당수의 선출은 전적으로 의회노동당의 소관이었다. 새 당헌은 원외의 지구당과 노조진영이 각각 30%와 40%의 지분을 행사하도록 만들었다. 이에 반발하여 로이 젠킨스, 오웬(David Owen), 로저스(William Rogers), 그리고 윌리엄스(Shirley Williams)의 우파 중진 '4인방'(Gang of Four)이 소위 "라임하우스 선언"(Limehouse Declaration)을 통해 노동당을 탈당하여 사회민주당(SDP)을 결성했다. 창당 10일도 안 돼 노동당에서 4만 명의 당원과 24명의 의원이 그들에 합류했다. 당의 '좌경화'에 대한 우파의 반발이 결코 만만치 않았음을 보여주는 단적인 증거였다.

1983년의 노동당 선거강령은 당이 당시까지 펴낸 문건들 가운데 가장 과격한 것이었다. 영국산업의 전면적 국유화, 소득정책의 폐지, EC 탈퇴, 일방적 핵비무장, 영국 내 모든 미군기지 봉쇄, 상원 폐지가 주 내용이었다. "역사상 가장 긴 자살문서"라는 평가대로, 총선은 노동당의 참패—노동당 209석, 보수당 397석—였다. 총선 후에 지도부의 교체가 있었고 새 당수로는 현실주의자로 알려진 키녹(Neil Kinnock)이 선출되었다. 그는 즉각 강경좌파('Militants'의 트로츠키주의자들)를 당에서 축출하고, 재국유화, EC 탈퇴, 공영주택판매 종식, 완전고용 등 급진의 냄새를 풍기는 일체의 요구들을 당의 공식정책에서 제외시켰다. 그러나 1987년 총선에서 노동당(229석)은 보수당(380석)에게 또 다시 크게 패했다.

키녹은 원내 당 지도부의 정책통제권을 확보하기 위해 주요 정책결정 권한을 지구당, 노조, 집행위원회, 전당대회 등 원외진영으로부터 예비내각과 의회노동당의 원내진영으로 전격 이전시켰다. 그리고는 당정책에 대한 전면적이고도 본격적인 재검토를 시작했다. 고소득세, 부유세, 일방적 핵비무장, 가격과 수입통제 등 좌파적 성격의 정책들이 당의 공식적인 문건에서 재차 배제됐다.

그러나 예상과는 달리, 1992년 총선에서 노동당은 다시 보수당에 패했다. 1979년 이후 연속 4차례의 총선 패배라는 수모를 당한 것이다. 키녹이 사임하고 예비 재무장관이던 스미스(John Smith)가 당수직에 올랐다. 스미스는 급진적인 지구당 활동가들과 노조의 권한을 억제하기 위해 닐 키녹이 도입했었던 1당원 1표(One Member One Vote, OMOV) 원칙의 적용 범위를 재차 확대했다. 이제 그 원칙은 당 지도부의 선출을 넘어 당대회와 지구당의 정책 과정에까지 적용될 것이었다. 노동당 지지도가 서서히 회복되고 있었다.

1994년 존 스미스 당수가 돌연 사망하는 일이 발생했다. 변호사 출신의 예비 내무장관 블레어(Tony Blair)가 뒤를 이어 당수가 됐다. '현대화냐 소멸이냐!'(Modernize or die!) 41세에 최연소 노동당수가 된 블레어가 당권 경쟁에서 내걸었던 모토였다. 그에게 "노동당은 집권당(party of government)이 아니라면 아무것도 아니"었다(Davies 1996, 431). 노동당은 18년간의 광야생활, 곧 대처와 메이저로 이어지는 보수당 장기집권을 경험하면서 당이 영원한 제2당으로 전락할지 모른다는 강박관념에 휩싸여 있었다. 전통적 지지계층인 육체노동자의 비율은 30% 미만으로 떨어져 있었고, 50% 이상의 유권자가 스스로를 중도로 규정하면서, 보수/노동 양당에 대한 유권자 충성도 혹은 정당일체감도 지속적으로(1964년 43% → 1979년 26% → 1992년 20% → 1999년 19%) 하락하던 상황이었다(Jefferys 2000 참조).

블레어는 이런 변화를 민감하게 포착했다.[1] 블레어는 1994년 당수직에 오른 후, 80년대 후반부터 진행되던 당조직의 개편—OMOV 등 당정책 과정의 개편—을 깔끔하게 마무리했다. 무엇보다 좌파 지도부, 좌파 정치의 온상이던 지구당의 활동가들 그리고 (이른바 '블록투표'를 매개로 보스(노조위원장)들이 장악하던) 노조진영의 영향력을 주변화시키는 데 성공했다. 그동안 당에 말할 수 없는 "선거적 부담"을 안겨 줬던 노조진영의 당내 입지가 현저히 줄었다. 당 지도부

---

1) 예컨대 블레어는 당수 취임 직후에 있었던 한 연설에서, "계급은 시간에 묶인(time-bound) 개념이며… 계급 구분에 입각한 '유사과학적' 사회주의는 이제 사회정의, 기회의 평등, 공동체 등 일련의 가치들로 구성된 윤리적 사회주의로 대체되어야 하고… 〔후자야말로〕 급변하는 세계화 환경 속에서 영국 좌파에 남겨진 유일하게 진지한 사회주의"라고 단언했다(Blair 1994, 2-6; Fielding 1997 참조).

선출과 정책 과정에서의 노조지분 상한선—90년대 이전까지는 존재하지 않았었다—은 50% 미만으로 낮아졌고, 노조의 재정기여도 또한 종래의 90%에서 50%를 약간 상회하는 정도로 급감했다. 그때까지 노조의 몫이었던 정치자금의 상당 부분이 기업가들로부터의 기부금으로 메워지는 '새로운' 문화가 형성되기 시작한 것도 블레어가 이룬 '업적'이었다. 노조는 기업진영을 포함한 수많은 이익단체들 가운데 '좀 중요한(혹은 튀는)' 하나 정도로 취급되었다. 노조와의 '거리 두기'가 기업과의 '거리 좁히기'와 함께 가면서, 이제 당과 노조 사이에는 항시적 긴장과 갈등 국면이 조성될 것임이 자명해졌다.[2)]

그러나 노동당 개혁정치를 위한 가장 확실한 정지작업은 블레어가 당수 선출 이듬해인 1995년에 당헌의 국유화조항(조항IV)을 전격 폐기한 사건이었다(Jones 1996, 138-149). 이 책 제3장에서 서술했듯이, 동 조항은 1918년 처음 제정된 이래 당의 목표로서 부동의 지위를 누려 오고 있었었다.[3)] 그것이 노동당정책을 실질적으로 견인했던 것

---

2) 블레어는 "대처가 기업을 강조했던 것은 옳았"고 "당신이 얼마나 잘하고 있는가는 기업가를 대상으로 한 연설 초청의 숫자에 의해 결정된다"고 스스럼없이 말할 정도로 기업 친화적이었다(Davies 1996, 452). 블레어 1기 정부가 들어서기 직전에 그는 "지난 2년간 나는 기업과의 진정한 공조를 위해 1만 명의 기업인들과 면담했다… 이제 우리는 21세기의 새로운 어젠다, 즉 교육, 복지개혁, 인프라, 유럽 등의 문제를 기업과 같이 헤쳐 나갈 것이다. 우리는 보다 유연한 노동시장을 유지하길 원하며, 최저임금 등 변화를 위한 우리의 제안들도 미국보다 강도 높은 노동시장 규제를 의미한다… 미국에서 기업에 대한 민주당의 헌신(관심)은 결코 의문시되지 않으며, 신노동당의 경우도 마찬가지여야 한다"고 말했다(Anderson and Mann 1997, 40-41). 1999년 7월에는 그간 침묵하던 50여 명의 노동당의원들이 블레어의 과도한 친(親)기업행태를 우려하는 공동선언문을 채택할 정도였다.

3) 1959-1960년 수정주의의 선봉에 섰던 당수 휴 게이츠켈이 처음으로 그것을 폐기하려 시도했었다. 그러나 그의 기도는 당원들의 전면적 반대로 무위로 돌아갔고, 그 이후 그것은 어느 누구도 더는 '감히' 건드릴 수 없는 성역으로 간주되어 왔다.

은 아니었지만, 그것이 폐기되었을 때, 노동당은 80년 가깝게 좌우를 아우르며 당원들의 정서적 결속을 유지시켰던 상징적 조항을 마침내 잃어버린 셈이었다. 이로써 블레어의 권위 혹은 당에 대한 장악력은 일거에 확립되었다.

무엇보다 전통적으로 좌편향적 성향을 보였던 지구당표의 90%가, 그리고 노조진영의 절반 이상이 조항IV의 대체에 찬성했다. 특히 블록투표가 아닌 OMOV를 채택한 유일한 조합인 통신노조(CWU) 조합원의 90%가 거기에 동조했다는 사실은 좌파진영에는 충격과 경악이었고, 블레어로서는 '위'로부터의 조직개편—곧 당내민주주의—이 마침내 가져다 준 성과였다. 블레어가 조항IV 폐기에 대한 당 내외의 비판에 대해 "죄의식과 자부심을 동시에 느낀다"("guilty and proud of it")는 심정을 토로했을 때, 그것은 "생산수단의 공공소유"라는 상징적 목표가 상실됐다는 데 대한 유감과 함께, 80년 동안이나 선거정당으로서 노동당을 짓눌러 왔던 질곡(혹은 이론과 실천의 긴장)에서 마침내 벗어났다는 '해방의 기쁨'을 동시에 드러낸 것이었다. 무엇보다 그는 과거 이 조항에 기대어 노조진영과 일반당원의 당 지도부에 대한 불만과 반발을 부추기며 '선동'해왔던 당내 좌파의 '준동' 가능성을 원천적으로 봉쇄했다는 실익을 얻었다. 이러한 구조개편이야말로 훗날 블레어가 자신의 '신노동당' 구상과 '제3의 길' 프로젝트를 순조롭게 진행할 수 있었던 디딤돌이었다.

반면에 당의 전통적 지지기반이던 잉글랜드 북부나 스코틀랜드에서 유권자들의 이탈이 늘어났다. 이제 노동당의 생존은 보수당의 아성인 중부 잉글랜드인들(Middle Englanders)을 얼마나 동원할 수 있는가의 문제로 귀착됐다.[4] 블레어는 당수선출 직전에 가졌던 인터뷰

4) 물론 이러한 인식은 투표자의 선호가 (적어도 단기적으로) 고정되어 있어서 정

에서, "경제, 교육, 복지, 범죄에 관한 나의 입장은 『데일리 텔레그래프』—이따금 토리그래프('Tory'graph)라고도 불리는 영국의 대표적 보수일간지—의 독자들도 충분히 동의할 수 있는 것"이라고 밝힘으로써 "노동당은 우편에 적을 두어서는 안 된다"는 자신의 평소 신조를 뒷받침했다(Davies 1996, 447). 미디어 활용을 통한 여론정치(soundbiting, spin doctoring)가 당정치의 요체로 부각되고, 블레어의 노동당은 "런던의 백만장자에서 요크셔의 광부에 이르기까지" 계급과 지역기반을 넘어서서 포괄 정당화하고 있었다(Richards 2000, 7-8).

1997년 총선에서 노동당은 418석을 얻어 전무후무한 압승을 거두었다. 18년 보수당 집권에 확실한 종지부를 찍은 것이다. 노동당 압승의 배후에는 '중하방연대'(middle-down coalition) 중심의 선거전략, 곧 중부 잉글랜드 석권이라는 새로운 현상이 자리 잡고 있었다(Krieger 1999, 20-23). 그러나 노동당의 득표율(44.4%)은 1964년 해럴드 윌슨 노동당이 얻었던 득표율(44.1%)과 큰 차이가 없는 것이며, 1950년대 보수당에 패했을 때 총선 득표율(1951년 49.2%, 1955년 46.4%)에는 오히려 한참 못 미쳤다. 따라서 노동당이 63%의 의석 점유율을 얻은 것은 주로 영국식 소선거구제의 덕택이었다. 1997년 총선 결과를 노동당지지도의 급작스런 증가라거나 블레어 선거전략의 승리라고 단정할 수만은 없다는 것이다.

요컨대 당정책 구조와 관행의 개편, 당목표의 수정, 그리고 계급해

당경쟁의 정태적 환경을 제공하며, 따라서 합리적 행위자로서의 정치인이나 정당은 선호분배를 위한 설득과 계몽의 '선호 형성의 정치전략', 혹은 계급 형성 전략을 택하기보다는, 득표의 극대화를 위해 정당정책을 중범위투표자(median voters)로 정향시키는 것이 최선의 선택이라는 선거의 공간모형에 의해 뒷받침된다(Downs 1957; Hay 1999, Ch.3).

체론에 입각한 선거전략 등은 모두 '제3의 길'에 대한 가능한 모든 반대세력을 합법적으로 선제하기 위한 정치적 정지작업이었던 셈이다. 반세기도 훨씬 전에 "당조직은 당의 이념을 반영한다"고 말했던 라스키(Harold Laski)의 통찰이 새삼 확인된 것이다. 블레어는 수상이 되기 전부터 민영화, 반노조입법, 공공지출의 억제, 반조세, 기업중심주의 등 거의 모든 핵심 영역에서 대처의 유산은 계승될 것이라는 취지의 말을 반복해 왔다. 블레어의 공급측 사회주의(supply-side socialism)란 80년대 미국 레이건 정부가 실험했었던 공급 중심의 경제논리와 별 차별성을 보이지 않는 것으로, 크게 보면 시장자유주의에 대한 대처의 편집(偏執)이—통화주의적 집착이 빠진 채—블레어식의 완화된 형태로 나타난 것에 불과했다. 대처주의는 영국의 정치경제에 관한 '논의'의 지평을 이전시켰던 것이다(Heffernan 2000 참조).

대처 이전의 혼합경제적 합의하에서 시장은 보완되고 상쇄되어야 하는 것으로 인식되었었다. 그러나 대처주의와 아래에서 논의될 블레어의 '제3의 길'에서는 시장이 생산과 고용뿐 아니라 나아가서 재분배의 중심 기제로 부상했다. 국가의 주된 역할이—완전고용을 위한 수요관리나 산업정책이 아니라—기업활동을 위한 안정된 환경과 조건을 보장해 주는 것으로 되면서, 이제 시장은 단순히 수용되는(accepted) 차원을 넘어서 '경하할 만한 무엇'(to be celebrated)으로 환영받고 있었다(Driver and Martell 1998, 40).

2. '제3의 길'과 국가복지의 정치

노동당이 '신노동당'으로 불리는 일이 잦아졌고, 사민주의 혹은 사회주의라는 용어는 '제3의 길'이란 수사 앞에서 점차 맥을 못 추었다. '신노동당'이란 토니 블레어가 노동당을 자신이 '구좌파' 혹은 '구노동당'이라 불렀던 과거 노동당의 이념적·정책적 행태와 대비시켜 차별화하기 위해 만든 말이다. 말하자면 그것은, 이 책 4장에서 다뤘던 바, 전후의 합의정치를 주도했던 수정주의를 주요 타깃으로 한 일종의 수사였다. 블레어 노동당의 트레이드 마크가 된 '제3의 길'이 일부 학자들에 의해 '신(新)수정주의'로 불리는 것도 이런 맥락이었다.

물론 블레어 이전의 노동당정부들의 정책이 수정주의를 충실히 반영한 것이었다고 말할 수는 없었다. 수정주의가 복지국가를 열망했다는 것과 그런 열망이 현실적으로 제도화되는 것은 분명 별개의 차원이었다. 이미 논의한 대로, 60년대 말 이후 성장 자체가 벽에 부딪치면서 수정주의적—혹은 사민주의적 혹은 복지국가적—합의체제는 노동당 내부에서 먼저 균열의 조짐을 보이기 시작했다. 극심한 무역적자와 파운드위기에 직면한 윌슨 정부(1964—1970)는 일련의 무리한 반노조정책과 긴축정책으로 인하여 노조진영의 이반과 당 지도부의 내홍에 시달렸고, 마침내 캘러한 정부(1976—1979)에 이르러서 케인스주의와 코포라티즘 관행을 공식적으로 포기하고 말았다. 80년대 초 좌파가 당정치의 전면에 나섰던 불과 몇 년을 제외하면, 이러한 탈(脫)합의 경향은 블레어의 현대화(modernization) 구상이 본격화되기 직전까지 가속되었다.

블레어가 당수에 오르기도 전인 1990년대 초에 이미 국유화, 복지국가, 케인스주의, 일방주의(unilateralism), 반(反)유럽, 노조주의 등의 개념들은 당의 공식적 정책문건에서 완전히 사라졌다. 영국 노동당에서 새로운 국유화는 말할 필요도 없고, 대처가 민영화시켰던 산업들의 원상 복구조차 금기사항으로 되어 온 지는 벌써 오래되었다.

토니 블레어가 수상이 됐을 때, 대처는 자신의 유산이 "그의 손안이라면 안전할 것"(safe in his hands)이라고 말했다고 전해졌다. 실제로 노동당의 1997년 선거공약은 노동당의 선거공약 사상 가장 온건한 것으로 평가된다. 어떤 점에서, 대처가 그랬듯이 블레어도 자신의 당에서 전통적 좌파—대처로서는 보수당내의 전통적 온정주의자들(wets)—를 중간지대로 옮기려 했던 외부자였다. 두 사람은 모두 선출되지 않은 보좌관들과 언론 담당관들에 전폭적으로 의존했고, 필요하다고 생각할 때마다 내각을 쉽사리 우회했다. 그 둘은 또한 시장의 우월성을 믿었고, 대기업 친화적이었으며, 증세와 관련해서는 입도 뻥긋하지 않았다. 블레어 정부는 재국유화는커녕 대처가 민영화한 산업들을 존치시켰을 뿐 아니라 심지어는 공약사항도 아닌 항공교통 통제체제를 민영화시키기까지 했다. 블레어 정치가 합의를 중시한 것은 사실이다. 그러나 그가 소신과 대립의 정치를 폈던 대처 정부의 성과를 수정 없이 이어 받았을 때, 합의를 위한 지형 자체가 이미 완전히 우경화된 이후였다.

'구노동당'의 경제사회정책은 케인스주의의 수요관리와 베버리지식의 복지공여를 핵심으로 했었다. 수요관리를 통해 성장, 완전고용, 그리고 복지국가를 위한 세수기반을 마련하며, '조세와 지출'(tax and expenditure)의 복지논리에 의거하여 사회적 재분배의 기초를 형성한다는 논리였다. 반면에 '신노동당'은 수요관리 대신 노동공급 중심의 미시경제전략이나 반인플레의 거시경제전략을 중시했다. '제3의 길'로 대변되는 이러한 전략적 전환은 3가지 주된 내용을 그 안에 담고 있었다(Radice, ed. 1996 참조).

첫째, 저인플레, 저조세를 위해 중앙은행의 독립 등 체제개편을 적극 추진한다. 둘째, '조세와 지출'이라는 전통적 복지전략을 포기함으로써 재정적자와 만성적 인플레(심리)가 초래할 투자자본의 '밀어내기'(crowding out)를 방지해서 기업 신뢰를 회복하는 한편, 근로의욕 감퇴와 의존문화 심화 등 이른바 복지국가의 도덕적 위기 가능성을 선제한다. 셋째, 자본통제가 점차 어려워지는 상황에서 교육과 훈련을 통해 노동자의 신속한 적응(고용 가능성)과 국제자본의 유치를 위한 유연생산의 조건을 제공함으로써 기술기반 성장의 토대를 마련한다. 물론 이런 내용들은 대처의 신자유주의적 노선에서 이미 익숙해진 것들이었다.

그러나 담론 차원에서, 블레어는 과거 개인주의적 세계관과 자유주의에 대한 공격에 활용된 공동체주의(communitarianism)를 '구노동당'과 대처 식 신자유주의 모두에 대한 비판 언술로 재등장시켰다.[5] 그것은 개인은 공동체 속에서 잠재력을 최대한 발휘할 수 있고, 공동체는 책임, 의무, 권리 등 상호 책무의 망으로 얽혀 있다는 상호성사상(ideas of reciprocity)에 입각한 개념이었다. 따라서 적어도 언술 수

5) "나로서는, 사람들이 시장에서 경쟁하는 독립된 경제행위자가 아니라는 단순한 믿음에서 출발한다. 그들은 공동체의 시민들이다. 우리는 가족과 공동체에서 양육되는 사회적 존재이며, 우리 자신과 서로를 위하여 개인적 책임이라는 도덕적 능력을 개발한다는 바로 그 이유로 인하여 인간다워 진다. 영국은 이기적 행위자의 집합이 아닌 하나의 팀으로써 행동할 때 더욱 강하게 된다… 우리는 모두 한 국가, 한 공동체의 일원이다." 1996년에 행해진 블레어 연설의 이 부분은 유사한 취지로 이후 여러 차례 반복될 것이었다(Driver and Martell 1998, 28-29).

준에서는, 신노동당의 공동체주의는—사회를 개인들의 단순한 집합체로 보는—신자유주의적 사회관에 대한 거부인 동시에—블레어가 여전히 계급개념에 터 잡고 있다고 보았던—'구좌파' 혹은 '구노동당'에 대한 반발이었다. 그러나 블레어의 공동체주의는 공동체 구성원으로서의 권리보다 책임과 의무개념을 강조했고, 공동체로부터의 배제(exclusion)개념을 주로 경제적으로 정의했다.

예컨대 공동체의 유지를 책임져야 하는 정부는 시민, 부모, 이웃, 교사 등 공동체 구성원들에게 책임과 의무를 요구하고 학습시켜야 했다. 이와 관련해서 과거의 좌파가 범한 오류는 두 가지였다. 강한 사회를 큰 국가와 동일시한 것이 그 첫째요, 국가가 권리 부여를 중시하다가 그에 상응하는 책임을 요구하지 않았다는 것이 그 두 번째 오류였다(Driver and Martell 1998, 29). 그 결과 범죄, 문맹, 가정파탄 등은 수많은 잠재적 노동인구를 복지수혜자로 만들었고, 엄청난 사회적 비용과 비효율을 유발했다. 따라서 사회정의란, 배제된 자들에 대한 소비적 복지의 공여가 아니라, 기술훈련과 교육을 통해 생산성 증진에 기여하고 사회적으로 편입되도록 그들을 유인하는 일에 초점이 두어져야 한다. 국가복지 자체는—종래의 소비적 복지에서 전형적인 현금이나 현물급부가 아닌—교육과 (재)훈련, 탁아 등 서비스 중심으로 정향되어야 하고, 조세체제도—단순한 평등의 요구가 아닌—근면에 대한 보상과 유인을 위한 제도로 기능해야 한다. 그리하여 산학공동체, '일을 위한 복지'(welfare to work), 최저임금, 조세와 급여체계의 개혁 등 "일이 보상받는" 체제가 자리 잡을수록, 사람들은 실업과 복지의 덫에 갇힌 수혜계층에서 벗어나 고용으로 들어가는 것이 "금전적으로" 유리하다는 것을 깨닫게 될 것이다. 빈자와 실업자에 대한 복지급부 또한 당사자들 스스로가 자신의 조건을 개선하기 위해 노력한다는 증명을 전제해야 한다.

따라서 국가복지도 복지에 대한 권리를 수혜자의 '책임'이라는 조건과 연계시킨 제도적 강제성이 동반된 프로젝트가 된다. 실제로 집권 이후 블레어 정부는 과거 합의정치에서 복지체제를 떠받치던 '조세와 지출'의 재분배전략을 사실상 포기했거니와, 오히려 지출계획을 유지하고 소득세 증가를 억제하는 과거 보수당정부의 정책을 거의 그대로 수용했다.

'제3의 길' 전략의 핵심에는 무엇보다 '일을 위한 복지' 구상이 있다. 그것은 원래 장기실업과 그로부터 비롯된 사회경제적 문제—예컨대 의존문화와 복지비용의 증가, 실업과 복지의 덫에 갇힌 저변계급(underclass)의 확대 등—를 해결하기 위해 고안되었다. 구체적으로는, 급부조건을 까다롭게 만듦으로써 의존문화를 줄이고, 훈련을 통해 노동공급의 질을 증가시키며, 고용보조금을 통해 노동 수요를 증가시킨다는 전략이다(Nathan 2001, 13). 이제 국가는 생산과 별개로(혹은 부차적으로) 추진되던 종래의 수요관리와는 다른 차원의 복지, 생산에 직접적으로 기여함으로 "지출에 상응하는 가치를 창출하는"(value-for-money) 복지, 공급 측 개입을 통한 생산적 투자로서의 복지를 추구해야 한다.[6] 국가복지는 실업자들의 생계를 유지시키는 수동적 차원이 아니라 교육과 훈련을 통해—예컨대 평생교육, 산학협동, 기술교육 등—그들을 노동시장으로 복귀시키는 데 능동적으로 기여해야 한다. 이미 1996년부터 실업급부(Unemployment Benefit)는 소득보조

6) 1997년 노동당 선거강령은 이렇게 선언했다. "공공지출의 수준은 더 이상 공익을 위한 정부행위의 효율성을 측정하는 최상의 수단이 아니며… 중요한 것은 '얼마나 많이'가 아니라 '무엇에' 돈이 지출되는가이다… 신노동당은 거대 지출자가 아닌 현명한 지출자가 될 것이다."

(income support)의 개념에서 구직의 노력에 상응하는 보상개념이 강조된 구직자수당(Jobseekers' Allowance)으로 정착돼 왔다. '일을 위한 복지'에서 급부청구자는 훈련 등 구직의 노력에 대한 증거를 적극적으로 보여야 하며, 국가가 제시하는 어떤 종류의 직업도 사실상 거부하기 힘든 상황에 놓이게 되었다.

예컨대 국가는 실업자에게 4가지 선택 가능성들—사부문 직장, 자원봉사직, 정부의 환경업무단(task force), 풀타임 연구—을 열어주는 대신, 그들이 이런 옵션들을 모두 거부할 경우에는 급부동결이나 급부기간의 축소와 같은 혹독한 대가를 치르도록 했다. 또한 6개월 이상의 실업상태에 있는 18−25세의 청년실업자가 훈련장소를 거부할 경우 급부자격을 취소시켰는데, 이는 다수의 사람들에게 실업수당의 시작 연령을 18세에서 25세로 사실상 높이는 것과 유사한 효과를 가져왔다. 블레어 정부 첫 3년 동안 구직자수당 청구자 숫자가 280만에서 170만 명으로 40% 정도 감소했다는 사실은 급부조건과 가계조사의 혹독함이 주는 부정적 함의를 단적으로 보여주었다(Clark and Dilnot, eds. 2001, Table 11.3). 이러한 '시장에의 강제적 편입' 전략은 고용을 매력적으로 만들기 위한 다양한 조치들—최저임금, 고용보조금 등—과 병행되어 추진됐다.[7] '일을 위한 복지'의 재원은, 민영화로 천문학적 자산수익을 올린 기업들에 대한 일회용 초과이윤세

---

7) 적어도 고용창출과 관련해서 '일을 위한 복지'는 일정한 성과를 가져왔다. 제1기 블레어 정부는 집권 4년 동안 1백만 이상의 새로운 고용을 창출했고, 장기실업의 숫자를 반으로 줄였으며, 특히 청년 27만이 고용되면서 장기 청년실업이 70%나 감소했다. 오늘날의 고든 브라운 정부하에서도 실업률은 20년 만에 최저수준을 기록하고 있는데, 너무 낮게 책정된 최저임금이 고용창출에 긍정적인 결과를 낳았기 때문이다. 교육, 의료, 범죄, 고용, 빈곤, 민주주의, 조세, 환경, 경제 등에 관한 제1기 블레어 정부의 '업적' 중심의 나열은 Asato 외(2001)를 참조할 것.

(windfall tax)와 복권(National Lottery) 혹은 미래의 경제성장과 그에 따른 급부감소 등으로부터 마련될 수 있을 것으로 전망했다.

'일을 위한 복지' 프로그램의 의의는 '저임직종이 실업상태보다는 낫다'는 인식을 확립하고 고용과 생산을 활성화한다는 데 있었다. 그러나 한 조사에 의하면, 그것을 통해 새롭게 직장을 얻은 사람의 23%가 3개월 안에, 그리고 50% 가량이 6개월 안에, 평균 40%가 13주가 채 안 돼서 직장을 옮기거나 다시 실업상태로 돌아갔다. '일을 위한 복지'가 상향 이동의 능력을 갖춘 소수의 개인을 제외한 다수에게 과연 얼마나 긍정적인 효과를 만들어주었는지 의문이 아닐 수 없는 것이다. 노동유연화 바람으로 인해 복지의 필요성이 급증하는 상황에서, '일을 위한 복지'(welfare 'to' work)는 직장에의 소속감을 고양시킬 수 있는 '일을 통한 복지'(welfare 'through' work)라는 개념에 의해 새롭게 보완될 필요가 있다는 주장이 설득력을 지니는 맥락이다(Nathan 2001, 15-16). 그렇지 않다면, 경제 사정의 악화와 더불어 '일을 위한 복지'정책이 낳는 효과는 반감될 수밖에 없다. 더욱이 급부의 삭감이나 동결을 위협함으로써 시장편입을 강제하는 전략은 실업 자체를 처벌의 근거로 삼는 것과 다름없으며, 이는 자본주의가 아직 조야한 수준에 있던 19세기 초 수정구빈법의 '열등처우의 원칙'을 연상하게 만든다.[8)] 노동의 탈상품화 조건이 매우 열악하고 강제적 재상품화가 거듭되면서, '일을 위한 복지'가 개인에게 부담시킨 물질적·심리적 비용은 블레어가 그렇게 주창해 마지않는 공동체 가치에 적합한 자율적 시민의 상(相)과 도무지 어울리지 않는 것이었다.

무엇보다 '일을 위한 복지'는 기회균등을 강조하다가 경제균등(결

---

8) 이 책의 제1장과 제2장 참조.

과균등)이 기회균등에 대해 갖는 함의를 전혀 고려치 않음으로써, 결국 보수진영 주장과의 차별성을 스스로 소멸시켰다. 배제의 해소를 위한다는 명분은 재편입(혹은 재상품화)에로의 집착을 가져왔다. 그러나 노동의 수량적 유연화 전략에 따른 고용불안이 근본적으로 해결되지 않는다면 배제의 다른 요인들, 예컨대 인종주의, 성적 임금차이, 민주주의 결여 등은 쉽사리 무시될 수밖에 없다. 노동유연화를 통한 공급측 관리도 수요 측면의 고용창출 노력이 병행되지 않으면 그 효과가 제한될 수밖에 없다. 교육과 훈련은 그 자체가 실업해소(완화)나 경제성장을 직접적으로 유발하는 정책이 아니기 때문이다. 공급과 수요 측면의 전략은 피차 보완되어야 하며, 케인스주의의 의의 혹은 유용성이 무작정 부인될 수는 없는 것이다(Hutton 1999, Ch.2).

'일을 위한 복지' 전략이 초래할 전치 효과(displacement and deadweight problems)—훈련된 새 노동자가 기존 노동자들을 대체하면서 후자를 쓸모없는 실업자(deadweight)로 전락시키는 문제—또한 심각하다. 이때, '일을 위한 복지'는 '회전문'(revolving door)의 역할에서 멈추기 쉽거니와, 급부대상이던 실업자는 비숙련 임시직으로 옮겨 갔다가 다시 저임직종(McJobs)으로 돌아올 것이며, 노동시장에서 고소득의 안정된 직장에 발판을 마련하는 일은 여전히 쉽지 않을 것이다(Driver and Martell 1998, 112). 그것이 편부모의 고용 기회를 확보하기 위하여 복지를 축소하고 근로가정에 대해 감세혜택을 주는 등 주로 고용 가능한 자 중심의 정책이라는 비판도 가능하다. 고용된 자 내부의 고임/저임의 계층화뿐 아니라 고용된 자와 실업자 간의 분열을 조장할 수도 있다. 최상위계층의 한계소득세율이 대처 정부에서 급격히—83%에서 40%로—축소되었지만, 총 세수에서 이들의 기여분이 차지하는 비율은 블레어 정부에 들어와서 오히려 증가했다. 이는 물론 불평등이 그만큼 증가됐음을 말해주는 것이다. 메이저 정부 시절(1991—1997) 소득배분에서 하위 20%와 상위 20%에 속하는 인구의 소득증가율이 각각 1.9%와 1.0%였던 데 반해, 블레어 정부가 들어선 처음 3년 동안 그것은 각각 1.4%와 2.8%로 비율이 정확히 역전되었다. 빈부격차가 블레어 시대에 와서 현저히 증가된 것이다(Clark and Dilnot, eds. 2001, Figure 4.1).

이미 언급했듯이 '일을 위한 복지'는 복지수혜의 조건을 보다 까다롭게 만듦으로써—지출요인에 압박을 가하거나 총수요 확대를 통해서가 아닌—경제성장을 통해 고용 증가나 재분배를 꾀한다는, 공급 측에 기댄 장기전망을 제시한다.[9] '성장강박증'(Growth Obsession) 혹은 '성장결정론'(Determinism of Growth)이야말로 세계화 시대의 현실정치를 지배하는 가장 강력한 담론 중의 하나일 것이다. 그러나 성장이 빈곤이나 불평등을 자동적으로 해소시키리라는 가정, 혹은 최고소득세와 기업세를 낮추고 소비세를 높여서 투자, 성장, 고용을 촉진하고 그렇게 창출된 흑자를 복지 등 공공지출을 위해 활용한다는 논리는 불행하게도 현실세계에선 한 번도 실현된 적이 없다(Titmuss 1987, 26; Altvater 2001 참고).

오늘날 영국의 담세율이 EU 국가들 가운데 가장 낮다는 것은 익히 알려져 있다. 유사한 맥락에서 신자유주의적 세계화가 누수 효과를 창출할 것이란 주장은, 적어도 평등개념과 관련해서는 이론적으로 모순되며, 무엇보다 세계화의 현실과도 역행하는 가설이다.[10] 무릇

9) 이러한 견해는 레이건 시절 소위 'Supply-siders'의 기본 전제였던 'Laffer's Curve'가 대표하고 있거니와, 훗날 그것은 폴 크루그먼 같은 학자들에 의해 현실과는 괴리된 'Laugher's Curve'로 조소의 대상이 되었다(Krugman(1995) 참조).

10) 1960년 부유한 상위 20% 인구의 소득은 가난한 하위 20% 인구의 30배였지만, 세계화 추세가 본격적인 궤도에 올랐던 1991년 그것은 60배로 늘어났고

성장에는 도달되어야 할 꼭짓점이 없는 법이며, 성장을 추동하는 과정은 동시에 권력의 균형추가 자본 쪽으로 더욱 이동하는 과정이다. 실은 이런 담론들 자체가 이미 계급권력이 자본편향적으로 기울어져 있는 상황에서나 가능한 것으로, 계급권력의 불균등한 상황을 전제하는 것이다. 만일 분배를 위한 원칙이 먼저 합의되지 않는다면, 성장결정론은 사회경제적 약자에게는 오히려 불리한 처방이 될 수밖에 없다.

성장과 효율을 추구하는 과정이 계급권력이 길항할 수 있는 제도화와 병행해서 진행되어야 하는 것은 그 때문이다(Hutton 1994, 162-163). 기왕의 복지국가도 자본주의의 성장 '이후'가 아니라 그것과 '동시에' 발전해 왔으며, 그 과정엔 계급 간 힘의 균형을 위한 노력과 갈등의 제도화가 병행되었었다(Hicks 1999; O'Connor and Olsen, eds. 1998 참조). 세계화 자체가 노동계급을 분절화시키고 계급의식과 계급의 집단적 행동 역량을 약화시키지만, 그에 대한 블레어 식의 대응, 곧 노동시장 유연화와 급부조건의 엄격화를 통한 재상품화 전략이 갖는 위험성이 여기에 있다.

앞에서 언급한 대로, 노동당은 1970년대 중엽에 이미 케인스주의의 총수요관리와 완전고용을 포기했었다. 블레어 정부에 들어와서 긴축적 재정금융정책을 통한 저인플레와 거시경제적 안정이라는 정책목표는 보다 노골적으로 추진됐다. 공공지출은 투자와 관련해서만 정당성을 가졌고, 저인플레야말로 투자, 성장, 고용을 위한 가장 확실한 경제환경을 실현시킨다고 간주되었다. 블레어 정부는 집권과 동시에 이자율 결정에서 영란은행의 자율성을 인정하고 중앙은행의 독립을

1998년에는 78%로 다시 증가했다(Hines 2000, 15).

실현시킴으로써, 저인플레와 안정된 통화에 대한 강력한 의지를 시장에 전달하는 데 성공했다. 노동당이 대처가 도입했던 8개의 반노조입법의 원상회복을 포기함으로써 임금 압박이 주는 인플레 효과를 사전에 봉쇄했던 것도 같은 맥락이었다. 18년의 광야생활을 거치면서 대처주의의 세례를 흠뻑 받았던 노동당의 집권은 '새로운' 실험을 위한 호기가 결코 아니었다. 인플레 목표치는 메이저 보수당정부 시절보다도 낮게(2.5%) 책정됐고, 지출수준뿐 아니라 소득세율 또한 보수당의 그것(한계소득세 40%, 기본세 23%)을 그대로 이어받았다.

이 모두는 블레어 노동당이 '조세와 지출' 정당이라는 '오명'을 벗기 위해 얼마나 노심초사하는지를 극명하게 보여준 조치들이었다. 1999년 영국의 정부지출 규모는 국내총생산 대비 39.1%로, 이는 서유럽 국가들 가운데 아일랜드 다음으로 가장 낮은 수준이며, 가장 높은 스웨덴의 56%와는 차이가 물경 17%에 달했다(Clark and Dilnot, eds. 2001, Figure 2.3). 제1기 블레어 정부(1997－2001년) 기간 국내총생산 대비 노동당의 복지지출은 11%를 약간 상회하는 수준이었는데, 이는 메이저정부(1991－1997년) 시절의 평균 12.5%보다도 오히려 줄어든 수치였다(Emmerson and Leicester 2002, Appendix A).

'제3의 길'을 주 내용으로 하는 블레어의 신수정주의는, 수정주의와 마찬가지로 자본주의를 수용하지만, 수정주의와 달리 계급불평등 혹은 계급적 정체성이 현실적으로 지니는 각별한 의의를 부인한다. 예컨대 블레어가 지지를 호소하는 중산계급이란, 경제성장의 직접적 수혜자로서 물질적으로는 기득권에 젖어 있으면서 이념적으로는 기회주의적인, 혹은 어떤 계급으로의 적극적 편입을 거부하거나 계급적으로 모순된 위상을 지닌 계급 아닌 계급이었다. 노동당정치가 경기순환의 부침과 여론정치에 그 선거적 운명을 의탁할수록 하층계급의 집단적 정체성은 더욱 혼선을 빚게 되고, 계급형성이 장애에 부딪칠수록 계급정치는 더욱 위기에 몰릴 수밖에 없다. 계급정치의 해체는 정치적 무관심, 즉 투표율의 저하에서 가장 극적으로 반영됐다.

노동당의 압승을 가져왔던 1997년과 2001년의 총선투표율—각각 71.6%, 58%—은 대공황의 여진 속에서 총선이 치러졌던 1935년 이래 최하 수준을 연속해서 기록했다. 2001년 6월 총선 직후에 실시된 BBC 여론조사는 기권자의 77%가 "어느 당이 집권하던 상관없"기 때문에 투표하지 않았다고 밝히고 있다. 1997년 총선에 대한 한 연구에 의하면, 블레어 노동당은 중도적(즉 탈사민적) 정책공약을 내걸며 중도유권자의 지지를 얻어내긴 했지만, 그것은 열성적 노동당 지지자들의 이반이라는 대가를 지불하며 얻어낸 결과였다(Heath, et al. eds. 2001, 155).

노동계급의 절대다수가 더 이상 노동당의 정례적 지지자가 아니라는 사실은 지방선거, 유럽의회 선거에서도 지속적으로 나타났다. 고정 지지자군의 동원이 정당정치의 주제가 되지 못한다면, 집권은 경제상황이나 전쟁 혹은 월드컵과 같은 우연적 요인에 의해서 좌우되기 십상이다. '제3의 길'은 향후 노동당의 선거 운명과 관련한 어떤 체계적인 예측도 어렵게 만드는 데 일조한 셈이다.

3. 노동당정부(1997 - 2010) 복지정책의 공과

집권 당시 블레어는 메이저 보수당정부로부터 비교적 건전한 경제상황을 물려받았다. 무엇보다 실업이 2년 연속 줄어들고 있었다. 교육, 의료, 주거, 아동빈곤 등의 분야들에서 개혁에 대한 유권자들의 기대는 높았다. 그러나 블레어의 처음 4년 동안의 실적은 실망스런 것이었다. 18년 만에 맞은 기회를 낭비했다는 비판이 적지 않았다. 집권 바로 직후에 고든 브라운 재무장관은 이자율통제권을 영란은행으로 이전했다. 이는 노동당이 자본주의체제의 수호를 위해 신뢰할 만한 정당이며, 반드시 고용을 위해 인플레 문제를 소홀히 취급하지 않을 것이라는 다분히 대처주의적인 신호를 금융계(the City)에 보낸 것이었다.

또한 브라운의 재무부는 보수당이 제시했던 향후 2년 동안의 지출 추정치를 노동당정부도 준수할 것이라고 지레 선언했었다. 이러한 정신에 따라, 1997년 12월에 제출된 사회보장법안은 편부모에 지급되는 급부 액수를 삭감한다는 내용을 담은 것이다. 법안에 대한 하원의 2회독에서 47명의 노동당의원이 그 조항에 반대표를 던졌고, 63명이 기권했지만, 법제화를 막을 정도로 충분히 큰 평의원반발로 이어지지는 않았다. 그러나 약속된 2년이 지난 후에도 브라운은 지출에 대한 엄격한 통제를 지속했다. 인플레 억제에 우선순위가 두어졌던 것이다.

실제로 블레어 노동당이 등장한 이후 GDP로 나타난 공공지출은 대처 시절의 평균 43%와 그 이전 윌슨–캘러한 노동당정부의 평균 45%보다 훨씬 못 미치는 39% 정도에 머물렀다(Parry 2000, 90). 대처 이래 지속되던 소득세체제는 변함없이 유지됐다. 소득이 상승함에 따라 150만 국민이 추가로 최고 세금대역으로 이동했으며, 개인소득세공제는 동결됐다. 주택에 대한 인지세와 국민보험기여금이 증가됐으며, 연금투자에서 오는 배당금에 대한 세금공제는 폐지됐다. 특히 후자와 관련하여 논란이 그치지 않았다. 당시까지 연금기금의 주주들은 배당금에 대해 10%의 세금을 내야 했던 통상적 주주들보다 유리하게 대우받았었지만, 이제 그 차이가 없어졌던 것이다. 그렇게 해서 거둬들인 추가 현금 370억 파운드는 공공서비스를 위해서가 아니라 공공부채를 상환하는 데 사용되었다. 정부의 이자지급액은 급속히 줄어들었지만, 이런 조치들이 연금기금의 가치에 미친 영향이 어떠했을지는 불문가지였다.

의료, 교육, 주거에 대한 정부의 추가적 지원에도 불구하고 눈에 보이는 개선은 거의 없었다. 예컨대 의료 지원의 경우, 2004년까지 연간 6%씩 인플레를 상회하여 증액하기로 약속한 것이 전부였다. 극빈층 학생을 제외한 모든 대학생에게 일정액의 학비를 부과하는 정책이 도입되면서, 노동당이 교육을 통한 기회균등의 확보라는 '자유주의' 원칙마저 위배한다는 비판이 비등했다. 노동당이 노조로부터의 재정적 영향력을 줄이기 위해 부유한 지지자들에 대한 의존을 높였음은 이미 언급한 바와 같다. 사적재정발의(PFI)에 대한 의존이 늘어가고, 공공영역으로 민간의 이윤동기가 침입할수록 공공영역은 축소될 수밖에 없었다.

이 모두는, 긴축정책이 아니라면 절제(prudence)의 경제정책이라 불릴 만한 것들이었다. 따라서 1999년 4월 도입된 최저임금제는 그 의미가 각별했다. 시간당 최저임금을 3.60파운드(22세 미만은 3파운드)로 정했고 매년 인상토록 했으며 2006년에는 5.35파운드로 올렸다. 보수당은 고용을 파괴하고 인플레를 유발한다는 통상적인 이유를 들어 반대했다. 물론 어느 쪽도 현실에서 증명되지 않았거니와, 2005년 총선에서는 보수당 스스로가 최저임금을 공약으로 내걸었다. 25세 미만 청년들의 고용을 위해서는 이른바 뉴딜이 실시됐다. 앞에서 언급했듯이, 모든 청년구직자는 정부가 제시한 4가지 옵션 가운데 하나를 선택해야 했다. '일을 위한 복지'의 전형적인 당근과 채찍 정책이었다.

2001년 6월의 총선에서 노동당은 또 한 차례 압승했다. 블레어 1기정부에 대한 실망과 식상함이 넘치던 시절이었으므로, 누구나 예상한 일은 아니었다. 노동당이 대처주의를 계승하면서 정당 간의 차별성이 없어지고, 투표자들의 이반을 낳은 것이라는 진단이 무성했다. 실제로 투표율은 58%로 1997년에 비해 10% 이상 떨어졌다. 그러나 많은 사람들의 생활수준이 개선됐던 것 또한 사실이었다. 최저임금제, 높아진 연금, 세금감면 등이 일정한 역할을 했을 것이다. NHS와 학교와 관련해서는 괄목할 만한 개선은 없었지만 더 이상 악화되지는 않았으며, 적어도 대처 시절에 시작된 쇠락 추세는 제지되었다. 총선 즈음 향후 3년간 NHS에 보다 많은 지원을 하리라는 고든 브라운 재무장관의 약속도 유리하게 작용했다.

블레어 2기정부(2001−2005)가 들어선 지 3달 만에 9/11 테러가 발생했다. 노동당은 광범위한 국내개혁에 착수했지만, 이라크전쟁과 테러와의 전쟁에 온통 정신 팔려 있던 언론의 주목을 거의 받지 못했다. 아프가니스탄과 이라크의 지도자가 교체됐지만 폭력은 지속되었고 평화는 달성되지 않았다. 사실 2007년 5월 블레어가 은퇴할 때까지 이라크와 테러문제는 모든 정치적 쟁점들을 압도했다. 그 와중에도 NHS에 대한 지출을 늘리겠다는 약속은 최대한 지켜졌다. 그러나 영국 의료체계가 EU 평균에 도달하려면 아직도 막대한 추가지원이 필요했다(OECD 2009). 브라운은 국민보험료를 1% 증가시켰고, 상한선을 올려서 상대적으로 잘 사는 사람들이 비례적으로 더 많이 내도록 했다. 1만 명의 고참 의사와 8만 5천 명의 간호사를 포함하여 30만 명의 추가 인원이 배치됐고, 218개의 병원과 188개의 새 치료소가 세워졌다. 예상대로 대기자 명단이 크게 줄었고, 암과 심장질환으로 인한 사망률이 모두 급격히 줄어들었다.

블레어가 좋아하는 슬로건 중 하나가 "교육, 교육, 교육"이었다. 1997－2007년 동안 학생 1인당 연간 정부지출은 2500파운드에서 5천 파운드로 2배가 되었다. 3만 6천 명의 교사와 15만 4천 명의 보조교사가 추가됐다. 이런 노력의 결실은 학업성취도의 상승으로 나타났고, 그에 따라 대학 진학률도 높아졌다. 공식적으로 빈곤계층으로 분류되려면 가계소득이 중위소득(median income)의 60% 이하가 되어야 한다. 한 조사에 따르면, "1997년 영국은 유럽에서 가장 높은 아동빈곤율을 가진 나라였으며, 당시 15개 EU 국가들 가운데 15위였다. EU에서 빈곤으로 분류된 모든 아동들의 1/3이 영국에서 태어난다. 국가적 수치이다."(Lowe 2009, 784) 이 문제의 해결을 위해 다양한 조치들이 도입됐고, 아동급부(수당), 아동세금공제 등의 덕택으로 110만 아동들이 빈곤에서 벗어났다. '확실한 출발'(Sure Start)이라는 탁아소제도가 도입되어 빈한한 가정의 엄마들에게 큰 도움을 주었다. 탁아소 수는 매년 증가하여 2010년까지 3,500개가 완성되었다. 젊은 어머니를 위한 신축적 근로시간제 도입 등 근로자 권리에도 커다란 신장이 있었다. 노령급부도 늘어났다. 2007년에 이르면 가장 빈한한 하층 1/3의 생활수준은 분명 훨씬 나아졌다. 그러나 이를 위한 재정조달은 부자들보다는 중간계급에서 주로 왔다. 범죄를 막기 위해 경찰예산과 경찰관의 숫자가 급증했고, 범죄율이 1997－2007년의 10년 동안 35% 감소했지만, 폭력적 범죄와 수감자의 수도 기록적으로 증가했다. 이 모두는 '신노동당' 정부의 이념적 성격의 일단을 보여주는 것이다.

전통적으로 영국 노동당은 사회주의의 목적가치로서의 평등에 대한 신뢰를 유지하면서, 평등을 달성하는 수단의 변화를 지속적으로 꾀해왔었다. 1950년대 나이 베번 등 좌파가 의존했던 수단이 민주주의와 국유화였다면, 블레어가 구좌파로 명명했던 당시의 우파(즉 앞의 수정주의진영)의 방법은 조세와 노조운동이었다. 지금까지 보았듯이, 대처주의가 남긴 지형 위에서 전개됐던 '제3의 길'은 후자로부터도 더욱 우경화한 것이었다. 블레어 노동당은 생산의 영역에서뿐 아니라 분배 영역에서도 국가의 전면적 후퇴를 기획하고 또 실천해 왔던 것이다. 예컨대 오늘날 영국은 "서유럽 국가들 가운데 노조활동의 법적 규제가 가장 엄정한 나라"임을 자랑하는 나라가 되었을 뿐 아니라, "민간부문의 신뢰회복에 최우선 순위를 두고… 국내 사회정책이 조정되어야 한다"는 정책지침을 공공연히 제시하는 국가가 되었다.

이미 언급한 바와 같이, '제3의 길'에서 국가의 역할은 완전고용을 위한 수요관리나 산업정책이 아닌, 기업활동을 위한 안정된 환경과 조건을 만들어 주는 것에 주로 한정됐고, 노동당정부는 과거 보수당정부의 지출계획과 소득세 증가 억제정책을 거의 수정 없이 답습했다. 훈련, 교육, 복지가 영국 자본주의의 경제적 회생을 위한 것으로 인식되었으며, 사회정의와 경제효율은 연결되어야 한다는 '절충식' 접근이 대세를 이뤘다. 그 결과, 국유산업이 소멸됐고 의료, 교육, 복지에서 민간공여가 증가하고 시장원칙이 확대되었으며, 복지공여가 잔여적으로 되면서 보편주의가 퇴조했다. 요컨대 경제사회정책에서 사민적 가치가 아닌 경제자유주의와 시장보수주의가 두드러졌다. 그런데 생산수단의 공공소유와 같은 보다 직접적인 수단은 말할 것도 없고 대항권력으로서의 노조운동이나 조세를 통한 재분배마저 포기한다면, 이제 평등의 실현을 위해 노동당에 남아 있는 수단은 무엇인지, 거기에 사회주의 혹은 사민주의라고 이름 붙일 만한 것은 과연 무엇인지 의문이 일지 않을 수 없다. 이제 국가의 재정위기는 시장실패나 자본주의의 위기가 아니라 과도한 복지지출이 결과한 복지국가 자체의 위기이며, 복지지출의 과잉은 복지사기꾼(scroungers), 복지의존적인 저변계급(underclass)의 탓이라는 우파의 상투적 견해가 무비판적으로 수용되고 있다.

본래 저변계급이란 개념은 게토화된 만성적 복지의존자 혹은 복지청구자의 함의를 지닌 것으로, 복지의존의 폐지를 복지 자체의 폐지를 통해 해결한다는 우익적 담론에 연결된 것이었다(cf. Auletta 1982; Murray 1990; 1994). 즉 복지는 수혜자의 도덕성과 성품을 훼손하며 저변계급으로의 편입과 그것의 강화에 기여하기 때문에, 복지수혜자는 사회문제의 피해자가 아닌 창출자, 청구권리의 소유자가 아닌 의존자로서 사회질서의 회복을 위해 규율되고 통제되어야 할 대상으로 간주된다. 예컨대 이혼녀나 미혼모가 가족과 공동체 해체의 주범으로 지목될 때, 양육급여의 삭감이 가족가치의 이름으로 강행될 수 있다. 복지가 저변계급을 만든다는 사상이 지배적이 되면서, 빈곤은 필요의 충족이 아닌 범죄, 무질서 등의 개념과 더 친화적으로 되며, 더 이상 탈규제된 시장이 야기한 복지와 실업위기라는 '사회적 조건'과 연결되지 않는다. 이른바 '책임전가의 정치'(politics of blame)가 그렇게 탄생했다.

'제3의 길'이 강조하는 공동체주의의 허실도 이러한 맥락에서 살펴질 수 있다. 이미 언급했듯이, '일을 위한 복지' 개념은 복지에 대한 권리를 수혜자의 '책임'을 조건으로 하여 상당한 강제성을 동반한 것이었다. 그러나 계급개념이 사상된 공동체주의는 불가피하게 개인의 선택, 책임, 기회 등을 부각시킬 수밖에 없다. 초점이, 역설적이게도, "공동체에서 개인으로" 이전하는 것이다. 거기에서 사회구조물(social fabric)의 붕괴, 사회의 분절화, 파편화, 무질서, 해체 등은 신자유주의적 정책의 실패나 국가와 시민사회의 책임이 아닌, 그러한 실패로 인해 고통당하는 당사자에게로 쉽사리—"사회적으로 공유된 가치"를 습득하지 못했다는 이유를 들어—전가된다. 권리와 책임의 상호성(reciprocity)을 강조하는 신노동당의 공동체주의가 실제로는 사회적 질병의 퇴치, 질서와 안정의 회복 등과 관련한 강한 도덕적 호소에 머무르거나, 범죄 등 사회문제에 대한 강경대응(zero tolerance)으로 이어졌던 이유인 것이다.

사실 법과 질서의 회복, 사회 무질서와 혼란의 직접적 요인으로서 가족가치의 붕괴, 편부모 증가의 직접적 결과로서의 빈곤의 만연 등의 담론들은 수상에 오르기 전부터 블레어가 빈번히 강조했던 주제들이다(Smith 1997, 184-185). 그러나 대처주의에서 보듯 기회, 선택, 책임은 대처의 보수당이 전유하던 언어들이었으며, 이러한 언어들을 통한 담론 구성이야말로 사회적으로 배제된 자들의 범죄행위를 개인적 질환으로 간주하는 사회적 권위주의의 전형적 행로였다(Driver and Martell 1998, 118-119). 신노동당이 (경제적으로) 사민주의에서 멀어지고 (사회적으로) 일관되게 보수적 도덕주의를 강조할수록 거리와 학교에서의 폭력은 부모와 교사의 책임이었으며, 감옥은 최후의 대안 아닌 우선적 대안으로 취급되었다.

물론 가족과 공동체의 해체 앞에서 가족가치의 복귀와 공동체 회복을 주창하는 것은 문제의 해결이 아닌 문제의 악순환을 낳기 십상이다. 공동체개념에서 과거의 계급적 요소가 사상되고 공동체를 위한 기업의 사회적 책임 그리고 시장탈락자의 권리가 전제된 책임개념이 소멸된다면, 이는 곧 공동체주의가 공리주의적 관점으로 대체되는 것을 의미한다. 법 적용에서의 국가의 전진배치와 경제영역에서의 국가의 후퇴는 대처 식 신보수주의의 중심 내용이었다.

기든스(Anthony Giddens)는 '제3의 길'의 실체가 매우 모호하다는—네스호의 괴물처럼, "소문만 무성하고 본 사람은 아무도 없다"는—비판에 대해 '제3의 길'의 주된 내용으로서 연대와 편입사회에 대한 신념, 불평등 교정과 소외계층에 대한 보호, 그리고 이러한 목표를 달성하는 수단으로서 적극적 정부, 강력한 공공제도, 잘 발달된 복지국가 등을 재차 꼽았었다(Giddens 2000; 2002). 그러나 '제3의 길'은 실천된 '제3의 길'을 근거로 평가돼야 한다. 기든스 자신도 인정했듯이, '제3의 길'에서 주창된 적극적 정부는 실은 재정규율과 균형예산, 그리고 기업과의 강화된 협조체계를 의미했으며, 복지국가는 비효율을 제거한다는 명분하에 권리보다는 책임이 강조되는 체제로 전화했다. 평등은, 그것의 양면성(trade-offs)을 지나치게 민감하게 인식하여 기회균등 정도로 귀착되었고, '풍요로운 다수'와 정치인에 의해 사회적으로나 선거적으로 배제된 이른바 저변계급의 입지는 점점 좁아졌다. 시민권은 주로 재산권 중심으로 해석되어 범죄의 공포로부터의 자유라는 안전개념이 강조되면서 범죄가 불평등과 빈곤의 결과물이라는 정치적·사회적 맥락은 사상되었다.[11] 냉혹한 정치적 선택 앞에서 수사와 담론이 무색하게 된 것이다.

영국의 사민전통은 민주주의에 대한 신뢰에 바탕을 둔 것으로, 자본주의에 대한 안티테제로서의 사회주의와는 다른 맥락에서 발달된 것이었다. 그러나 시장이 단순히 수용되는 차원을 넘어서 '경하할 만한 무엇'으로 환영되고 있는 '제3의 길'에서 사회주의는, 보다 확실히 포기된 듯이 보인다(Driver and Martell 1998, 40). 이와 관련하

11) 마르컨드(David Marquand)는 "블레어주의자들의 입(말)을 보면 사민주의자들이지만, 손(행동)을 보면 아니다"라고 '제3의 길'의 모호성을 빗대고 있다(Marquand 2000, 2-3).

여 세계화, EU 등과 같은 공통의 조건과 오히려 선진된(즉 재정지출의 규모가 영국보다 큰) 복지체계라는 환경 속에서도, 유럽대륙의 사민주의가 여전히 상대적으로 견고한 재분배체계에 터를 잡고 있다는 것은 많은 시사를 던진다. 아마 블레어 노동당은 유럽 사민주의 가운데 가장 급진적인(즉 우경화된) 현대화론자들(modernizers)로 평가될 수 있을 것이다.[12] "블레어주의(Blairism)는 유럽 사민주의와는 무관하다"는 언명이 그래서 가능하다(Giddens 2000, 16 재인용).

과거의 합의가 '수정된 좌파'로 불릴 수 있다면, '제3의 길'에 대해서는, 많이 양보해서, '수정된 우파' 정도의 평가가 내려질 수 있을지 모르겠다. 어차피 수정주의란 환경에 따른 변화 가능성을 전제하고 정당화시키는 개념이다("Revisionists revise.") 그러나 만일 사민주의란 것이 생산수단의 공공소유는 말할 것도 없고 국가복지의 주요 수단인 조세와 지출을 통한 재분배적 개입도 포기한다면, 이제 그것은 어떤 이름으로 불려야 할 것인가? '제3의 길'의 주 공격대상인 '구좌파'란 이미 오랫동안 '주류' 노동당정치에서 잊혀진 혹은 주변

12) 2002년의 프랑스 대선을 계기로 정계를 은퇴한 리오넬 조스팽은 1997년 블레어 노동당의 압승 직후에 있었던 프랑스 총선에서 7십만 고용창출, 임금손실 없는 노동시간 단축, 임금 상승, 재산세 증가, 이민법 완화, 민영화 중지 등 조세와 공공지출, 재국유화 등과 관련하여 신노동당과는 비교도 안 될 정도로 전통적 사민주의에 충실한 공약으로 사회주의 정권을 탄생시킨 바 있다. 당선 이후 그가 "Yes to a market economy, No to a market society!"의 기치하에 취했던 일련의 정책들(고용창출을 위한 추가기금 형성과 노동시간 감소 등 노동시장 규제를 위한 일련의 조치들)도 '제3의 길' 전략과는 정면에서 충돌하는 것이었다. '제3의 길'에 대한 입장 표명을 주저하던 조스팽은, "만일 '제3의 길'이 사민주의와 신자유주의의 중간 길이라면, 그것은 자신의 노선과는 다르다"는 점을 분명히 했다(Jospin 1999, 4-5, 8-10). 물론 슈뢰더의 독일은 프랑스보다 훨씬 블레어에 근접한 것이 사실이지만, 노동당 사민주의에 비해 유럽 사민주의는 고용창출, 국가개입, 국가복지에서 보다 전통적 사민주의에 근사해 있는 것 또한 부인할 수 없는 점이다.

화된 좌파, 혹은 국가중심주의일 뿐이며 이 점이야말로 '제3의 길'이 '허수아비 때리기'의 반사이익을 노린 전략적 수사에 불과할지 모른다는 평가가 가능한 주된 이유이다(Fairclough 2000 참조).

하버드의 영국정치 전문가인 비어(Samuel Beer) 교수는 블레어의 집권 이전에 이미 그의 개혁 제안들이 "소극적이며, 잡다하고"(cautious and miscellaneous) '내용'(substance)보다는 '절차'(procedure)에 치우친 것이라고 진단한 바 있었다(Beer 2001, 41-47). 이때 '절차'란 스코틀랜드와 웨일즈의 분권화, 세습상원의 폐지, 런던시장제의 부활 등 블레어 정부가 추진한 헌정개혁을 주로 지칭하는 것이었다. 비어의 평가가, 1998년 9월에 당시 『가디언』 경제편집장이던 허튼(Will Hutton)이 페이비언협회가 펴낸 블레어의 『제3의 길』 팸플릿에 대해 "정치경제학이 없다"고 잘라 말했던 것과 맥락을 같이하고 있음은 물론이다.

전문가들의 예측과는 달리, 2005년 총선에서 노동당은 65석의 절대다수로 역사적인 3차례 연속 총선 승리를 달성했다. 다수 규모는 지속적으로 줄어들었지만 블레어와 브라운으로서는 놀라운 성취였다. 그러나 노동당의 인기는 퇴조하고 있었다. 영국의 이라크 개입은 끝이 안 보였고, 정부는 스캔들과 사임들로 시달렸으며, 텔레그래프 등 보수신문들의 논조는 갈수록 적의를 드러냈다. 블레어가 언제 수상직을 떠날까에 대한 추측들이 미디어와 동료들 사이에 난무했다. 고든 브라운이 그를 계승할 것이 가정되면서 블레어는 일종의 레임덕 수상이 되었다. 그런 와중에도 이라크 상황은 개선될 줄 몰랐다. 반테러 입법이 도입되었고 경찰력이 강화되었다. 이주민 문제와 이주노동자 문제들이 다시 심각해졌다. 연금기금문제도 부상했다. 블레어 시절 주식배당금에 대한 세금감면이 폐지된 이후, 기업의 퇴직연금기금의 가치가 2006년에 이르면 1천억 파운드나 감소했던 것이다. 은퇴를 앞둔 연금가입자와 노동자들은 기금에 커다란 구멍이 생긴 것을 알고는 공황에 빠졌다. 일련의 추문들로 인해 급기야 토니 블레어 자신이 형사사건에 조사를 받는 일이 발생했다. 수상으로서 영국 역사상 처음 있는 일이었다.

2007년 6월, 블레어의 10년 집권이 끝났고 브라운이 그 뒤를 이었다. 그러나 '제3의 길'이 처음부터 블레어와 브라운의 합작품이었음을 고려하면, 노동당의 어떤 변화를 갑자기 기대할 수는 없었다. 실제로 브라운이 당수로 되자마자 영국 노동당은 당권을 위요한 끊임없는 내분에 휩싸였고 당 전체가 지독한 무력감에 빠져들었다. 당 지도부에 대한 비판과 당내 반발이 갈수록 격화되는 가운데 치러진 2010년 5월의 총선에서 예상대로 노동당은 캐머런(David Cameron)의 보수당과 클렉(Nick Clegg)이 이끄는 자민당의 연정세력에 정권을 내주고 말았다. 13년 노동당 집권의 막이 내린 것이다. 총선 패배 이후 새 당수로 당의 급진진영의 지지를 받은 밀리밴드(Edward Miliband)가 선출됐지만, 그가 과연 '제3의 길'과 신노동당의 그림자에서 얼마나 자유로울지는 아무도 보증할 수 없다. 현 캐머런 정부는 대처주의와 차별화된 전통적 보수주의의 부활을 내걸었지만, 당내의 대처주의의 유산과 클렉의 시장자유주의가 가하는 견제 또한 만만치 않은 상황이다. 오히려 지난 6개월의 보수/자민 연정은 영국정치에서 전통적 사민주의와 전통적 보수주의가 복구되는 일이 당분간 쉽지 않다는 점만 확인시키고 있다. 최근의 금융위기에도 불구하고, 영국정치는 합의 붕괴 이후 가속화된 신자유주의적 경도에 대한 근본적 성찰에 실패한 듯이 보인다. 이러한 실패가 국가복지의 장래에 던지는 함의를 긍정적으로 평가할 수 없음은 자명하다.

제 7 장

맺음말

제 7 장 맺음말

"우리도 이데올로기가 필요하다." 1975년 보수당수에 오른 마거릿 대처의 취임 일성이었다. 귀족 혹은 대자본 명문가 출신의 남성들 판이었던 보수당정치에서 공립학교 출신의 식품점 '딸'이 당수로 선출된 것도 이변이었지만, 대처의 선언은 차후 보수당과 영국정치에 불어닥칠 변화의 만만치 않을 폭과 깊이를 예시해 준 것이었다. 특히 대처 정부의 탈국가개입주의는 복지사상과 정책뿐 아니라 영국정치의 이념적 지평 자체를 이전시킬 터였다. 대처주의로 요약되는 그녀의 '소신'정치(conviction politics)는 보수당의 일국토리주의 전통과 양당 간의 '합의'정치(consensus politics)의 기조를 정면에서 거스르는 기획이었다.

전통적으로 보수당 보수주의에는 일국보수주의의 온정주의적 전통과 시장자유적 개인주의가 미묘한 혼재를 이루고 있었다. 후자는 19세기 초 산업혁명이 피크에 달했던 로버트 필 시대 이래 그리고 특히 전간시절 자유당의 제3당으로의 전락 이후, 보수당정치에서 하나의 '당연한' 전제가 되었지만, 당정책을 적극적으로 견인했던 이데올로기는 아니었다. 오히려, 적어도 대처가 들어서기 전까지, 당정책의 배후를 아우르며 그 대략적 경계를 설정해 주었던 규범적 흐름은 전자의 온정주의적 전통이었다. 보수당은 이러한 흐름을 통해 경제에 대한 국가개입과 사회에 대한 공동체적 책무를 명시적 혹은 묵시적으로 용인해 왔었다. 대처리즘은 이 균형을 내용에서 과격하고 방법에서 급작스럽게 후자로 이전시켰다. 대처의 사회경제정책은 자유시장적 자본주의에 대한, 거의 종교적 근본주의에 가까운 집착에서 비롯되었고 또 그렇게 실천되었다. 그것은 그간의 좌, 우 합의정치에 대한 통렬한 비판을 담은 우익적 대안으로서, 현실정치에 대한 실용적 접근을 신뢰하며 사회적 약자에 대한 유기체적 관심과 배려를 중시했던 전통적 보수주의와의 차별화를 분명히 했다.

한편 대처가 등장하기 전까지 국가주의(statism)는 노동당 이념과 정책의 근간이었다. 여기서 국가주의란 '생산'은 주로 시장에 맡기되 '재분배' 영역에선 국가의 적극적 개입을 용인한다는 다소 느슨한 개념으로, 국유화 등 '생산'수단의 공공소유 개념을 중심축으로 하는 국가중심주의(state centralism)와는 구별되는 개념이다. 노동당정치에서 국가중심주의는 보수당정부나 노동당지도부의 정책행태에 대한 불신이 고조될 때마다 노조진영과 당내 좌파의 소동에 힘입어 전면으로 부상하곤 했다. 그러나 그것은 수사와 언술 수준에서 왕성히 제기되곤 했지만, 노동당의 정치적 실천을 지속적으로 규정해 주는 데는 실패했다.

노동당의 국가주의는 보수당의 일국토리이즘과 더불어 '국가주의적 합의'로 명명될 수 있는 광범한 중간지대, 즉 통상 거론되는 전후 사반세기의 '합의시절'을 훨씬 뛰어넘는 역사성을 지닌 영국정치의 이념적 공유지대를 형성해 왔다. 따라서 블레어 노동당의 '제3의 길'이 대처 정부의 반국가개입주의적 정책들을 거의 변함없이 계승했을 때, 이제 그것은 생산영역은 물론 재분배부문으로부터의 국가의 후퇴라는 새로운 중간지대 혹은 '신(新)합의'의 창출을 실험하는 것으로 볼 수 있다. 전통적으로 노동당 국가주의는 목적가치로서의 평등에 대한 신뢰를 유지하면서, 평등을 달성하는 수단의 변화를 지속적으로 꾀해 왔다.

1950년대 나이 베번 등 좌파가 의존했던 수단은 민주주의와 국유화였고, 블레어가 구좌파로 명명했던, 50년대 휴 게이츠켈 등 우파가 주도했던 수정주의의 방법은 '조세와 지출'이었다. 그러나 국유화 같은 직접적인 수단은 물론이고, 노조운동이나 조세를 통한 재분배마저 포기된다면, 이제 평등의 실현을 위해 노동당에 남아 있는 수단은 무엇이며, 거기에 사회주의 혹은 사민주의라고 이름 붙일 만한 것은 무엇인가. 블레어/브라운 정부의 13년 집권은 2010년에 막을 내렸다. 오늘날, 민영화는 대세가 됐고 노동운동의 사기는 최저점에서 헤어날 줄 모르며 세계화는 압도적인 권력으로서 국내정치의 운신을 제약하고 있다. 이제 영국에서 재정위기는 시장실패가 아니라, 과도한 복지지출이 결과한 복지국가의 위기에 다름 아니며, 복지지출의 과잉은 복지사기꾼, 복지의존적인 저변계급의 탓이라는 이데올로기가 일상적으로 수용된다. 오늘날의 영국 노동당은 유럽 사민정당들 가운데 가장 우경화된 정당으로 평가될 것이다.

모름지기 생성(becoming)의 역동성은 존재(being)의 지속(안정)성을 전제한다. 이때 존재란 19세기 이후 영국정치를 그 배후에서 규정해 온 국가개념의 연속성 혹은 초당적 수용을 강조한 개념이며, 생성이란 대처주의에서 그 위세의 절정을 이뤘던 보수당 시장자유주의의 역사적 성쇠, 그리고 노조진영이 후원하고 노동당 좌파가 추동했던 국가중심주의의 역사적 부침을 지칭하는 개념이다. '복지국가위기론'은 복지국가를 전제하는 것이며, 신(Neo)자유주의는 신(New)자유주의와 역사적 실천을 그 배경으로 한다. 최근 유행하는 '시장과 함께(with)하는 정치'는 '시장을 거스르는(against) 정치'가 형성한 계급 간 권력 길항의 제도화 위에서 가능한 개념이다. '제3의 길'도 복지국가, 노동운동, 노동당, 케인스주의 등이 일정한 역할을 수행한 이후에 등장한 역사적 개념이라는 점을 인식하는 것은 중요하다. 아무리 세계화 담론이 융성한다 해도, 오랜 세월 축적된 국가복지의 제도적 유산은 일거에 철회될 수 없고, 영국 복지국가의 돌연한 재편은 결코 쉬운 일이 아니다. 노동당의 국가중심주의는 소멸되었지만, 보수당의 대처주의가 기존의 국가주의적 합의를 대체할 새로운 합의로 발전될 것을 단정하기엔 너무 이르다. 생성은 존재에서 기인하지만, 그것이 존재의 지위를 획득하려면 장기간의 검증과 시행착오가 필요하기 때문이다.

한국정치는 생성의 꿈틀거림을 용납하고, 그 과잉을 여과하며 견제할 만한 존재 영역의 광대한 중간지대를 가져본 경험이 없다. 이론이 없으니 이념도 없고, 이론과 이념의 죽음도 없고, 그 부활(혹은 수정) 또한 없으며, 합의도 합의로부터의 이탈도 원천적으로 불가능하다. 정치는 갈수록 비대해져 왔지만 그것은 조야한 권력의지의 난투였을 뿐 존재와 생성의 여지는, 있었다면, 그 가공의 신기루 앞에서 번번이 무너져 내렸다. 이 막막한 부재(不在)의 폐쇄회로 속에서, 정치는 분주하지만, 희망은 잘 찾아지지 않는다. 국가복지를 둘러싸고 영국의 정당정치가 보여주었던 존재와 생성 간의 역동성이 우리에게 교훈을 줄 수 있을 것이다. 그러나 교훈이 학습되고 현실정치에 적용되는 일은 전혀 다른 차원의 문제이다. 장기간의 검증과 시행착오도 의지(will)가 선행돼야 하기 때문이다.

참고문헌

강원택. 2008. 『보수정치는 어떻게 살아남았나—영국보수당의 역사』. 동아시아연구원.

고세훈. 1990. 「사회주의의 희석: 정책결정과정으로 본 윌슨—캘러한 영국 노동당정부의 사회주의 정책」. 『한국정치학회보』. 제24집 2호.

_____. 1999. 『영국노동당사』. 서울: 나남출판.

_____. 2009. 『복지한국 미래는 있는가』. 제2판. 서울: 후마니타스.

_____. 2010. "진보적 자유주의, 사민주의, 그리고 케인스." 『진보적 자유주의와 민주적 시장경제』. 제2회 대안담론 포럼 자료집. 한림국제대학원대학교 정치경영연구소.

박우룡. 2003. 『전환시대의 자유주의: 영국의 신자유주의와 지식인의 사회개혁』. 신서원.

서병훈. 1995. 『자유의 본질과 유토피아: 존 스튜어트 밀의 정치사상』. 서울: 사회비평사.

쇼, 버너드 외 저. 고세훈 역. 2006. 『페이비언 사회주의』. 서울: 아카넷.

스키델스키, 로버트 저. 고세훈 역. 2009. 『존 메이너드 케인스: 경제학자, 철학자, 정치가』 제2판. 서울: 후마니타스.

이근식. 1999. 『자유주의 사회경제사상』. 서울: 한길사.

_____. 2006. 『존 스튜어트 밀의 진보적 자유주의』. 서울: 기파랑.

Addison, Paul. 1975. *The Road to 1945: British Politics and the Second World War*. London: Quartet Books.

Aldcroft, D. H. 1973. *The Inter-War Economy: Britain, 1919–1939.* London: Macmillan.

Altvater, Elmar. 2001. "Growth Obsession." Leo Panitch and Colin Leys. eds. *A World of Contradictions: Socialist Register 2002*. London:

Merlin Press.
Anderson, Paul and Nyta Mann. 1997. *Safety First: The Making of New Labour.* London: Granta Books.
Asato, Jessica, Howard Dawber, and Paul Richards. 2001. *By Choice, Not Chance: Fabian Facts for Socialists*. London: The Fabian Society.
Auletta, K. 1982. *The Underclass.* NY: Random House.
Barker, Bernard. 1972. *Ramsay MacDonald's Political Writings.* London: Allen Lane.
Barr, N. and F. Coulter. 1990. "Social Security: Solution or Problem?" J. Hills. ed. *The State of Welfare.* Oxford: Clarendon Press.
Barry, E. Eldon. 1965. *Nationalization in British Politics: The Historical Background.* Stanford: Stanford University Press.
Barry, Norman. 1990. *Welfare.* Milton Keynes: The Open University Press.
Beales, Derek. 1969. *From Castlereagh to Gladstone 1815—1885.* New York: W. W. Norton & Company.
Beer, Samuel. 1982. *Modern British Politics: Parties and Pressure Groups in the Collectivist Age.* New York: W. W. Norton & Company.
_____. 2001. "The Rise and Fall of Party Government in Britain and the United States, 1945—96: the Americanisation of British Politics?" Simon James and Virginia Preston. eds. *British Politics Since 1945: The Dynamics of Historical Change.* NY: Palgrave.
Berman, Sheri. 2006. *The Primacy of Politics: Social Democracy and the Making of Europe's Twentieth Century*. Cambridge: Cambridge University Press.
Beveridge, William. 1942. *Social Insurance and Allied Services.* London: Macmillan.
Blackaby, F. T. *et al.* eds. 1978. *British Economic Policy: 1960—74.* London: Cambridge University Press.
Blair, Tony Blair. 1994. *Socialism.* Fabian Pamphlet 565. London: The Fabian Society.
Blake, Robert. 1966. *Disraeli*. London: Eyre & Spottiswoode.
_____. 1985. *The Conservative Party from Peel to Thatcher*. London: Fontana Press.
Bland, A. E., P. A. Brown, and R. H. Tawney. eds. 1914. *English*

Economic History: Select Documents. London: G. Bell and Sons.
Bowles, Samuel and Herbert Gintis. 1986. *Democracy and Capitalism: Property, Community, and the Contradictions of Modern Social Thought.* New York: Basic Books.
Briggs, Asa. 1959. *The Making of Modern England 1783–1867: The Age of Improvement.* New York: Harper Torchbooks.
_____. 1983. *A Social History of England.* London: Book Club Associates.
Brinton, Crane. 1962. *English Political Thought in the 19th Century.* New York: Harper Torchbooks.
Britton, A. J. G. 1991. *Macroeconomic Policy in Britain 1974–1987.* Cambridge: Cambridge University Press.
Bronowski, J. and Bruce Mazlish. 1960. *The Western Intellectual Tradition: From Leonard To Hegel.* New York: Dorset Press.
Bryson, Lois. 1992. *Welfare and the State: Who Benefits?* London: Macmillan.
Bullock, Alan. 1960. *The Life and Times of Ernest Bevin: Trade Unions Leader, 1881–1940.* Vol. 1. London: Heinemann.
Burke, Edmund. 1968[1970]. *Reflections on the Revolution in France.* Conor Cruise O'Brien. ed. London: Pelican.
Butler, David and Gareth Butler. 1986. *British Political Facts, 1900–1985.* London: Macmillan.
_____. 1994. *British Political Facts 1900–1994.* London: Macmillan.
Cammack, Paul Cammack. 2001. "Making Poverty Work," in Leo Panitch and Colin Leys, eds., *A World of Contradictions: Socialist Register 2002.* London: Merlin Press.
Campbell, John. 1993. *Edward Heath: A Biography.* London: Pimlico.
Catlin, Warren B. 1962. *The Progress of Economics: A History of Economics Thought.* New York: Bookman Associates.
Clark, Tom and Andrew Dilnot. eds. 2001. *Election Briefing 2001.* London: The Institute for Fiscal Studies.
Clarke, Peter. 1978. *Liberals and Social Democrats.* Cambridge: Cambridge University Press.
Clegg, H. A. 1976. *The System of Industrial Relations in Great Britain.* Oxford: Basil Blackwell.

Cliff, Tony and Donny Gluckstein. 1996. *The Labour Party: A Marxist History*. London: Bookmarks.

Coates, David. 1975. *The Labour Party and the Struggle for Socialism*. London: Cambridge University Press.

Cole, G. D. H. 1943. *Fabian Socialism.* London: George Allen & Unwin.

Cole, G. D. H. and Raymond Postgate. 1961. *The British Common People 1746—1946.* London: Methuen.

Cole, Margaret. 1955. *Beatrice and Sidney Webb.* Fabian Tract. No. 297. London: The Fabian Society.

Cowherd, Raymond G. 1956. *The Politics of English Dissent: The Religious Aspects of Liberal and Humanitarian Reform Movements from 1815 to 1848.* New York: New York University Press.

Craig, F. W. S. ed. 1975. *British General Election Manifestos 1900—1974*. London: Macmillan.

Critchley, Julian. 1994. *Heseltine*. London: Andre Deutsch.

Crosland, C. A. R. 1952. "The Transition from Capitalism." R. H. S. Crossman. ed. *New Fabian Essays.* London: Turnstile Press.

_____. 1963[1956]. *The Future of Socialism.* New York: Schocken Books.

Dahl, Robert. 1947. "Worker Control of Industry and the British Labour Party." *American Political Science Review*. Vol. 61.

Dangerfield, George. 1966. *The Strage Death of Liberal England.* London: McKibbon & Kee.

Davies, A. J. 1995. *We, The Nation: The Conservative and the Pursuit of Power.* London: Little, Brown and Company.

_____. 1996. *To Build a New Jerusalem: The British Labour Party from Keir Hardie to Tony Blair.* London: Abacus.

Derbyshire, Ian. 1988. *Politics in Britain: From Callaghan to Thatcher.* Cambridge: Chambers.

Disraeli, Benjamin. 1981[1844]. *Coningsby, or The New Generation*. Sheila M. Smith. ed. Oxford: Oxford University Press.

_____. 1982[1845]. *Sybil, or The Two Nations.* Sheila M. Smith. ed. Oxford: Oxford University Press.

Downs, Anthony. 1957. *An Economic Theory of Democracy*. London: Harper Collins.

Driver, Stephen and Luke Martell. 1998. *New Labour: Politics after*

Thatcherism. Cambridge: Polity Press.
Durbin, Elizabeth. 1985. *New Jerusalems: The Labour Party and the Economics of Democratic Socialism*. London: Routledge & Kegan Paul.
Ebenstein, William. ed. 1960. *Great Political Thinkers: Plato to the Present.* New York: Holt, Rinehart and Winston.
Eccleshall, Robert. 1990. *English Conservatism Since the Restoration*. London: Unwin Hyman.
_____. ed. *British Liberalism: Liberal Thought from the 1640s to 1980s.* London: Longman.
Ekelund, Robert B. and Robert F. Herbert. 1990. *A History of English Theory and Method*. New York: McGraw-Hill.
Emmerson, Carl and Andrew Leicester. 2002. *A Survey of the UK Benefit System*. London: The Institute for Fiscal Studies.
Fairclough, Norman Fairclough. 2000. *New Labour, New Language?* London: Routledge.
Fielding, S. 1997. "Labour's Path to Power." Andrew Geddes and Jonathan Tonge. eds. *Labour's Landslide*. Manchester: Manchester University Press.
Foote, Geoffrey. 1985. *The Labour Party's Political Thought: A History.* London: Fontana.
Fraser, Derek. 1973. *The Evolution of the British Welfare State: A History of Social Policy Since the Industrial Revolution*. London: Macmillan.
Freeden, Michael. 1978. *The New Liberalism: An Ideology of Social Reform.* Oxford: Clarendon Press.
_____. ed. 1988. *J. A. Hobson: A Reader*. London: Unwin Hyman.
Gaitskell, Hugh. 1956. *Socialism and Nationalisation*. Fabian Tract. No. 300. London: The Fabian Society.
_____. 1970. "Public Ownership and Equality." Frank Bealey. ed. *The Social and Political Thought of the British Labour Party.* London: Weidenfeld and Nicolson.
Gamble, Andrew. 1990. "The Thatcher Decade in Perspective." Patrick Dunleavy, Andrew Gamble, and Gillian Peele. eds. *Developments in British Politics, III.* London: Macmillan.
Garner, Robert and Richard Kelly. 1993. *British Political Parties Today*. Manchester: Manchester University Press.

Giddens, Anthony. 2000. *The Third Way and Its Critics.* London: Polity Press.

_____. 2002. *Where Now for New Labour?* London: Polity Press.

Giddings, Philip. 1995. "Prime Minster and Cabinet." Donald Shell and Richard Hodder-Williams. eds. *Churchill to Major: The British Prime Ministership Since 1945.* London: Hurst & Company.

Gilmour, Ian. 1977. *Inside Right.* London: Hutchinson.

_____. 1992. *Dancing With Dogma: Britain Under Thatcherism.* London: Pocket Books.

Gould, Arthur. 1993. *Capitalist Welfare Systems: A Comparison of Japan, Britain and Sweden.* London: Longman.

Harris, Kenneth. 1988. *Thatcher.* Boston: Little, Brown and Company.

Haseler, Stephen. 1969. *The Gaitskellites: Revisionism in the British Labour Party.* London: Macmillan.

Hay, Colin. 1999. *The Political Economy of New Labour: Labouring under False Pretences?* Manchester: Manchester University Press.

Hayes, Mark. 1994. *The New Right in Britain: An Introduction to Theory and Practice.* London: Pluto Press.

Heath, Anthony F. et al. 2001. *The Rise of New Labour: Party Policies and Voter Choices.* Oxford: Oxford University Press.

Heffernan, Richard. 2000. *New Labour and Thatcherism: Political Change in Britain.* London: Macmillan.

Heidenheimer, Arnold J., Hugh Heclo, Carolyn Teich Adams. 1990. *Comparative Public Policy: The Politics of Social Choice in America, Europe and Japan.* New York: St. Martin's Press.

Hennessy, Peter. 1986. *Cabinet.* Oxford: Basil Blackwell.

Hicks, Alexander. 1999. *Social Democracy and Welfare Capitalism: A Century of Income Security Politics.* Ithaca: Cornell University Press.

Hill, Clive. 1996. *Understanding the Fabian Essays in Socialism(1889).* Lewiston, N.Y.: Edwin.

Hines, Colin. 2000. "Is Global Trade Good for the World's Poor?" *Fabian Review.* Vol. 112. No. 2. Summer.

Hobson, John. 1988. *J. A. Hobson: A Reader.* Michael Freeden. ed. London: Unwin Hyman.

Howe, Geoffrey. 1994. *Conflict of Loyalty.* London: Macmillan.

Hutton, Will. 1994. "Comment: The Social Market in a Global Context." David Miliband. ed. *Reinventing the Left.* Cambridge: Polity Press.

_____. 1995. *The State We're In.* London: Vintage.

_____. 1999. *The Stakeholding Society: Writings on Politics and Economics.* Cambridge: Polity Press.

Jefferys, Steve. 2000. "Western European Trade Unionism at 2000." Leo Panitch and Colin Leys. eds. *Working Classes Global Realities: Socialist Register 2001.* London: Merlin Press.

Jenkins, Peter. 1988. *Mrs. Thatcher's Revolution: The Ending of the Socialist Era.* Cambridge: Harvard University Press.

Jenkins, Roy. 1952. "Equality." R. H. S. Crossman. ed. *New Fabian Essays.* London: Turnstile Press.

Jones, Tudor. 1996. *Remaking the Labour Party: From Gaitskell to Blair.* London: Routledge

Jospin, Lionel. 1999. *Modern Socialism.* Fabian Pamphlet 592. London: The Fabian Society.

Kaldor, N. 1985. *The Scourage of Monetarism.* London: Oxford University Press.

Kavanagh, Dennis and Peter Morris. 1989. Consensus Politics from Attlee to Thatcher. Oxford: Basil Blackwell.

Kelly, Gavin, Dominic Kelly and Andrew Gamble. ed. 1997. *Stakeholder Capitalism.* London: Macmillan.

King, Anthony. 1985. "Margaret Thatcher: The Style of a Prime Minister." Anthony King. ed. *The British Prime Minister.* Durham, NC.: The Duke University Press.

Krieger, Joel. 1999. *British Politics in the Global Age: Can Social Democracy Survive?* London: Oxford University Press.

Krugman, Paul. 1995. *Peddling Prosperity: Economic Sense and Nonsense in the Age of Diminished Expectations.* NY: W.W. Norton & Company.

Labour Party. Jan. 1918. *Labour Party Annual Conference Report.* London: Labour Party.

_____. 1918. *Labour and the New Social Order.* London: Labour Party.

_____. 1923. *Labour Party Annual Conference Report.* London: Labour Party.

_____. 1929. *Labour Party Annual Conference Report.* London: Labour Party.
_____. 1934. *For Socialism and Peace*. London: Labour Party.
Lee, Phil and Colin Raban. 1988. *Welfare Theory and Social Policy: Reform or Revolution?* London: Sage.
Leonard, Dick. ed. 1999. *Crosland and New Labour.* London: Macmillan.
Lindsay, T. F. and Michael Harrington. 1974. *The Conservative Party 1918－1970*. New York: St. Martin's Press.
Lipsey, David. 1981. "Crosland's Socialism." Lipsey. *et al.,* eds. *The Socialist Agenda.* London: Jonathan.
Lloyd, Trevor. 1977. "James Ramsay MacDonald." John P. Mackintosh. ed. *British Prime Ministers in the Twentieth Century.* London: Weidenfeld and Nicolson.
Low, Nicholas P. 1991. *Planning, Politics and the State: Political Foundations of Planning Thought.* London: Unwin Hyman.
Lowe, Norman. 2009. *Mastering Modern British History.* 4th. ed. London: Macmillan.
_____. 1989. *Mastering Modern British History.* 2nd. ed. London: Macmillan.
MacBriar, A. M. 1962. *Fabian Socialism and English Politics 1884－1918.* London: Cambridge University Press.
Mackintosh, John P. 1977. *The British Cabinet*. London: Stevens.
Macmillan, Harold. 1938. *The Middle Way*. London: Macmillan.
Marquand, David. 2000. "History Today." *Fabian Review.* Vol. 112. No. 1. Spring. London: The Fabian Society.
Miliband, Ralph. 1972. *Parliamentary Socialism: A Study in the Politics of Labour.* London: Merlin Press.
Mill, John Stuart(ed. with Intro. and Notes by Jack Stillinger). 1969 [1873]. *Autobiography*. Boston: Houghton Mifflin Company.
Molesworth, William Nassau. 1880. *The History of England: From the Year 1830－1874.* Vol. 1. London: Chapman and Hall.
Morgan, Kenneth. 1982. *Labour in Power, 1945－51.* Oxford: Oxford University Press.
Mowat, C. L. 1971. *Britain Between the Wars, 1918－1940*. Boston: Beacon Press.
Murray, Charles. 1990. *The Emerging British Underclass.* Choice in

Welfare Series. No. 2. London: IEA.
Nathan, Max. 2001. *Getting Attached: New Routes to Full Employment.* London: The Fabian Society.
Norman, Richard. 1987. *Free and Equal: A Philosophical Examination of Political Values.* Oxford: Oxford University Press.
Oakeshott, Michael. 1962. *Rationalism in Politics*. London: Methuen.
O'Connor, Julia S. and Gregg M. Olsen. eds. 1998. *Power Resources Theory and the Welfare State.* Toronto: University of Toronto Press.
OECD. 2009. *Society at a Glance 2009: OECD Social Indicators*. OECD.
O'Gorman, Frank. 1986. *British Conservatism: Conservative Thought from Burke to Thatcher*. London: Longman.
Olivier, Sydney. 1888. *Capital and Land.* Fabian Tract. No. 7. London: The Fabian Society.
Parry, Richard. 2000. "Exploring the Sustainable limits of Public Expenditure in the British Welfare State." Stein Kuhnle. ed. *Survival of the European Welfare State.* London: Routledge.
Pearce, Malcolm and Geoffrey Stewart. 1992. *British Political History 1867–1990: Democracy and Decline.* London: Routledge.
Pease, Edward R. 1963[1916]. *History of the Fabian Society.* London: Cass.
Pelling, Henry. 1984. *The Labour Governments 1945–51*. London: Macmillan.
Perkin, Harold. 1969. *The Origins of Modern English Society 1780–1880.* London: Routledge & Kegan Paul.
Pimlott, Ben. 1985. *Hugh Dalton*. London: Janathan Cape.
_____. ed. 1984. *Fabian Essays in Socialist Thought.* London: Heinemann.
Pinker, P. 1991. "On Rediscovering the Middle Way." T. Wilson and D. Wilson. eds. *The State and the Social Welfare.* London: Longman.
Pinto-Duschinsky, Michael. 1981. *British Political Finance, 1830–1980*. Washington: American Enterprise Institute for Public Policy Research.
Plant, Raymond. 1983. "Hirsh, Hayek, and Habermas: Dilemmas of Distribution." In Adrian Ellis and Krishan Kumar. eds. *Dilemmas of Liberal Democracies: Studies in Fred Hirsch's "Social Limits to*

Growth." London: Tavistock Publications.
Pugh, Martin. 1982. *The Making of Modern British Politics, 1867–1939*. London: Basil Blackwell.
Radice, Giles. ed. 1996. *What Needs to Change: New Visions for Britain.* London: Harper Collins.
Reeve, Andrew. 1986. *Property.* London: Macmillan.
Richards, Paul. 2000. *Is the Party Over? New Labour and the Politics of Participation.* Fabian Pamphlet 594. London: The Fabian Society.
Rimlinger, Gaston V. 1971. *Welfare Policy and Industrialization in Europe, America and Russia.* New York: John Wiley and Sons.
Sabine, George H. and Thomas L. Thorson. 1973. *A History of Political Theory.* 4th. ed. New York: Dryden Press.
Sandel, Michael J. ed. 1984. *Liberalism and Its Critics.* Oxford: Basil Blackwell, 1984.
Scanlon, John. 1932. *Decline and Fall of the Labour Party*. London: Peter Davies.
Seyd, Patrick. 1987. *The Rise & Fall of the Labour Left.* New York: St. Martin's Press.
Seymour, Charles. 1970[1915]. *Electoral Reform in England and Wales: The Development and Operation of the Parliamentary Franchise 1832–1885.* London: David & Charles Reprints.
Shaw, G. B. 1890. *What Socialism Is.* Fabian Tract, No. 13. London: The Fabian Society.
_____. 1893. *The Impossibilities of Anarchism.* Fabian Tract. No. 45. London: The Fabian Society.
_____. 1896. *Report on Fabian Policy.* Fabian Tract. No. 70. London: The Fabian Society.
Shell, Donald. 1995. "Prime Ministers and Their Parties." Donald Shell and Richard Hodder-Williams. eds. *Churchill to Major: The British Prime Ministership Since 1945.* London: Hurst & Company.
Skidelsky, Robert. 1975. *Oswald Mosley.* London: Macmillan.
_____. 1993. "The Fabian Ethic." Robert Skidelsky. *Interests and Obsessions: Historical Essays.* London: Macmillan.
Smith, David. 1987. *The Rise and Fall of Monetarism: The Theory*

and Politics of an Economic Experiment. London: Penguin Books.

Smith, Joan. 1997. "The Ideology of 'Family and Community': New Labour Abandons the Welfare State." Leo Panitch, ed., *Ruthless Criticism of All That Exists: Socialist Register 1997*. London: Merlin Press.

Snowden, Philip. 1934. *Autobiography*. London: Ivor Nicholson and Warren.

Socialist Union. 1956. *Twentieth Century Socialism: The Economy of Tomorrow*. London: Penguine.

Somervell, D. C. 1929. *English Thought in the Nineteenth Century*. London: Longman.

Stiles, Andrian. 1995. *Religion, Society and Reform 1800—1914*. London: Hodder & Stoughton.

Strachey, Lytton. 1948[1921]. *Queen Victoria*. London: Chatto and Windus.

Tant, A. P. 1993. *British Government: The Triumph of Elitism: A Study of the British Political Tradition and Its Major Challenges*. Aldershot: Dartmouth.

Thatcher, Margaret. 1993. *The Downing Street Years*. London: HarperCollins.

Thompson, John B. 1990. *Ideology and Modern Culture: Critical Social Theory in the Era of Mass Communication*. London: Polity Press.

Timmins, Nicholas. 1995. *The Five Giants: A Biography of the Welfare State*. London: Fontana Press.

Titmuss, Richard. 1987. "Introduction to the 1964 Edition of *Equality* by R. H. Tawney." Brian Abel-Smith and Kay Titmuss. eds. *The Philosophy of Welfare: Selected Writings of Richard M. Titmuss*. London: Allen & Unwin.

Townshead, Jules. 1990. *J. A. Hobson*. Manchester: Manchester University Press.

Trevelyan, G. M. 1973. *English Social History: A Survey of Six Centuries*. London: Book Club Associates.

Turner, Graham. 2009. *No Way to Run an Economy*. New York: Pluto Press.

Watts, Duncan. 1995. *Whigs, Radicals and Liberals 1815—1914*. London:

Hodder & Stoughton.

Webb, Beatrice. 1975[1948]. *Our Partnership.* London: LSE.

Webb, R. K. 1970. *Modern England: From the Eighteenth Century to the Present.* New York: Dodd, Mead & Company.

Webb, Sidney. 1886. *The Difficulties of Individualism.* Fabian Tract. No. 69. London: The Fabian Society.

______. 1894. *Socialism: True and False.* Fabian Tract. No. 51. London: The Fabian Society.

_____. 1923. *Labour Party Annual Conference Report.* London: Labour Party.

Willets, D. 1989. "The Family." D. Kavanagh and A. Sheldon. eds. *The Thatcher Effect.* Oxford: Oxford University Press.

Wilson, A. N. 2002. *The Victorians.* London: Arrow Books.

Wilson, Thomas and Dorothy Wilson. 1993. "Beveridge and the Reform of Social Security, Then and Now." *Government and Opposition.* Vol. 23. No. 3. Summer.

Winter, J. 1974. *Socialism and the Challenge of War.* London: Routledge.

Wolfe, Williard. 1975. *From Radicalism to Socialism: Men and Ideas in the Formation of Fabian Socialist Doctrines 1881–1889.* New Haven and London: Yale University Press.

Young, Hugo. 1990. *One of Us: A Biography of Margaret Thatcher.* London: Macmillan.

찾아보기

ㅅ

ㅇ

ㅈ

ㅊ

ㅋ

ㅌ

ㅍ

ㅎ

저자 소개

고세훈(高世薰) 연세대학교 경제학과 졸업
미국 오하이오주립대학교 대학원 정치학과 졸업(정치학박사)
현재 고려대학교 공공행정학부 교수

아산재단 연구총서 제313집

영국정치와 국가복지:

신(New)자유주의에서 신(Neo)자유주의로 값 14,000원

2011년 5월 30일 1판 1쇄

저 자	고 세 훈
발 행 인	임 동 규
발 행 처	**집 문 당**
주 소	413-756 경기도 파주시 교하읍 문발리 514-7(본사) 110-360 서울시 종로구 와룡동 95번지(서울사무소)
등 록	1971. 3. 23. 제406-2003-000039호
영 업 부	(02)743-3192~3 팩스(02)742-4657
전자우편	sale@jipmoon.co.kr
편 집 부	(02)743-3096 팩스(02)743-3097
전자우편	edit@jipmoon.co.kr
홈페이지	www.jipmoon.co.kr

ISBN 978-89-303-1514-2
978-89-303-1500-5(세트)

이 도서의 국립중앙도서관 출판시도서목록(CIP)은 e-CIP홈페이지(http://www.nl.go.kr/ecip)와 국가자료공동목록시스템(http://www.nl.go.kr/kolisnet)에서 이용하실 수 있습니다. (CIP제어번호: CIP2011001821)

아 | 산 | 재 | 단 | 연 | 구 | 총 | 서

1 전환기의 중국경제
김윤환 외 | 단국대 경제학과

2 폴란드 경제의 변천 개혁과 그 전망
김광수 | 숭실대 경제학과

3 재소한인
이광규 외 | 서울대 인류학과

4 소련산림과 임업
홍성천 외 | 경북대 임학과

5 아세안의 정치경제
김국진 외 | 외교안보연구원

6 태국의 사회변동과 경제발전
최석만 외 | 전남대 사회학과

7 중국의 사회경제 통계분석
신한풍 외 | 고려대 통계학과

8 중국의 정치와 경제
박두복 외 | 외교안보연구원

9 동유럽의 개혁과 시장경제의 도입
허만 외 | 부산대 사범대학

10 동유럽의 개혁운동
박영신 | 연세대 사회학과

11 현대 러시아 연구
기연수 외 | 한국외대 노어과

12 전략적 선택과 기업의 국제경쟁력
이장호 | 서강대 경영대학

13 협동사회의 정착과 정부의 역할
이종범 외 | 고려대 행정학과

14 한국 제조기업 생산성의 동적 분석
노부호 외 | 중앙대 경영대학

15 분배의 정의
변형윤 외 | 서울대 경제학과

16 도덕적 행동의 강화
이훈구 외 | 연세대 심리학과

17 관료부패와 통제
김해동 외 | 서울대 행정대학원

18 한국경제의 내실 있는 성장
정창영 외 | 연세대 경제학과

19 한국국민정신운동의 역사와 발전방향
박수명 외 | 부산대 사범대학

20 한국대학생의 가치성향과 상담효과
이영희 외 | 숙명여대 교육학과

21 가출청소년과 학교관리체제
안창규 외 | 부산대 교육학과

22 동북아 정세변화와 한·일관계
한승조 외 | 고려대 정치외교학과

23 언론과 부정부패
정대철 외 | 한양대 신문방송학과

24 한국의 고등학교 교육
이원호 외 | 부산대 교육학과

25 가족과 방송
김학수 외 | 서강대 신문방송학과

26 재정개혁의 전망과 재산세제의 개편 과제
오연천 | 서울대 행정대학원

27 청소년을 위한 전자게임 프로그램의 규제 및 평가체계 개발
박혜원 외 | 울산대 가정관리학과

28 정신장애자 가족의 사회심리적 특성
이근후 외 | 이화여대 의과대학

29 가족의 관계역동성과 문제인식
이광규 외 | 서울대 인류학과

30 현대인과 한국전통음식
승정자 | 숙명여대 식품영양학과

31 기업의 초고속정보통신망활용
안중호 | 서울대 경영학과

32 지역발전을 위한 교육자치제의 개선방안
김남순 | 조선대 사범대학

33 전환기의 공무원 가치관
조경호 | 울산대 행정학과

34 지방자치와 사회복지의 과제
김영모 | 중앙대 사회복지학과

35 WTO체제하의 지방중소기업 지원정책
최명주 외 | 계명대 통상학부

36 현대한국의 시민운동
이효선 | 중앙대 사회학과

37 기업 세계화의 단계 및 정도의 측정
허영도 외 | 울산대 경영학과

38 가족복지를 위한 가족주치의 시범사업의 효과
이혜리 외 | 연세대 가정의학교실

39 한국대학생의 삶의 만족도
김재은 외 | 이화여대 교육심리학과

40 지역경제와 지역산업구조의 개편방향
정기화 외 | 전남대 경제학부

41 중국기업의 소유형태별 경영특성
노철화 외 | 부산대 무역학과

42 남북한의 인성·사상교육
한승조 외 | 고려대 정치외교학과

43 연계적 뇌기능 조언을 위한 의료용 멀티미디어 시스템의 설계
유선국 | 연세대 의용공학교실

44 다민족국가의 민족문제와 한인사회
최협 외 | 전남대 인류학과

45 저소득층지역 청소년 여가문화와 소집단 활성화
박문수 외 | 서강대 사회학과

46 삶의 질의 국제비교와 지역간 비교분석
이재기 외 | 울산대 경제학과

47 21세기 지역주민의 삶의 질
양종회 외 | 성균관대 사회학과

48 삶의 질에 대한 국가간 비교
조명한 외 | 서울대 심리학과

49 외국인 노동자의 노사관계와 사회적 적응
석현호 외 | 성균관대 사회학과

50 한국의 사법제도와 발전 모델
정종섭 | 건국대 법학과

51 고령화사회와 중상층 노인의 사회활동
조성남 외 | 이화여대 사회학과

52 한국의 서비스 시장 개방정책
한홍렬 | 한양대 경제학부

53 한국과 AFTA간의 교역증진 및 경제 협력방안
손열태 외 | 경희대 경제통상학부

54 물류비 절감을 위한 무역업체의 정보화전략
이영수 외 | 경북대 경제통상학부

55 사회주의 체제전환과 사회정책
오정수 외 | 충남대 사회복지학과

56 남북통일 이후 농업생산체계 개편
홍성규 외 | 건국대 농업경제학과

57 국제화와 세계화
하영선 외 | 서울대 외교학과

58 IMF 개혁정책의 평가와 한국경제의 신(新) 패러다임
조동근 | 명지대 경제학과

59 구조개혁과 실업대책
박동운 | 단국대 경제무역학부

60 21세기 신노사관계
심윤종 외 | 성균관대 사회학과

61 학교에서의 집단 따돌림
이춘재 외 | 가톨릭대 심리학과

62 한국노인의 정신건강실태와 건강증진
조맹제 외 | 서울대 의과대학

63 혁명과 개혁 속의 중국 농민
김광억 | 서울대 인류학과

64 중국의 경제환경과 한국기업의 진출 전략
지용희 외 | 서강대 경영학과

65 김대중 대통령의 시스템 사고
김동환 | 중앙대 공공정책학부

66 실업과 가족해체
최일섭 외 | 서울대 사회복지학과

67 합리적 부채비율 조정방안
오상근 | 동아대 경제학과

68 한국 중산층의 생활문화
문숙재 외 | 이화여대 소비자·인간발달학과

69 계층간 갈등상태에서 최적소득세
김진욱 | 건국대 경상학부

70 글로벌 경쟁력 제고를 위한 기업전략과 조직구축
이만우 외 | 고려대 경영학과

71 의료보험과 국민연금의 관리효율화를 위한 통합방안
사공진 외 | 한양대 경제학부

72 정부개혁의 과제와 전략
박우서 외 | 연세대 행정학과

73 책임운영기관 제도에 관한 비교분석
김근세 | 가톨릭대 행정학과

74 새로운 패러다임하에서의 한국기업의 바람직한 지배구조
최운열 외 | 서강대 경영학과

75 현대 한국사회의 계층구조
양춘 외 | 고려대 사회학과

76 한국의 산업정책과 산업구조조정
강인수 | 숙명여대 경제학부

77 기업구조조정
김석진 | 경북대 경영학부

78 지식경영을 위한 인적자원 개발 및 관리체계
장영철 | 경희대 경영학부

79 뉴 비즈니스 모델
전성현 | 국민대 정보관리학부

80 중산층의 정체성과 소비문화
함인희 외 | 이화여대 사회학과

81 외국관광객 유치를 위한 마케팅 전략
박상규 | 강원대 경영학과

82 한국인의 세대별 문학의식
이동순 | 영남대 국문과

83 공공부문의 효율성 평가와 측정
김재홍 외 | 울산대 사회과학부

84 한국 청소년의 정치의식과 형성요인
김광웅 외 | 숙명여대 아동복지학과

85 한국 대학생의 정치의식
배한동 | 경북대 윤리교육과

86 산업의 정보화와 산업발전
이기동 | 계명대 통상학부

87 한국 제조업의 고용조정 분석
이종원 외 | 성균관대 경제학부

88 지식자산에 대한 경영전략적 평가모형 개발
배재학 외 | 울산대 컴퓨터·정보통신공학부

89 관광사업을 위한 한국적 이미지의 휴식복 개발
채금석 | 숙명여대 의류학과

90 한국 정치제도의 개혁
신정현 | 경희대 사회과학부

91 e비즈니스와 아웃소싱 전략
정승화 외 | 연세대 경영학과

92 집단 따돌림의 진단 및 치료방안
홍준표 | 중앙대 인간생활환경학과

93 16대 총선과 낙선운동
조기숙 | 이화여대 국제대학원

94 부동층 유권자 행태 분석
진영재 | 연세대 정치외교학과

95 사이버 공동체의 성공요인
이재관 | 숭실대 경영학부

96 온라인 소비자 행동의 이론과 실증
윤성준 | 경기대 경영학부

97 글로벌 시대 정약용 세계관의 가능성과 한계
차성환 | 한일장신대 역사사회학과

98 러시아의 체제전환 과정에서 나타난 국가의 역할과 그 전망
이상민 외 | 부산대 정치외교학과

99 남북한의 경제발전 수준과 산업구조 비교, 그리고 경제교류 협력방향
주성환 | 건국대 경제학과

100 집단따돌림과 교육해체
한준상 | 연세대 교육학과

101 공적연금제도의 효율성과 개선방안
유금록 | 군산대 행정복지학부

102 벤처기업-대기업의 성공적인 협력 모델
나중덕 | 경산대 경영학과

103 북한의 재외동포정책
조정남 외 | 고려대 정치외교학과

104 사이버 공동체 형성의 역동적 모형
장용호 | 서강대 신문방송학과

105 기업이론과 기업의 소유지배구조
김일태 외 | 전남대 경제학부

106 가축분뇨 자원화를 위한 공동이용조직에 대한 농가선호도 분석
유덕기 | 동국대 생명자원경제학과

107 개혁정책과 전문가 집단
이경원 외 | 제주대 행정학과

108 현대 한국사회의 이중가치체계
신수진 외 | 이화여대 가정관리학과

109 한국의 산업구조 변화와 기업집단 다각화 전략
김용학 외 | 연세대 사회학과

110 지식정보사회의 경제적 모형 설정 및 사례 연구
김범환 | 배제대 경영정보학부

111 변호사징계제도
오종근 | 한림대 법학부

112 인터넷 특허법
김순석 | 광주대 법학과

113 e-비즈니스 시대의 금융 및 재정정책의 새로운 패러다임
이종욱 | 서울여대 경제학과

114 청소년의 하위문화와 정체성
조성남 | 이화여대 사회학과

115 디지털금융시대의 금융구조변화와 정부규제 및 정책
이충열 | 고려대 경제학부

116 지식경영을 위한 기업의 조직설계방안
김경수 외 | 전남대 경영학과

117 전자금융의 발달과 경제정책의 새로운 패러다임
이명훈 | 명지대 경제학과

118 동아시아의 안보와 유엔체제
강성학 편저 | 고려대 정치외교학과

119 유료 치매노인 그룹홈의 개발과 관련 정책
최정신 외 | 가톨릭대 소비자 · 주거학과

120 소비자 지향적 문화산업 정책
홍영준 | 호남대 광고홍보학과

121 국제 · 국가 · 지방 환경규제의 연계
정준금 외 | 울산대 행정학과

122 현행 회사 합병 · 분할제도의 평가와 개선방안
옥무석 외 | 이화여대 법학과

123 배려지향적 도덕성과 정의지향적 도덕성
정옥분 외 | 고려대 사범대학

124 기업구조조정에 대한 채권금융기관 및 금융감독기관의 역할과 책임
이중기 | 한림대 법학과

125 실업대책으로서 한국의 법정기준근로시간 단축
박영범 | 한성대 경제학과

126 프랑스어의 비분리성 소유개념 표현
노윤채 | 연세대 언어정보연구원

127 지방채의 효율적 관리방안
강태구 | 호원대 법행정학부

128 21세기 산업구조 변화와 과학기술정책
임채성 외 | 그리스도신학대 경영정보학부

129 인터넷 쇼핑몰 이용자의 불평행동
예종석 | 한양대 경영학부

130 한국기업의 성과급제도 현황, 효과 및 개선방안
김성수 | 서울대 경영학과

131 전자상거래와 소비자보호
서민교 외 | 경일대 인터넷국제통상학과

132 평생학습 사회에서의 인적자원개발을 위한 사회적 파트너십 구축
김영화 | 홍익대 교육학과

133 한국 공교육의 새로운 구상과 전략
권대봉 외 | 고려대 교육학과

134 한국의 정부개혁
김태룡 | 상지대 행정학과

135 지방정부 생산성 측정의 이론과 실제
이은국 외 | 연세대 행정학과

136 불가 시문학론
배규범 | 경희대 학술연구 교수

183 한국 평생교육의 사회철학적 과제
곽삼근 | 이화여대 교육학과

184 강점모델
정순둘 | 이화여대 사회복지학과

185 글로벌시대의 계약법
박영복 | 한국외대 법과대학

186 배심제와 시민의 사법참여
안경환 | 서울대 법학과

187 동북아공동체
김재한 | 한림대 정치외교학과

188 정치 참여와 탈물질주의
김욱 | 배재대 정치외교학과

189 퍼지전문가회로망을 이용한 금융기관의 사이버 기업여신결정 지원시스템의 개발
권혁대 | 목원대 경영학과

190 환경정책과 환경법
송인성 | 전남대 지역개발학과

191 포스트모던 시대의 평생교육학
한숭희 | 서울대 교육학과

192 현대 한국인의 세대경험과 문화
박길성 외 | 고려대 사회학과

193 서구의 근로연계복지
김종일 | 건국대 사회복지학과

194 사회복지운동론
현외성 | 경남대 사회복지학과

195 외국의 역모기지 사례
유선종 | 건국대 부동산학과

196 옛이야기와 어린이문학
이지호 | 진주교대 국어교육학과

197 노인사회복지관광의 정책과제와 방안
김창수 | 경기대 관광학부

198 복지서비스의 민간위탁 시스템 분석
김순양 | 영남대 행정학부

199 새로운 빈곤층의 대두와 정부의 정책과제
김진욱 | 건국대 경제학과

200 문화행정론
김정수 | 한양대 행정학과

201 스칸디나비아 노인용 코하우징의 계획과 적용
최정신 외 | 가톨릭대 생활과학부

202 북한의 자연생태계
공우석 | 경희대 지리학과

203 통계로 이해하는 러시아
전홍찬 | 부산대 정치외교학과

204 사회복지법인의 경영과 회계
이동규 | 충남대 회계학과

205 의약분업 정책과정
차흥봉 | 한림대 사회복지학과

206 지역공동체와 평생교육
오혁진 | 동의대 평생교육학부

207 아동보호서비스의 실제
한미현 | 백석대 사회복지학부

208 그린마케팅
박재기 | 충남대 경영학부

209 아동권리와 아동복지
이혜원 | 성공회대 사회복지학과

210 국제 이주와 인도인 디아스포라
김경학 | 전남대 인류학과

211 질병과 의료의 사회학
조병희 | 서울대 보건대학원

212 북한이탈주민의 사회통합을 위한 지역복지실천의 모색
이기영 | 부산대 사회복지학과

213 치매노인케어론
조유향 | 초당대 간호학과

214 노인상담입문
서혜경 외 | 한림대 대학원 사회복지학과

215 '통일 이후 통일과정'으로서의 독일 통일영화
이준서 | 이화여대 독어독문학과

216 중국의 사회보장
오정수 | 충남대 사회복지학과

217 환경자원의 경제적 가치와 환경오염의 사회적 비용
김재홍 | 울산대 사회과학부

218 사회복지프로그램의 경제적 평가방법
박창제 외 | 상주대 사회복지학과

219 자유의지와 결정론
안건훈 | 강원대 철학과

220 심리학자들이 쓴 행복한 결혼의 심리학
채규만 외 | 성신여대 심리학과

221 현대 해석학 강의
양해림 | 충남대 철학과

222 한국인의 주거 빈곤과 공공주택
하성규 | 중앙대 도시 및 지역계획학과

223 IMF 경제위기와 한국 출산력의 변화
김두섭 | 한양대 사회학과

224 동아시아의 영토분쟁과 국제법
이석우 | 인하대 법학부

225 독일 복지국가와 사회복지서비스
정재훈 | 서울여대 사회사업학과

226 사회복지사를 위한 실용 비모수통계
엄명용 | 성균관대 사회복지학과

227 피해자학 연구
이윤호 | 동국대 경찰행정학과

228 광고언어창작론
박영준 외 | 부경대 국어국문학과

229 환경규제 패러다임의 전환
한철 | 한남대 법학과

230 고령사회의 노동환경변화와 고용시스템의 문제점 및 법적 대응
고준기 | 국립군산대 법학과

231 세계화와 소득불평등
이성균 외 | 울산대 사회과학부

232 유비쿼터스 사회의 이해
안중호 외 | 서울대 경영학과

233 국제환경책임법론
박병도 | 건국대 법학과

234 한국의 선거와 민주주의
윤종빈 | 명지대 정치외교학과

235 한국 시민운동의 구조와 동학
조대엽 외 | 고려대 사회학과

236 또래관계
송영혜 | 대구대 재활심리학과

237 해외 한국기업과 현지인 노동자
석현호 외 | 에스콰이아학술문화재단

238 독일 국가복지에서 민간복지단체의 역할과 의미
차성환 외 | 한일장신대 사회복지학부

239 청정공학
조정호 | 동양대 생명화학공학과

240 한국전통연희론
심상교 | 부산교육대 국어교육학과

241 정신장애와 가족
서미경 | 경상대 사회복지학부

242 빈곤통계의 작성과 활용
김주환 | 동국대 정보통계학과

243 인터넷과 한국정치
강원택 | 숭실대 정치외교학과

244 북한의 시장경제이행
정영화 외 | 서경대 법학과

245 시스템사고로 본 지속가능한 도시
문태훈 | 중앙대 도시및지역계획학과

246 실버산업과 유비쿼터스 컴퓨팅
고일상 | 전남대 경영학부

247 재활상담과 사례관리
나운환 | 대구대 직업재활학과

248 영유아교육기관에서의 장애 이해 교육
유수옥 | 우석대 유아특수교육과

249 장애의 사회적 의미와 사회통합
박수경 | 대진대 사회복지학과

250 경제분석의 수리적 기초
조인성 | 공주대 경제통상학부

251 비영리부문의 비교연구
김승현 | 서울산업대 행정학과

252 고등교육경제학
반상진 | 전북대 교육학과

253 과학윤리교육의 이론과 방법
조희형 | 강원대 과학교육학부

254 결혼이민자가족의 이해
김오남 | 대불대 사회복지학과

255 동아시아 국가의 공공부조
신동면 | 경희대 사회과학부

256 특수아동 진단 및 평가
이나미 | 대불대 특수교육과

257 계약형 사회복지와 권리옹호시스템
이명현 | 경북대 상주캠퍼스 사회복지학과

258 실내공기질 및 위해성 관리
양원호 | 대구가톨릭대 산업보건학과

259 충남 방언 문법
한영목 | 충남대 국어국문학과

260 교육권론
노기호 | 군산대 법학과

261 도시경관계획론
임승빈 | 서울대 조경 · 지역시스템공학부

262 교통의 새로운 패러다임
김형철 | 경원대 도시계획 · 조경학부

263 노인의 삶의 질 향상을 위한 주거환경 디자인
천진희 | 상명대 디자인대학 실내디자인전공

264 사회복지와 문화
박병현 | 부산대 사회복지학과

265 장애인복지의 이론과 실제
이선우 | 인제대 사회복지학과

266 창의성 개발을 위한 디자인교육 콘텐츠
김선영 | 인천가톨릭대 조형예술대학 환경디자인학과

267 구성주의 사회복지 실천 기술론
고미영 | 서울신학대 사회복지학과

268 장애아교육학
김기흥 | 부산교육대 유아교육과

269 지역사회복지와 자원부문
한상진 외 | 울산대 사회학과

270 환경관리회계
육근효 | 부산외국어대 회계학부

271 인권 관점에서 보는 장애인복지
유동철 | 동의대 사회복지학과

272 정신증상
송지영 | 경희대 의과대학병원 신경정신과

273 사이버공간의 사회심리학
이성식 외 | 숭실대 정보사회학과

274 노인에 대한 사회적 돌봄과 돌봄 서비스의 질 보장
최희경 | 신라대 가족노인복지학과

275 아동 심리치료의 실제
신현균 | 전남대 심리학과

276 사회복지와 위험관리
노충래 | 이화여대 사회복지전문대학원

277 국제 탄소시장의 이해
양승룡 | 고려대 식품자원경제학과

278 타자의 초상
신문수 | 서울대 영어교육과

279 한국정치와 환경정치
나정원 | 강원대 정치외교학과

280 북한이주민
윤인진 | 고려대 사회학과

281 음주의 사회경제적 비용
정우진 외 | 연세대 보건대학원

282 지방정치와 동북아 도시거버넌스
박재욱 | 신라대 행정학과

283 노숙인 복지론
남기철 | 동덕여대 사회복지학과

284 유럽통합과정과 지역협력
이규영 | 서강대 국제대학원

285 사회복지재정 연구
지은구 | 계명대 사회과학대학 사회복지학과

286 지역사회 교육개혁을 위한 시민사회 조직의 참여
김영화 | 홍익대 교육학과

287 복지사회를 대비한 국민연금의 구조개혁
박영석 외 | 서강대 경영학부

288 한미 FTA 지재권 협상에 따른 의약품 분야 사회후생 변화
오근엽 | 충남대 무역학과

289 산업입지, 환경 그리고 지역경제
이기동 외 | 계명대 국제통상학과

290 감성지능 개발을 통한 삶의 질 향상
김경수 외 | 전남대 경영학부

291 교육복지론
이용교 외 | 광주대 사회복지학부

292 인간과 행복에 대한 철학적 성찰
박찬국 | 서울대 철학과

293 유럽연합의 사회통합 사례와 교훈
이무성 | 명지대 정치외교학과

294 민영화와 사회후생
이상호 | 전남대 경제학부

295 북한의 교육학 체계 연구
최영표 외 | 동신대 교육대학원

296 한국 지속가능발전의 구조와 변동
정대연 | 제주대 사회학과

297 우리나라의 공익 연계 마케팅에 관한 연구
임승희 | 전주대 경영학부

298 시각장애인복지론
김영일 | 조선대 특수교육과

299 그린에너지와 환경촉매
정석진 | 경희대 화학공학과 교수

300 취약학교 초등학생을 위한 온라인 보건 교육 프로그램
박경옥 | 이화여대 보건관리학과

301 신탁제도를 통한 고령자의 보호와 지원
최수정 | 서강대 법학전문대학원

302 사회적 약자계층에 대한 실태분석 및 정책방안
이은우 외 | 울산대 경제학과

303 한류 문화와 동북아 공동체
최혜실 | 경희대 국어국문학과

304 노동유연화와 해고보호법
권혁 | 부산대 법학전문대학원

305 사회복지 위험관리의 이해
박미은 | 한남대 사회복지학과

306 의료기관의 회계와 세무
노준화 | 충남대 경영학부

307 여성인적자원의 전문성 확보를 위한 경력개발
백지연 | 이화여대 국제사무학과

308 정신병리
강선경 | 서강대 신학대학원

309 바다의 반란 적조
윤양호 | 전남대 해양기술학부

310 한국 장애인 복지 발달사
이성규 | 서울시립대 사회복지학과

311 서양예술 속의 동양 탐색
진상범 | 전북대 독어독문학과

312 한국인의 도덕성 발달 진단
문용린 | 서울대 교육학과

313 영국정치와 국가복지
고세훈 | 고려대 공공행정학부

아 | 산 | 재 | 단 | 연 | 구 | 보 | 고 | 서

1 한국인의 도덕성 연구
배해수 | 고려대 국문학과

2 산업화와 청소년 진로
이원호 | 울산대 교육학과

3 공동체의식과 시민운동
김영섭 | 한양대 행정학과

4 한국청년의 삶의 의미 충족도와 만족적 태도
안정수 | 경희대 철학과

5 중국조선족의 사회발전과 한 · 중관계의 위상
손장권 | 고려대 사회학과

6 해송림 "솔껍질깍지벌레"의 천적 및 주요 종의 생태
김규진 | 전남대 농생물학과

7 사회정의와 실천윤리
박종대 | 서강대 철학과

8 동구개혁의 영향
김달중 | 연세대 정치외교학과

9 한국청소년의 의식세계
김문조 | 고려대 사회학과

10 고강도 철근 콘크리트 구조의 실용화
정현수 | 중앙대 건축학과

11 신기술의 연관형태 및 출현예측의 구조모형
권철신 | 성균관대 산업공학과

12 민간기업의 연구개발을 위한 조세정책
권영훈 | 한양대 경제학부

13 기술개발 활성화방안
송승구 | 울산대 화학공학부

14 부패의 현상과 진단
이문조 | 영남대 정치외교학부

15 연구투자의 지역적 편중화와 부산지역의 기초과학연구 활성화방안
윤웅찬 | 부산대 화학과

16 GATT의 신구 덤핑방지협정과 그 대응방안
전창원 | 동국대 무역학과

17 한국사회의 도덕성 제고를 위한 진단과 처방
황경식 | 서울대 철학과

18 새로운 노사관계 방향
이진규 외 | 고려대 경영학과

19 21세기 동북아 정세예측과 한국의 전략적 대응방안
최평길 외 | 연세대 행정학과

20 소련의 한국에 대한 정책목표분석
신승권 | 한양대 정치외교학과

21 메모리 커패시터용 $Pb(Zr_xTi_{1-x})O_3$ 강유전체 박막의 제작과 특성
장지근 외 | 단국대 전자공학과

22 러시아 국제법학의 전통
김용구 | 서울대 외교학과

23 유럽연합의 현황과 전망
김동현 외 | 성균관대 행정학과

24 중국의 정치동원
송영우 외 | 건국대 정치외교학과

25 산업적 활용을 위한 이동로보트 시스템의 개발
박민용 외 | 연세대 전자공학과

26 중국조선족의 정치사회화과정과 동화적 국민통합의 방향
전인영 외 | 이화여대 사회생활학과

27 공적부조의 이론과 실제
최일섭 외 | 서울대 사회복지학과

28 대외통상환경의 변화와 법제개편
서헌제 | 중앙대 법학과

29 기업금융의 국제화
최생림 | 한양대 경영학부

30 자동차부품공업의 노사관계
김호진 외 | 고려대 행정학과

31 산업화 과정에서의 한국가족의 실태와 전망
정창수 외 | 성균관대 사회학과

32 공무원 가치관 실태와 정립방안
배병룡 외 | 경상대 행정학과

33 해외귀국청소년의 국내적응연구
이장영 | 국민대 사회학과

34 초고속정보통신망에서 LAN서비스 제공방안
이재용 | 연세대 전자공학과

35 WTO체제의 정책적 대응
김병진 외 | 경희대 행정학과

36 유럽의 통합정치
최수경 외 | 충남대 정치외교학과

37 유기질폐기물을 이용한 고단백사료원인 조류의 생산공정
최정우 외 | 서강대 화학공학과

38 초고속정보통신망의 수용성과 정책방향
박영상 외 | 한양대 신문방송학과

39 중국의 강남사회와 한중교섭
조영록 외 | 동국대 사학과

40 세계화시대의 사회 · 문화의식
신행철 외 | 제주대 사회학과

41 국내 외국인 노동자의 문제와 대책
성규탁 외 | 연세대 사회복지학과

42 노인인력 활용정책과 프로그램
김정후 외 | 강원대 법과대학

43 한일간 학술교류 현황과 활성화방안
정홍익 외 | 서울대 행정대학원

44 계량모형에 의한 한일 경제관계의 이해
김명직 외 | 한양대 경제학부

45 직장인의 음주행태와 삶의 질
진기남 외 | 연세대 보건행정학과

46 유통정보 시스템의 구조와 설계
정용길 | 충남대 경영학과

47 남북통일 이후 사회통합을 위한 교육의 역할
안기성 외 | 고려대 교육학과

48 대중음악에 심취한 청소년들의 심리적 특성
김인경 외 | 연세대 인간행동연구소

49 멀티미디어 시스템을 활용한 교육환경의 개선방안
김한일 | 제주대 컴퓨터교육학과

50 탈냉전기 한일관계의 쟁점
최상룡 | 고려대 정치외교학과

51 자치시대 새로운 '삶의 질' 지표의 모색
김형기 외 | 경북대 경제통상학부

52 유럽통합의 역내외 협력과 갈등
이호재 외 | 고려대 정치외교학과

53 21세기를 대비한 신노사관계
김재원 | 한양대 경제학부

54 대학의 시간제학생 등록제
안규철 외 | 전남대 교육학과

55 21세기에 대비한 방송통신정책
한진만 외 | 강원대 신문방송학과

56 주민참여를 통한 혐오시설 관리운영방안
박균성 외 | 경희대 법학부

57 여성의 정치적 권리인식과 정치참여
전경옥 외 | 숙명여대 정치외교학과

58 한국인 위장질환과 식생활 · 환경요인 및 *H. pylori* 감염과의 관계
이양자 외 | 연세대 식품영양학과

59 학생과 시민의 자원봉사활동
윤정일 외 | 서울대 교육학과

60 동북아 환경문제와 지역환경협력의 모색
신연재 외 | 울산대 정치외교학과

61 노인 자원봉사활동을 통한 사회통합 프로그램 개발
김동배 | 연세대 사회복지학과

62 물류정보 시스템
김태현 | 연세대 경영학과

63 전자식 문서교환을 이용한 항공화물 운송체계
민재형 | 서강대 경영학과

64 청소년과 성
이근후 | 이화여대 의과대학

65 민족통합과 무궁화호 위성의 남북한 공동활용방안
방정배 | 성균관대 신문방송학과

66 채식주의가 20대 여성의 영양상태와 에스트로겐 대사에 미치는 영향
성미경 | 숙명여대 식품영양학과

67 가상정보공간을 통한 지역개발 활성화 전략
유재천 외 | 한림대 언론정보학부

68 조산아 관리현황 및 정책수립 방안
박상기 외 | 조선대 의과대학

69 남북한관의 의식조사와 통일교육 개선방안
김동규 외 | 고려대 북한학과

70 동양 전통 자연사상 탐구
장동순 | 충남대 환경공학과

71 초고속정보망의 시뮬레이터 구현
한기준 | 경북대 컴퓨터공학과

72 유통원가 시스템의 유효성
정다미 | 명지대 경영학과

73 국악과 문화관광의 만남
정익준 외 | 동아대 국제관광통상학부

74 기업의 지식경영 활용사례
김창은 | 명지대 산업공학과

75 선진국과 한국의 직업교육 · 훈련제도의 특성과 한계
정주연 | 고려대 경제학과

76 제주지역 성인 여성의 자원봉사활동
이상철 외 | 제주대 사회학과

77 M&A와 문화충돌 관리
박원우 | 서울대 경영학과

78 폐금속광산 인근 주민들의 중금속 오염실태
정종학 외 | 영남대 의학과

79 북한 농촌 · 농업실태와 인력자원개발 시스템을 통한 북한 농민의 구호방안
박성열 | 건국대 교육공학과

80 중소 소매점의 경쟁력과 소매성과
채명수 외 | 한국외대 무역학과

81 고령자를 위한 쾌적한 실내온도와 착의량의 설정
정운선 | 안동대 의류학과

82 지역문화 이벤트 PR
박종민 | 경희대 언론정보학부

83 인터넷 지역정보화의 실태와 전략
유평준 외 | 연세대 행정학과

84 여성 삶의 질 향상을 위한 사회교육 활성화 방안
김양희 | 중앙대 가족복지학과

85 벤처기업과 벤처금융
강대석 외 | 충남대 무역학과

86 구조조정기에 있어서 실업대책과 사회안전망 구축
박천익 | 대구대 경제학과

87 한국 유아의 조기교육
이명조 외 | 한국외대 교육대학원

88 남북한 경제공동체 형성전략
이상만 | 중앙대 경제학과

89 지방자치회계의 투명성과 주민의 알 권리
권찬태 외 | 경북대 경영학부

90 정치지도자의 정책리더십
이해영 | 경일대 행정학과

91 경제위기와 한국인의 복지의식
신광영 외 | 중앙대 사회학과

92 북한의 노동
김강식 | 한국항공대 경영학과

93 우리나라 중소기업의 정보기술 활용 현황과 경쟁력 강화를 위한 제안
정승호 | 부산외대 정보시스템학과

94 인간배아복제의 법적 · 윤리적 문제점과 그 해결방안
최병규 | 한경대 법학부

95 가치변화에 따른 투표행태
조찬래 외 | 충남대 정치외교학과

96 인터넷 경매에서의 계약체결과 소비자 보호
이기수 외 | 고려대 법과대학

97 세계화시대 남북한 통합의 방향과 과제
윤민재 | 서울대 사회발전연구소

98 글로벌 시대 지방정부의 문화마케팅 전략
박흥식 | 중앙대 행정학과

99 대졸여성실업의 실태분석 및 대학-노동 시장 간 효율적 연계방안
이은우 외 | 울산대 사회과학부

100 그린 투어리즘의 분석
이응진 | 대구대 관광학부

101 지방자치단체장의 부정부패
오일환 | 한양대 아태지역연구센터

102 산업화가 유교체제하 중국여성의 지위에 미친 영향
천성림 | 배재대 사회과학연구소

103 움직이는 말하기
유혜숙 외 | 나사렛대 교양학부

104 장애학생을 위한 특수교육공학의 활용
김용욱 | 대구대 중등특수교육과

105 지식기반사회의 평생교육 이해와 평생교육 프로그램 개발
박성열 | 건국대 교육공학과

106 N세대의 미술교육
김동철 | 대구교육대 미술교육학과

107 노후계획과 투자
권택호 | 여수대 국제통상학과

108 영화산업
양영철 | 경성대 연극영화학부

109 동유럽의 변혁과 언론의 역활
정대수 | 경남대 정치언론학부

110 환율, 임금, 물가가 국제경쟁력 및 수출입산업에 미치는 영향
하인봉 | 경북대 경제통상학부

111 일본기업의 기술혁신 전략
위정현 | 중앙대 상경학부

112 노후보장정책과 역저당연금제도
조덕호 외 | 대구대 행정학과

113 유비쿼터스 라이프와 미래 사회
김석수 | 한남대 멀티미디어공학과

114 죽음과 관련된 생명윤리적 문제들
구인회 | 가톨릭의과대 인문사회과학교실

115 경제적 세계화와 빈곤문제, 그리고 국가
김준현 | 한일장신대 인문사회과학부

116 한국의 세계불교유산
김종명 | 한국학중앙연구원 한국학대학원

117 복지레저서비스론
고태규 | 한림대 국제학부

118 자생적 철학체계로서 인간중심철학
선우현 | 청주교대 윤리교육과

119 전략적 통합과 한반도 평화체제
김승채 | 고려대 정책대학원

120 환경사법론
전경운 | 경희대 법학부

121 인터넷 자료를 통해 본 한국의 이혼 문화와 사회복지
성정현 외 | 협성대 사회복지학과

122 유럽연합의 사회정책에 관한 연구
문진영 | 서강대 신학대학원 사회복지학과

123 여성건강의 통합적 관점
김혜원 | 관동대 간호학과

124 복잡계 네트워크 과학
강병남 | 서울대 물리천문학부

125 경제적인 3세대 전원주택 개발
박근준 | 호서대 건축공학과

126 사회복지와 인적자원개발
이상일 | 인제대 국제경상학부